KB068392

부동산 투자의 정석

상승장은 물론 하락장에도 통하는

부동산 투자의 정석

부동산 김사부(김원철) 지음

RHK
알에이치코리아

또다시 쓰는
부동산 투자의 정석

처음 《부동산 투자의 정석》 2022년 개정증보판 집필을 제안받았을 때는 좀 암담한 기분이었다. 그사이 부동산 관련 법규들이 너무 많이 바뀌었기 때문이다. 그러니 많은 것을 일일이 확인하고 수정하려면, 대단히 복잡하고 번거로운 작업이 될 것 같았다.

그런데 막상 하나씩 찬찬히 뜯어보니, '어? 별로 고칠 것이 없는데?'라는 생각이 들었다. 하긴 책을 처음 쓰기 시작했을 때도 좀 오랫동안 써먹을 수 있는 책을 써야겠다고 생각했는데, 그 깜찍한 목표를 달성한 셈이다.

그래서 환호성을 질렀다. '우와~ 손볼 것은 별로 없는데 책은 또 낼 수 있다니 신난다!' 싶었던 것이다. 그럼에도 불구하고, 결과적으로는 손을 본 것이 대단히 많아졌다. 다만 책을 다시 손보면서 내내 뿌듯했다. 역시 정석은 변하지 않는다는 것을 스스로 재확인할 수 있어서였다. 개정한 것은 대개 '응용' 혹은 '해석'과 관련된 부분이다. 좀 더 대중을 위해 쉽게 풀어서 설명하거나 현시점 상황에서는 이렇게 응용하면 된다고 이야기하고 싶은 부분이 생겼기 때문이다. 즉, 내 입장에서는 좀 더 '친절하기만 하면' 되는 작업이었다. 부동산 투자의 정석은 바뀐 것이 없고, 여전히 강력하고, 여전히 적용할 수 있는 내용이어서였다.

유튜브를 비롯한 영상 미디어의 발달로, 부동산 관련 정보나 교육을 받기 쉬워졌다. 그런데 이 책을 읽는 독자라면 모두 경험해봤겠지만, 처음에는 대단한 것들을 공짜로 알려주는 유튜브에 열광했더라도 시간이 지나면서 너무 많은 정보에 오히려 머리가 지끈거렸을 것이다. 도대체 누구의 말이 맞는지, 누구의 말을 따라야 하는지 더 갈피를 못 잡게 되는 경험도 했으리라.

수많은 유튜브 영상을 헤매다가 나를 찾아온 많은 이가 공통적으로 하는 말이 있다. 김사부를 선택한 기준이 무엇이냐는 나의 질문에, "김사부가 부동산 투자와 관련해 가장 정확한 이야기를 하는 것 같아서"라고 대답한 사람은 거의 없었다. 그저 사람들이 선택한 기준은 하나였다. "시장에서 오래 살아남았기 때문에 믿을 수 있을 것 같아서."

그렇다. 이는 골치 아파서 대충 정해버린 기준, 어찌 보면 정말 단순무식하기 짝이 없는 기준처럼 보인다. 살아남긴 했으나 호흡기 달고 겨우 숨만 쉬면서 살아남았는지, 아니면 활발하게 활동하

6   부동산 투자의 정석

면서 살아남았는지와 같은 질적 문제도 반드시 고려해야 하는데, 오직 연수로만 판단한다는 것은 역시 단순무식한 결정이라고 볼 수밖에 없다. 하지만 이 단순무식한 결정은 매우 유용한 잣대다. 진짜로 그렇게 오랜 기간 시장에 살아남은 전문가가 없기 때문에 그렇다. 희소성만으로도 가치를 인정해 줄 만한 부분이다.

이왕 자화자찬하기 시작한 거, 마저 해보자. 내 책을 읽고 찾아온 독자들이 책에 대한 감상평을 이야기하면서 가장 자주 하는 말은 이런 것이었다.

"시중에 나와 있는 책들은 대부분 저자 본인의 경험담이라 내가 어떻게 해서 얼마를 벌었다는 이야기가 전부인데, 김사부 님의 책은 그런 이야기가 아니라, 그야말로 투자의 정석에 관한 것이라 이게 진짜구나 싶었어요."

그렇다. 사실 독자나 시청자 입장에서는 정보가 너무 많다 보면 이 같은 '쉬운 잣대'를 스스로 만들어내야 하는 어려움을 겪는다. 잣대를 세우지 않으면 정보의 홍수에 떠밀리다 오히려 부동산 투자에 관심이 없을 때보다도 못한 결과를 낼 수 있기 때문이다.

나는 나를 찾아오는 사람들에게 이런 이야기를 한다. 부동산 투자로 큰돈을 벌었다고 자랑하는 사람, 부동산 투자를 이렇게 하면 본인처럼 된다고 하는 사람, 그런 사람들이 왜 투자만 계속하지 않고 수강생을 모집하는지 생각해 보라고. 부동산에 투자해서 한 번에 10억~20억 원 버는 건 우습고, 또 몇 번만 하면 본인처럼 수백억 원을 가질 수 있다고? 그럼 그런 일을 계속하면 되지 왜 몇십만 원짜리 강의의 수강생을 모집하고 있는 것이냔 말이다. 자신이 알게 된 귀하디귀한 비법을 사람들에게 알려주며 베풂과 나눔을 실천하려고?

이런 사탕발림에 넘어가는 사람들은 자본주의를 배워도 한참 더 배워야 하는 사람들이다. 과시성 짙은 이야기를 하며 수강생을 모집하고 있는 사람은 둘 중 하나다. 자신이 과거에 해냈다고 떠드는 일이 거짓이거나, 과거에 벌어진 일은 사실이지만 재현하자니 잘 되지 않아서 돈이 필요하거나. 내 말이 맞는다면 수강생들은 무엇을 배우게 될까? '특수사례'만 배우게 된다. 모든 조건이 맞고 운도 따르고 핏방울이 맺힐 정도의 노력까지 기울이면 '언젠가' 달성할 수 있는, 그런 사례를 배우게 되는 것이다.

나는 여전히 이 책에 밝힌 '부동산 투자의 정석'을 실천하고 있다. 20년째다. 나의 회원들도 마찬가지로 이를 실천해 어마어마한 수익을 냈고 여전히 투자 진행 중이다. 그리고 새롭게 회원이 된 이들에게도 나는 투자의 정석을 실천하라고 권유한다. 그중 누구도 "이건 실천하지 못하겠어요"라고 하지 않는다. 모두가 할 수 있고, 모두가 하고 있다. 학창 시절 공부를 잘했든 못했든, 좋은 직장에 다니든 아슬아슬한 직장에 다니든, 현재 보유 중인 여윳돈이 많든 적든, 예외가 없다. 모두가 할 수 있다. 특히 이 방법들은 한 번으로 끝나는 게 아니라, 지속적으로 할 수 있는 것이고 해야만 하는 것들이다.

사실 나는 부동산 전문가 치고는 마케팅을 거의 하지 않는 편이다. 강의도 한 달에 한 번밖에 하지 않는다. 외부 강의도 거의 나가지 않는다. 그저 일주일에 한 번 짧은 유튜브 영상 한 편을 올리는 것이 홍보의 전부라고 볼 수 있다. 이를 보고 '돈을 엄청나게 많이 벌어서 그런가 보다' 추측하는 이도 있는 것 같다. 하지만 이는 사실과는 매우 동떨어져 있는 추측이다. 이전 책에서 공개했던 것처럼, 2016년 판《부동산 투자의 정석》을 출간하기 몇 년 전쯤 모든 돈을 날려버려서 바닥에서부터 다시 시작한 상황이기 때문이다. 어찌 됐든, 부동산 투자의 정석대로 다시 투자한 덕분에 내 자산은 차근차근 모이고 있다. 이 기법은 날 배신하는 법이 없다. 그래서 재기에 성공했다. 단, 물리적인 시간이 소요되는 건 어쩔 수 없다. 짧은 기간에 엄청나게 많은 돈을 벌 수는 없는 일이다. 이러한 이유로 '어마어마한 부자가 되지 못한 것'은 사실이지만, 굳이 돈을 벌기 위해서 많은 애를 쓸 이유는 사라졌다.

　일은 적당히 하면 되고, 나머지 필요한 돈은 투자한 부동산이 알아서 벌어다 준다. 이 책에서 말하는 기법이라는 건 결국 시스템이기 때문에 시스템만 구축해 놓으면, 시간이 지남에 따라 저절로 돈이 늘어난다. 마치 고금리 이자가 복리로 불어나는 예금상품에 가입한 것이나 다름없는 상황이다. 굳이 많은 일을 하면서 내 인생을 갈아 넣을 필요가 없는 것이다. 몇십억, 몇백억을 가졌는지는 하나도 중요하지 않다. 그게 무슨 의미가 있는가? 돈은 우리의 생활을 윤택하게 하는 데, 또 여러 가지 위험을 막는 데 필요한 것이다. 그 정도의 돈이면 되는 것이지, 얼마 이상이 되는 돈이어야 그런 역할을 하는 건 결코 아니다.

물론, 사실은 더 중요한 내용이 숨어 있다. 만약 수백억을 가지고 있어도 이를 계속 사용해서 점점 돈이 사라지기만 한다면, 편안하게 돈을 쓰면서 살 수 있는 사람이 없을 것이다. 불안하기 때문이다. 인간 심리는 본래 가지고 있는 돈이 기본값이다. 따라서 이 기본값이 떨어지면, 자꾸 손실을 보고 있는 것 같아서 불안감이 커진다. 따라서 얼마의 돈을 가지고 있느냐보다 중요한 것은 돈이 계속 나오는 시스템을 갖추고 있느냐이며, 진짜 여유롭게 생활하려면 얼마의 돈이 있느냐보다 얼마의 돈이 나오는 시스템이 있느냐가 중요하다.

《부동산 투자의 정석》은 바로 이런 시스템을 만드는 비결이다. 특히 이 비결은 이미 검증되었다. 책이 처음 나온 시점을 기준으로 봐도 15년이고, 내가 강의하고 컨설팅한 기간, 즉 대중들에게 검증받은 시간만 20년이다.

물론, 그렇다 해도 걱정이 될 수 있다. '20년간 잘해왔다고 해도 AI까지 등장해 설쳐대는 미래에도 이 방식이 통할까' 하는 염려가 들 수 있다. 이런 사람들을 '쫄보'라고 비웃고 싶지 않다. 지극히 합리적인 의심이다. 자, 그렇다면, 이러한 의심을 품은 채로 본문을 한번 찬찬히 살펴보라. 반짝이는 이성을 탑재하고 이 투자의 정석이 향후 10년 뒤에도 통할지 안 통할지 가늠해 보라.

다시 한번 서두에서 한 말을 반복하자면 이렇다. 나는 이번 개정판을 준비하면서 역시 원칙은 변하지 않는다는 걸 스스로 발견하면서 굉장한 뿌듯했다. 변한 건 오직 시장의 변화와 법규 변화에 따른 적용 부분이다. 그만큼 '정석'은 막강했다. 세월이 흘러도 변하지 않았고, 세월이 지나도 여전히 누구나 실천 가능할 만큼 만만했다. 이 책을 처음 접하는 독자들도 이 놀라움을 경험했으면 하는 바람이다.

하나 더, 기존에 밝힌 부동산 투자의 정석 중 한층 업그레이드한 기법도 많이 수록했다. 그사이에 시장 경험이 한층 더 쌓였고 더 많은 대중을 상담하고 지켜보면서 한결 낫고 향상된 기법들을 많이 알게 되어서다. 그야말로 레벨업된 기법들도 소개하고 있으니, 잘 따라오길 바란다.

마지막으로 감사의 말을 전하고 싶다. 내가 여기까지 오게 된 데는 가족의 믿음과 사랑이 가장 큰 힘이 되었지만, 아울러 회원분들의 강력한 지지와 신뢰, 응원에 힘입은 바가 크다. 다른 전문가들이 어떻게 지내는지 속속들이 알지는 못하지만, 듣는 바에 의하면 나만큼 존경받고, 대접받고, 애정을 받는 전문가가 있을까 싶다. 그만큼 곁에 머무르면서 끊임없는 사랑으로 나를 '타락'하지 않게 지켜준 회원분들에게 이 자리를 빌려 고마움을 전한다.

2022년 10월
부동산 김사부

1장

부동산 투자,
여전히 유효한가?

불 · 호황에도
흔들리지 않는 투자법 찾기

부동산 투자, 여전히 유효한가? 혹자들은 이렇게 생각할지도 모르겠다. '이런 질문을 부동산 전문가에게 하는 게 무슨 의미가 있지?' 사실 이러한 의문은 1990년 1기 신도시가 입주를 시작할 때부터 나왔다. 그런데 그 후 30여 년이 지나는 동안 부동산 가격이 어마어마하게 상승했다. 이 기간 동안 부동산이 몇 % 상승했다와 같은 수치는 별 의미가 없다. 가격이 2배 오른 곳이 있는가 하면 10배 오른 곳도 있기 때문이다. 가격이 오른 지역이 어디인지, 가장 수익률이 높은 부동산 물건이 무엇인지가 중요한 것이지, 전체적인 평균을 구하는 게 무슨 의미가 있겠는가?

그 후 1998년부터 2000년까지 "부동산으로 돈 버는 시대는 끝났다", "누가 요즘 집을 사려고 하나, 그냥 임대해서 살면 되지", "집

사면 바보다"라는 말이 퍼졌다. 대중들 사이에 널리 자리 잡은 강력한 신념과도 같았다. 그 믿음의 결과가 어떠했는지는 이미 잘 알고 있을 것이다. 이 같은 생각은 2008년 부동산 신화가 무너지면서 차츰 고개를 들기 시작해 2014년과 2015년까지 이어졌다. 아직도 이런 신념을 가지고 있는 사람들이 여전히 많은 것 같다. 그런데 그 믿음을 비웃기라도 하듯 2014년부터 부동산 가격은 서서히 오르기 시작해 2021년까지 폭등에 가까운 상승을 보였다가 2022년 10월 시점, 이제는 반대로 갑작스러운 거래침체가 발생하는 상황이다.

돌아보면, 부동산 가격의 반등은 결국 대중들 사이에 강력한 비관주의가 자리 잡았을 즈음 시작되었고, 그 반등의 결과는 대단히 혹독했다는 것을 알 수 있다. 물론 이러한 역사를 근거로, '거 봐, 역사는 반복된다니까' 같은 논리로 다시금 부동산 가격이 상승할 것이라고 말하려는 게 아니다. 본론으로 들어가기 전 역사를 들춘 것은 부동산이 투자 가치가 있는지 아닌지를 심도 있게 고민하거나 살펴보지도 않고 그저 '이제 부동산 신화는 끝났어'라고 쉽게 치부해 버리면 과거처럼 뼈아픈 후회를 할 수도 있다는 이야기를 하고 싶어서다.

그럼 본론으로 들어가서 장 제목에 대한 답을 하겠다. 부동산 투자는 2022년인 지금 여전히 유효할 뿐만 아니라, 10년이 지나고, 20년, 30년이 지나도 여전히 유효할 것이다. 왜 그런가? 그 이유는 다음과 같다.

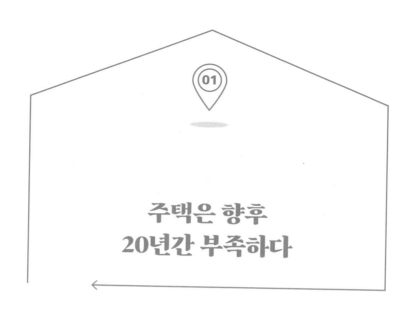

주택은 향후
20년간 부족하다

우리나라 주택보급률이 100%를 넘어선 지는 이미 오래되었다. 주
택보급률이 높다는 게 실제로 주택이 더는 필요 없다는 뜻은 아니
라는 걸 알고 있을 것이다. 중요한 것은 자가 주택보급률인데, 자
가 주택보급률의 경우 전국은 50%가 조금 넘고, 서울과 수도권은
50%가 안 된다. 이게 무슨 뜻일까? 우리나라 인구의 절반은 세입
자라는 뜻이다.

　이러한 사실은 통계를 굳이 찾아볼 필요 없이 주변만 둘러봐도
충분히 알 수 있다. 서울 중 그저 아무 곳, 아무 아파트 단지 하나
만 잘 살펴보라. 절반은 세입자이고 절반은 소유주이다. 바로 이
때문에 매년 전세가가 올랐네, 내렸네 하는 뉴스가 의미 있는 뉴스

가 되는 것이다.

따라서 이 절반에 해당하는 인구는 언제든지 수요자로 변할 수 있다. 뿐만 아니다. 이미 주택을 가지고 있다고 해도 더 넓은 주택 또는 더 좋은 주택으로 옮기고자 하는 수요 또한 늘 존재한다.

다만 이러한 일이 계속 진행되려면, 인구 또는 가구 수가 계속 늘어나야 한다. 과연 인구 또는 가구 수가 그렇게 계속 늘어날까?

인구 절벽이 온다는데요?

'인구 절벽'이라는 말은 인구 자체가 급격하게 줄어듦을 의미하는 것이 아니다. 이미 알겠지만, 경제활동을 할 수 있는 15~64세 연령의 생산가능인구가 급격히 줄어드는 현상을 말한다. 이에 따라 소비가 급격히 줄고, 결국 부동산을 구매하고자 하는 수요도 급격히 줄어들 것이라는 게 인구 절벽으로 인한 부동산 가격 폭락을 우려하는 이들이 내세우는 근거다.

부동산을 필요로 하는 가구 수는 매년 늘어날 거라는 주장과 점차 소비 여력이 있는 인구가 줄어듦에 따라 부동산을 구매할 수 없게 될 거라는 주장, 둘 중 어느 것이 맞는 것일까? 사실 판단하기 어렵다. 이 부분에 있어서는 전문가들의 의견도 엇갈린다.

정확히 말하면, 아무도 모른다. 그러나 어떤 주장이 타당할지는 다음과 같은 측면을 생각해 보면 좀 더 쉽게 이해할 수 있을 것이다.

가구 수는 향후 20년간 늘어난다

통계청이 2022년 발표한 자료에 의하면, 우리나라의 가구 수는 2040년까지 증가할 것이다. 인구 수는 이미 정점을 찍었지만 지금부터 약 20년 후까지는 여전히 가구 수가 증가한다는 이야기다. 통계청의 발표를 근거로 단순 계산해 보면, 연간 가구 수는 평균 약 15만 가구씩 늘어난다. 순전히 물리적으로 계산해도 15만 채의 주택이 더 필요하다는 뜻이다.

총가구 및 가구 증가율

자료원: 2022년 6월 통계청에서 발표한 장래가구추계(2020~2050)

혼인으로 매년 20만 가구가 탄생한다

집이 필요한 순간은 언제인가? 가장 강력한 수요가 발생하는 시점은 혼인이다. 남녀가 결혼을 약속할 때 이들이 어떤 형태의 집을 원하느냐, 어느 지역에서 거주하길 선호하느냐, 어느 정도 크기의 집을 마련하느냐도 중요한 이슈가 된다. 그런데 여기서 가장 주목해야 할 사실은 이들에게 반드시 '집이 필요하다'는 것이다. 결혼으로 탄생하는 가구 수만 매년 20만 가구다.

(단위 : 1,000건)

구분	2016년	2017년	2018년	2019년	2020년
혼인 건수	281	264	257	239	213

혼인으로 생겨나는 가구 수가 매년 줄어들고 있고, 요즘 2030세대는 결혼을 포기하고 사는 세대라는 말도 있다. 하지만 이는 과거와 비교할 때 적다는 것이지 결혼 자체를 하지 않는다는 말이 아니다. 틀림없는 건, 결혼을 하는 세대들이 계속 존재하는 한 반드시 신규로 집이 필요한 가구가 발생한다는 것이다.

소비 여력이 없는 신혼부부의 경우 좀 더 작은 규모의 집이나 직장과 다소 멀리 떨어진 곳의 집을 구해야 하겠지만, 그럼에도 이들은 반드시 집을 구한다. 이 수요가 매매든 전·월세든 부동산 시장에 지속적인 영향을 미칠 가능성이 크다.

다문화 가정이 매년 생겨난다

다문화 가정의 증가도 부동산 시장에 적지 않은 영향을 미친다. 통계만 보자면 다음과 같다.

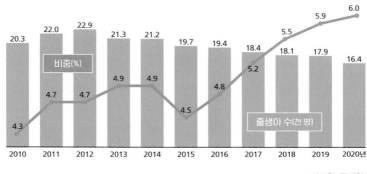

다문화 출생아 수 및 전체 출생 중 다문화 비중 추이

비중(%)

출생아 수(천 명)

20.3 22.0 22.9 21.3 21.2 19.7 19.4 18.4 18.1 17.9 16.4

4.3 4.7 4.7 4.9 4.9 4.5 4.8 5.2 5.5 5.9 6.0

2010 2011 2012 2013 2014 2015 2016 2017 2018 2019 2020년

자료원: 통계청

이 통계에서 보면, 언뜻 다문화 가정이 점점 줄어드는 것처럼 보일 수 있다. 하지만 이는 오해다. 결혼의 건수 자체는 조금씩 줄어들고 있어도 결국 다문화 가정의 총합은 점점 늘어나고 있기 때문이다.

이 부분은 우리나라 인구 통계 및 가구 수를 추정하는 데 있어서 큰 변수가 되기 때문에 따로 떼어내서 생각해 봐야 한다. 예측하는 것이 힘들기 때문이다. 이런 표현이 적당하진 않지만 이해를 돕기 위해 쉽게 표현하자면, 다문화 가정의 증가는 일종의 인구 수입의 증가로 볼 수 있는데, 수입하려는 주체가 얼마나 늘어날지를 예측하는 건 결코 쉬운 일이 아니다. 어찌 됐든 이 수요 역시 부동산을 구입하려는 수요가 될 것이며 이 수가 폭발적으로 커질 가능성도 무시할 수 없다.

고령 인구는 계속 늘어난다

대한민국의 고령화 문제는 어제오늘의 이야기가 아니다. 우리나라는 이미 세계에서 가장 빠른 속도로 고령화가 진행되는 나라가 되었고, 이러한 추세는 앞으로도 이어질 것이다. 실무적인 차원에서 이야기해 보자.

고령 인구가 늘어난다는 건 노년층의 사망률이 줄어들고 있다는 말이다. 그렇다면 노인들은 자신이 보유하고 있던 부동산을 어떻게 할까? 작은 집으로 갈아타거나 이를 두고 실버타운으로 들어가는 사람들도 있긴 하겠지만, 삶을 영위하는 동안 그들에겐 여전히 부동산이 필요하다. 즉, 고령화가 내용상의 변화를 가져올 순 있어도 외형상으로 부동산 수요를 줄이는 데 기여하진 않을 것이다.

신규 주택에 대한 수요는 영원할 수밖에 없다

결정적인 것이 또 있다. 주택은 충분히 있기만 하면 되는 걸까? 지하 주차장이 없던 시절에는 사람들이 지하 주차장이 없는 것이 불편한 줄 몰랐다. 하지만 지하 주차장을 이용해 보면, 이것이 없는 게 얼마나 불편한지 알게 된다.

주택이 부족하던 시절에는 동향이라고 해도, 즉 해가 아침에만 잠깐 들어오고 종일 어두컴컴하더라도, 불편한 줄 몰랐다. 하지만 모든 방에 온종일 해가 들어오는 4베이Bay를 경험해 보면, 어두운 집은 답답하고 추워서 살 수 없겠다고 느낀다.

그뿐인가? 1년 내내 계절에 맞는 옷 몇 벌로 지내던 시절에는 드레스룸이 없어도 문제가 없었지만, 이제 드레스룸이 없으면 온 집안이 창고가 된다. 침대 생활 역시 그리 오래된 문화가 아닌데, 이젠 침대 없는 집이 거의 없을 정도다. 침대를 안방에 넣어놓고 보자. 그렇게 넓어 보이던 안방이 더는 그렇게 보이지 않는다. 또 가족과 함께 지내도 나만의 공간을 필요로 하는 이들을 위해 이젠 알파룸 같은 공간이 탄생했다.

택배도 중요한 변수가 되었다. 가구 수가 너무 적거나 경사가 심한 주거지의 경우 배송이 잘 되지 않는다. 되더라도 배송 물건이 제한되거나 오래 지연되곤 한다. 새벽배송, 로켓배송이 흔해진 시대에 남들은 빠르고 손쉽게 물건을 받는데, 본인만 그렇지 못하다면 어떻겠는가?

이렇듯 기술은 하루가 다르게 변화하고, 우리의 주거문화도 빠르게 변한다. 몰랐을 때는 아무렇지 않았던 일이라도 알고 체험하고 나면 신경 쓰이게 되어 있다. 따라서 '새 아파트', 즉 신규 주택에 대한 수요는 영원할 수밖에 없다. 단 부동산의 특성상 새 아파트를 무한정으로 공급할 수는 없으므로 결국 '멸실 후 공급'이라는 과정을 거쳐야 한다. 이런 경우 숫자상으로 주택 수는 거의 늘어나지 않겠지만, 실질적으로는 주택의 수요가 폭발하는 셈이다. 이 같은 주택의 수요가 매년 얼마나 될까? 계산이 불가하다. 그야말로 여력만 된다면 모든 사람이 새 아파트로 옮기려고 할 것이기 때문이다.

⚑

　결론을 내려보자. 부동산을 필요로 하는 사람들 사이에 내용상의 변화는 있을 수 있지만, 외형상으로 드러나는 그 '숫자'만큼은 확실히 '증가'한다. 주택을 구입하고자 하는 사람들이 계속 늘어나는 이상 주택을 공급해야 한다. 다만 주택을 공급하는 문제에 있어서는 여러 가지 이유로 원활하게 공급될 때와 그렇지 못할 때가 있고, 또 원활하게 공급되는 지역과 그렇지 못한 지역이 있다. 바로 여기에 투자의 포인트가 있다. 수요와 공급 간의 불균형은 향후 20년간 지속적으로 발생할 것이 분명하다. 바로 이것이 부동산 투자가 여전히 유효한 첫 번째 이유다.

선진국의 부동산 가격은
꾸준히 상승해 왔다

미국과 영국을 비롯한 선진국의 주택보급률과 자가 주택보급률은 우리나라보다 훨씬 높다. 그럼에도 불구하고 부동산 가격이 주기적으로 올랐다. 왜 그럴까?

가장 큰 이유는 경제가 성장했기 때문이다. 저성장일지라도 경제가 꾸준히 성장한 나라의 경우 일반적으로 부동산의 가격도 거의 같은 맥락에서 증가세를 보였다.

이해를 위해 좀 더 쉽게 설명해 보자. 경제가 성장하면 아무래도 더 좋은 집을 갖고 싶어 하는 이들이 늘어난다. 그동안 주택 구입을 미뤄왔던 가구들도 이젠 집을 사려고 한다. 또한 경제활성화로 외국과의 교류가 늘어나면서 국내로 유입된 외국인들 역시 부

미국 주택 가격지수

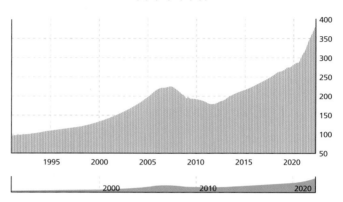

자료원: 미국 연방주택금융청FHFA

각국의 부동산 가격지수(1995년=100)

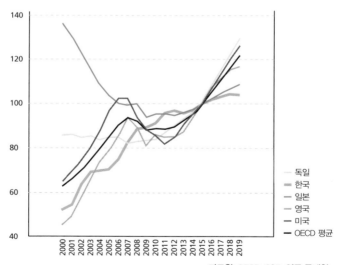

독일
한국
일본
영국
미국
OECD 평균

자료원: OECD, S&P, 영국 통계청

부동산 투자의 정석

동산 구입 수요에 한몫하게 된다. 자연스럽게 부동산 가격이 상승할 수 있는 요인이 하락할 수 있는 요인보다 더 많아지는 것이다.

부동산은 은행에 넣어둔 예금처럼 꼬박꼬박 이자가 불어나듯 가격이 올라가진 않는다. 어느 순간 확 올라버리고, 웬만해서는 잘 떨어지지 않는다는 것이 특징이다. 선진국들의 부동산 가격 상승 사례도 마찬가지였다. 한동안 잠잠하던 부동산 시장에 수요가 조금씩 살아나면 가격 또한 조금씩 움직이기 시작한다. 그러면 여력은 있으나 구입을 미뤄왔던 잠재수요가 자극을 받는다. 가격이 오르는가 싶은 그 순간 너도나도 달려들어 주택을 구입한다. 그 즉시 가격이 급등하고, 부동산 가격이 급등하면 이미 손 바뀜이 일어난 물건들은 다시 매물로 나오지 않는다. 그리고 그때까지 매물을 보유하고 있던 사람들은 아예 매도할 계획을 취소한다. 게다가 신규 공급이 이뤄지기까지는 3년 이상이 걸린다. 결국 공급은 씨가 마르고 수요만 들끓는 현상이 벌어지면서, 부동산 가격이 상당 기간 고공 행진하게 되는 것이다.

그렇다면 한 가지 궁금증이 생긴다. 우리나라도 미국이나 영국처럼 계속 경제가 성장하는 나라가 될 수 있을까? 이에 대해서는 아무도 답할 수 없다. 다만 나는 수많은 외침外侵과 무수한 강대국들의 압력에도 불구하고 민족의 정체성을 지켜온 나라라면, 최소한 지금의 경제적 지위는 유지하지 않을까 생각한다.

우리나라도 곧 일본 꼴 날 거라는데요?

우리나라가 일본을 닮아간다고 말하는 이가 많다. 나도 그렇게 생각한다. 많은 부분에서 일본을 닮아가고 있다. 그래서 이렇게 생각한다. 우리나라도 조만간 세계 전쟁을 일으키게 될 거라고.

말이 되는가? 당연히 말이 되지 않는다. 왜 우린 유독 경제와 관련해서만 일본과 닮아간다고 이야기하는가? 우리가 정말 일본을 닮아간다면 우리나라 역시 전쟁을 일으킬 만한 호전적 국가가 되는 게 아닐까 걱정해야 하는 게 우선 아닐까? 그런데 이 부분을 염려하거나 그럴 가능성이 있다고 이야기하는 연구 결과는 단 한 번도 들어본 적이 없다. 우리나라는 절대 그런 나라가 아니라는 광범위한 상식이 자리 잡고 있기 때문일 것이다.

그렇다. 우리나라는 근본적으로 일본과 '기질' 자체가 다르다. 지리적으로 위치가 가깝다 보니 상당 부분 유사점이 드러나긴 하지만, 본질적으로 일본인과 한국인들의 기질은 다르다.

일본의 부동산 가격 폭락과 장기불황을 생각해 보자. 1990년 일본의 부동산 거품 현상과 한국의 부동산 거품(?) 현상의 가장 큰 차이는 주도 세력이다. 당시 일본 부동산 거품의 주도 세력은 기업들이었다. 그러나 한국 부동산 거품 현상의 주도 세력은 다수의 개인이다. 세계 전쟁을 일으킨 일본은 그 기질상 개인은 약하고, 집단은 강하다. 거품 경제도 개인이 일으킨 것이 아니라 기업이 일으켰다. 그렇다 보니 그 규모가 훨씬 컸고(대출을 담보비율 120%까지

해줬으며, 상업지 중심의 부동산 가격 상승이 일어났다), 폭락이 왔을 때 정부 차원에서 쓸 수 있는 카드가 하나도 없을 정도였다.

반면 우리나라는 어떤가? 주기적으로 나타나는 부동산 거품 시기에도 언제나 주도 세력은 개인이었다. 그 규모 역시 일본의 부동산 거품과 비슷하다고 보기 힘들다. 결론은 이것이다. 우리나라는 일본의 거품 경제 때만큼 긴 기간의 장기호황과 긴 시간의 부동산 가격 상승이 이어지지 않았으며, 그와 같은 큰 규모의 상승이 발생한 적이 없다. 따라서 그 후속적인 결과 일본과 같은 형태의 부동산 장기침체도 겪지 않을 것이라고 보는 것이 자연스럽다.

지금까지의 역사를 보면 이 사실이 조금 더 분명해진다. 우리나라는 2001년부터 2008년까지 부동산 장기호황을 겪었다. 물론 2004년에 부동산 침체가 있었지만 한 해가 지나고 나서는 다시 상승세로 돌아섰기 때문에 결국 이 기간은 조정기라고 보는 것이 맞는다. 결국 이와 같은 장기호황이 7년간 이어진 셈이고, 2008년 금융위기와 함께 부동산 가격 폭락이 일어났다. 그래서 이 시기 매스컴에서 가장 많이 언급되던 단어가 '하우스 푸어 house poor'였다.

이 하우스 푸어라는 단어는 2014년 초까지도 계속 등장했다. 그러나 2014년을 지나면서 점차 사라져 어느새 주변에서 없어졌다. 거꾸로 그때부터 매스컴에 가장 많이 등장하기 시작한 단어는 '살인적인 전셋값', '전셋값 폭등' 등이다. 2014년부터 완만하게 형성된 부동산 가격 상승 분위기는 그동안의 심각한 부동산 침체기에서 탈출했다는 신호와도 같았다. 정리하자면, 우리는 7년간의 호황 그리고 6년간의 침체기를 겪은 셈이다.

　나는 이렇게 생각한다. 이러한 상황에 굳이 일본식 장기불황을 갖다 붙인다면, 우리나라는 이미 이를 겪었으며 그 기간은 지난 6년간의 침체기였다고 말이다. 그렇다고 우리나라가 일본식 장기불황을 겪었기 때문에 다시는 그런 식의 어려움을 겪지 않을 거라는 이야기는 아니다. 관건은 우리나라가 일본을 닮아가느냐 안 닮으냐의 문제가 아니다.

　결국 부동산 가격은 상식적으로 움직인다. 경제가 발전하지 않는다면 부동산 가격의 상승도 없을 것이고, 거품의 규모가 크다면 그만큼 침체기가 길어질 가능성도 크다고 봐야 한다.

　우리나라 부동산 시장이 곧 일본식 장기불황에 빠질 거란 전망은 부동산 경기에 조금만 활황의 기미만 보여도 나오는 이야기다. 이 이야기는 2022년 현재까지도 나오고 있다. 인터넷에 조금만 검색해 보면 이런 저런 이야기로 유사성을 설명한 자료들을 많이 찾을 수 있다. 관련 자료들 역시 시대가 지나면서 '진화'하는 모습이다. 이제 이런 논의에서 벗어나자. '우리가 일본을 닮아가기 때문에 장기불황이 올 것이다'라는 가정 자체가 비상식적이기 때문이다. 그보다는 우리 시장경제에서 부동산의 가격이 얼마만큼의 거품을 형성하는지 유심히 살펴보는 것이 미래를 예측하는 데 도움이 되며, 한결 상식적인 일이다.

　"그렇다면, 부동산 가격의 거품을 어떻게 알아볼 수 있는가? 그걸 모르기 때문에 일본의 사례를 보며 두려워하는 게 아닌가?"라고 물을 수 있다. 나는 실무적으로 거품을 다음과 같은 요소에 따라 파악한다. 우선, 기간이다. '부동산 가격이 본격적으로 상승한지 얼마나 되었는가?' 상당 기간, 즉 5년 이상 지속적으로 상승했다면 거품일 가능성이 크다. 두 번째는 가격이다. '가격이 매스컴에서 회자될 정도로 올랐고, 또 그것이 광범위한가?' 마지막 세 번째는 대중의 부동산에 대한 관심도이다. '부동산에 대해서는 전혀 관심도 없고 지식도 없던 사람이 부동산에 관심을 갖고 돈을 벌었다고 자랑하듯이 떠들거나 돈을 벌겠다고 덤비는가?' 이때는 거품이 많이 형성되었다고 보면 된다.

모든 투자 자산에 있어 가격 폭락은 일정 부분 피할 수 없는 게 사실이다. 투자 자산에는 거품이 발생할 수밖에 없기 때문이다. 투자가 본래 미래 가치를 반영하는 불확실한 것에 하는 것이므로 어쩔 수 없다. 미래에 어떤 일이 생길지 아는 사람이 없는 것처럼 누구도 부동산의 미래 가치를 정확히 가늠할 수 없다. 그래서 거품이 발생할 수밖에 없고, 그 반대급부로 폭락도 발생하는 것이다.

이러한 이유로, "앞으로 우리나라 부동산 시장에 폭락은 절대 없다"라고 말할 수 없다. 폭락은 언제든지 발생할 수 있다. 다만, 우리나라 경제도 일본식 장기불황 형태에 대해서는 이미 경험치가 쌓였다. 거품이 크면 침체도 길어진다. 이미 정부도 이를 알고 있으며, 현명한 투자자라면 이를 염두에 두고 있을 것이다. 따라서 리스크를 면밀히 체크하고 시장의 움직임을 살피는 것이 더욱 유효한 전략인 것이다.

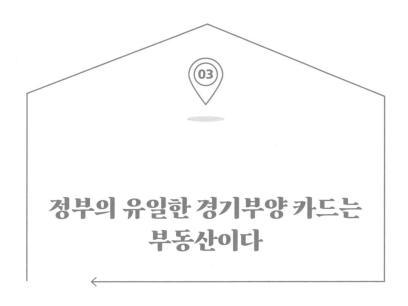

정부의 유일한 경기부양 카드는 부동산이다

우리나라 경제를 일컬어 '소규모 개방경제'라고 한다. 우리나라는 여러 가지 여건상 이러한 경제 형태를 취할 수밖에 없다. 그렇다 보니 외부 영향에 대단히 취약하다. 경제의 외부 의존도가 높을 때 문제는 정부가 의도적으로 경기를 부양하려고 해도 활용할 수 있는 카드가 별로 없다는 것이다.

소규모 개방경제 체제에서 정부가 쓸 수 있는 유일한 경기부양 카드는, 바로 부동산이다. 부동산은 내수업인 데다 연관된 업체가 상당히 많기 때문에 정부가 마음만 먹으면 강력한 힘을 발휘할 수 있다. 따라서 정부는 수시로 '정책에 일관성이 없다'는 비난을 받을 가능성이 크거나 이미 그런 비난을 받고 있는 상황에서도 부동산 경기 관련 카드를 손에 꼭 쥐고 있는 것이다.

이는 다시 말해, 정부가 부동산 가격이 너무 하락하게 되면 반드시 경기를 부양하려고 할 것이고 거꾸로, 부동산 경기가 너무 과열되면 다음에 써먹기 위해서라도 부동산 경기를 잡으려고 할 거라는 뜻이다. 부동산 가격적인 측면에서 보자면, 부동산 가격이 너무 많이 내려가면 결국 다시 올라갈 것이고, 부동산 가격이 너무 오르면 결국 다시 내려갈 가능성이 크다고 볼 수 있다. 이를 투자자 입장에서 보자면, 부동산 가격이 하락한 후 비교적 장시간을 보냈다면 이는 장기침체가 이어지는 것이 아니라 투자의 큰 기회가 올 가능성이 크다는 뜻이다.

2013년, 모 신문사에 칼럼을 연재하고 있을 때였다. 당시 하우스 푸어라는 단어가 빈번히 오르내리고 있었는데, 이때부터 정부는 부동산 경기부양을 위한 다양한 대안을 내놓기 시작했다. 이를 목격하면서 나는 칼럼에 '정부가 부동산 경기부양 카드를 꺼내 들었다. 부동산 경기를 활성화하겠다는 정부의 의지가 엿보인다. 부동산 가격은 다시 상승세로 갈 가능성이 커졌으며, 이는 투자자에게는 좋은 기회가 될 수 있다. 만약 이로써도 부동산 경기가 살아나지 않는다면, 정부는 또 다른 활성화 대책을 내세울 가능성이 크다. 부동산 시장에 상승 신호가 켜진 것이나 마찬가지다'라고 썼다. 그랬더니 이런 댓글이 달렸다.

'정부가 뭐 인디언이냐? 비 올 때까지 기우제 지내게?'

정부가 부동산 가격이 오를 때까지 활성화 대책을 내놓을 것이라는 내 말을 비웃는 의도였다. 당시 사회적 분위기를 생각하면 이러한 비웃음이 당연했다. 그런데도 나는 솔직히 그 댓글 밑에 다시 이런 댓글을 달고 싶었다.

'정부는 인디언이 맞습니다.'

그 사람의 표현대로라면 정부는 인디언이 맞다. 가격이 오를 때까지 부양책을 내놓는다. 따라서 정부가 부동산 부양 카드를 꺼내 들었다면, 곧 상승이 올 것으로 판단해도 무방하다. 부동산은 우리나라 경제에서 정부가 사용할 수 있는 거의 유일하고도 강력한 카드다. 이런 강력한 카드를 정부가 놓칠 리 없다는 걸 이해한다면, 부동산 경기가 하락하고 장기화되는 건 장기침체의 시작이 아니라, 투자자 입장에서 기회가 오는 것임을 알 수 있다.

임대주택이 고급화되고, 공급이 늘어난다는데?

최근 들어 '임대주택'에 대한 논의가 굉장히 많이 진행되고 있다. 집값이 너무 오르다 보니 여기저기서 아우성이고, 더불어 임대주택에 대한 기대감이 더욱 커지는 것 같다. 그러나 결론부터 말하자면, 대중이 생각하는 임대주택 공급은 실현 가능하지 않을 뿐만 아니라, 심지어는 실현이 되어서도 안 되는 일이다.

우선, 양질의 임대주택을 공급하는 일은 실현 불가능하다. 한때 지상철 노선 위에 아파트를 짓는다든지, 호텔을 바꿔서 임대주택으로 만든다든지 하는 언뜻 생각하면 기발한 발상이 주목을 받았지만, 이내 황당하기 짝이 없는 아이디어로 판명이 났다. 주택이라는 것이, 그저 평수가 넓고 교통만 편리하면 되는 것이 아니기 때문에 그렇다. 적절한 쾌적성과 보안성, 안전성 그리고 교육 환경, 기반시설 활용 등 상당히 많은 조건이 충족되어야만 '살만한 곳'이 되는 것이다.

이에 그런 신통한 아이디어만 가지고 양질의 주택을 크게 늘릴 수는 없다는 것이 확실해졌고, 결국 정석으로 돌아갈 수밖에 없게 되었다. 멀쩡한 땅 위에, 좋은 입지에 아파트를 건설해야 한다는 것이다. 그런데 그런 땅이 도대체 어디에 있단 말인가?

그동안 양질의 임대주택을 공급하려는 의지가 없어서 못 했던 것이 아니다. 기본적으로 그럴 수 있는 공간이 없다는 게 문제였다. 신도시 건설밖에는 답이 없다는 이야기인데, 신도시 건설에는 짧게 잡아도 7년 정도 걸린다. 게다가 거기에 모조리 임대주택만 지어서 공급할 수도 없고, 또 한꺼번에 공급할 수 있는 것도 아니다.

여기서 잠깐, 신도시 건설로 인한 주택 공급이 실제적으로는 상당히 오래 걸리는 이유를 살피고 넘어가자. 우선 땅을 확보하는 과정에서 엄청난 시간과 진통이 발생하는 것이 일반적이다. 이미 대부분의 땅이 사적으로 소유된 상황에서 주택을 공급하려면 이러한 땅을 수용해야 하는데, 수용하는 과정에서 온갖 잡음이 발생할 수밖에 없다. 언제나 그렇지만, 세상에는 '돈도 필요 없고 내 땅이 좋다'라고 하는 사람도 분명 존재하고, 어떤 사연이 있어서 땅을 매도할 수 없는 사람도 있다. 신도시를 건설하려면 이러한 사람들의 모든 사정을 고려해 가며 진행할 수 없다. 또한 수용가 책정과 재원 마련에도 시간이 걸린다. 신도시를 건설하려면 낮은 가격으로 토지를 수용해야 하기에 대부분 논·밭이나 그린벨트를 수용하게 되는데, 이를 소유한 사람들 중에 그것을 담보로 대출을 받고 있는 이는 거의 없다. 반드시 땅을 팔아야 할 급한 사정이 있는 사람은 거의 없다는 의미다. 특히 사람의 욕심은 끝이 없다는 점에서, 그들에게는 수용가가 만족스러울 수 없을 테고, 설령 불만이 없다 해도 주변에서 "버티면 더 받을 수 있다"라고 자극하는 소리가 계속 들릴 것이기에 '버티기'에 들어갈 가능성도 상당히 크다.

이 또한 과거와는 매우 달라진 것인데, 과거에 정부의 힘이 독재 수준으로 강력할 때는 어느 날 갑자기 정부가 "당신의 땅은 지금부터 그린벨트입니다. 모든 개발이 금지됩니다"라고 말한대도 저항할 수 없었다. 그러나 지금은 어떤가? 그런 식의 일방적인 진행을 했다가는 '탄핵'을 당할 수 있는 시대다. 이러한 이유로, 수용 과정이 일사천리로 진행될 수 없다는 것이다. 재원 마련도 그렇다. 한꺼번에 그 넓은 토지의 값을 지급하려면 상당한 자금이 필요하고, 국가 예산이 이미 책정된 상황에서 큰 규모의 재원을 마련하는 건 쉬운 일이 아니다.

교통 대책 문제는 더 크다. 신도시를 건설하는 과정도 힘들지만, 신도시라는 것이 좋은 아파트들만 덩그러니 세워졌다고 살만한 도시로 완성되는 건 아니다. 기존 도심과의 연결이 원활해야 하는데, 그러려면 도로와 교통 시스템을 잘 구축해야 한다. 도로를 만들려면 또다시 토지를 수용해야 하고, 도로의 경우 어쩔 수 없이 통과해야 하는 구간이 존재하므로 보상 협의도 해야 한다. 도로 관련 보상 협의야말로 한층 더 까다롭게 진행되는 일이 허다하다.

이러한 현실적인 이유로 신도시 건설이 절대 신속하게 이뤄질 수 없는 것이다. 따라서 양질의 임대주택 역시 의지만으로는 대량으로 공급할 수 없는 일임을 금방 알게 된다.

그나마 현실적인 아이디어를 하나 내자면, 재개발·재건축에서 임대주택 비율을 늘리는 방법이 있다. 이는 충분히 가능하다. 다만 2022년 현시점, 서울과 수도권에서 재개발 재건축을 통해 공급되는 주택의 수가 그리 많지 않으므로 임대주택 비율을 늘린다고 해도 공급되는 절대량에는 큰 영향을 미치지 못할 것이다.

따라서 정부나 지자체가 빠른 시일 내 양질의 임대주택을 늘리겠다고 아무리 떠들어대도, 그것이 현실적으로는 불가능하다는 걸 반드시 간파하고 있어야 한다. 물론 언젠가는 양질의 임대주택이 공급되긴 할 것이고, 그 '혜택'을 입는 사람도 반드시 있을 것이다. 문제는 정부가 이를 대단한 공약인 양 홍보하면서 많은 이가 '헛된 희망'을 갖게 될 가능성이 크다는 것이다. 사실 좀 더 현실적인 부분을 따져보면서 헛된 희망을 갖지 않는 것이 오히려 빠르게 자산을 키울 수 있는 길임을 다시 한번 인식할 필요가 있다.

또 한편으로 생각해야 할 것은, 늘어나는 임대주택의 숫자에 현혹되어서도 안 된다는 것이다. 정부 입장에서는 양질의 임대주택을 공급하더라도 그 숫자가 매우 적을 수밖에 없기에 숫자상으로라도 임대주택이 많이 공급된다는 것을 보여줄 필요가 있다. 그러려면 무엇을 해야 할까? 그렇다. 임대주택의 규모를 줄이면 가능하다. 즉, 우리가 흔히 이야기하는 원룸, 투룸 정도의 사이즈로 주택을 공급하면 상당히 많은 임대주택을 공급할 수 있다. 그러나 이러한 사이즈의 주택은 공급이 절대적으로 부족한 '가족용' 주택으로 활용될 수 없기에 재산 형성이나 내 가족의 주거 문제를 해결하는 데는 큰 의미가 없다.

지금까지 살펴본 것과는 전혀 다른 측면이지만, 꼭 알아야 할 것이 있다. 양질의 임대주택 공급이 비현실적이기도 하지만, 혹시라도 임대주택이 광범위하게 공급되는 건 절대로 있어서는 안 될 일이라는 것이다. 혹자들은 임대주택이 광범위하게 공급되면 좋은 거 아닌가, 많은 이가 주거 걱정 없이 살 수 있게 되니 얼마나 좋은가 생각할 수 있지만, 그건 순진한 이상주의에 불과하다. 현실을 보자. 임대주택이 광범위하게 공급된다는 건, 결국 보통 사람들의 가장 큰 자산을 국가가 관리하게 된다는 뜻이다. 즉, 보통 사람들은 재산이 하나도 없는 상태가 되는 것이다.

그렇다면 국가가 절대권력을 갖는 것이나 마찬가지다. 임대주택을 관리하고 분배하는 사람에게 권력이 집중되기에 그렇다. 그러면 또 이렇게 생각하는 사람이 있을 수 있다. 국가에 권력이 집중된다고 해도 권력이 계속 바뀌는데 무슨 상관인가 하고. 절대 그렇지 않다. 권력이 계속 바뀐다고 해도 국가가 지나치게 큰 권력을 갖게 되면, 수많은 부작용이 발생한다. 이는 조선시대에 양반이 토지의 대부분을 소유하고, 백성 대다수가 소작농이었던 사회상과 다를 것이 없다.

'조선시대가 좋았어. 계급도 분명하고, 사회도 안정적이고, 분수에 맞지 않는 희망 같은 건 품지도 않고' 같은 로망을 품고 있는 사람도 분명 어딘가엔 존재할 것이다. 그러나 대부분의 사람은 실소를 금치 못할 것이다. 앞으로 우리가 살아갈 미래에는 보다 권력이 나뉘어야 하고, 좀 더 많은 사람이 자유롭게 사고하고, 의사를 표현하고, 능력을 드러낼 수 있는 사회여야 하지 않는가. 그러기 위한 가장 기본이 '자산의 분배'다. 자산이 없는 상태에서 자유는 존재할 수 없다. 주거가 안정되어야 자유로운 생각을 할 수 있지 않느냐 반문할 수 있지만, 국가가 자산의 대부분을 소유한다면, 이는 안정이 아니라 권력이 되기에 문제다. 따라서 국가가 감당해야 할 임대주택은 취약 계층을 위한 것으로 한정되어야만 한다. 중산층까지 모조리 국가가 관리하려고 해서는 결코 안 된다.

혹자는 이런 말을 할 수 있다. 싱가포르 같은 나라는 임대주택이 아주 잘 되어 있다는데, 우리나라도 그렇게 하면 되지 않느냐고. 우선, 지구상 대부분의 선진국이 대다수의 국민을 임대주택에 거주하게 하지 않는다는 점을 짚고 넘어가자. 그럼 싱가포르는 뭔가? 싱가포르의 경우 숫자상으로 볼 때 국민의 대다수가 임대주택에 거주하는 것은 맞다. 다만 자세히 살펴보면 세 가지 매우 큰 문제점을 안고 있다. 하나는 국민 임대주택이라는 것이 관리가 진짜 잘 안 된다는 것이다. 실제로 현장에 가본 사람들은 잘 알겠지만, 싱가포르의 임대주택은 우리나라의 재건축 직전의 주공 아파트 정도의 상태다. 본인 소유가 아닌 아파트를 개인이 잘 관리할 이유가 없고, 또 국가가 행정력을 동원해서 공공의 아파트를 본인 소유처럼 관리할 수도 없는 일이다. 그렇다 보니, 아파트의 노후화가 빠르게 진행된다. 둘째는, 임대주택에 거주하는 싱가포르 국민들이 거주 환경에 만족하지 못한다는 것이다. 지금까지 알려진 국민 대다수가 임대주택 거주에 만족한다는 이야기는 전혀 사실이 아니다. 대다수의 국민이 20%밖에 되지 않는 민간아파트로의 이주를 꿈꾸고 있다. 임대아파트가 주거 만족도 면에서 결코 높지 않다는 증거다. 셋째는 많은 사람이 간과하고 있는 것으로, 싱가포르는 나라의 크기가 매우 작고 국민의 수가 적기 때문에 이 같은 일이 가능했다는 점이다. 나라 규모가 조금이라도 컸다면 이 같은 일은 가능하지 않았고, 득보다는 실이 많은 상황이 될 수밖에 없었을 것이다. 즉, 싱가포르는 탁월한 독재자와 소수의 국민이 결합한 덕분에 긍정의 효과를 봤을 뿐이다. 따라서 국가의 규모가 조금만 더 커져도 임대주택 정책은 긍정적인 면보다 부정적인 면이 훨씬 더 많다는 것을 베트남과 북한, 중국 등의 사례에서 충분히 예상할 수 있을 것이다.

개인적인 측면에서도 한번 살펴보자. 부동산은 본래 자산 구성에서 가장 큰 부분을 차지한다. 어느 나라에 가든, 부동산이 재테크의 수단이 아닌 곳은 없다. 그런 상황에서 부동산을 소유한 사람과 부동산을 소유하지 못한 사람의 자산 격차가 얼마나 커질지 생각해 보라. 남들은 어느 정도 나이에 적절한 자산을 만든 반면, 본인만 그렇지 못하다면 어떻겠는가? 자산이 없다는 것은 무얼 의미하는가? 본인이 선택할 수 있는 폭이 매우 제한적이라는 의미다. 국가에서 주는 임대주택이 본인의 형편과 사정에 맞지 않는다고 해도 어찌 할 방법이 없다는 것이다. 자녀의 결혼자금이나 병원비나 교육비가 필요한데, 현금화할 자산이 없다면 어떻게 되겠는가? 자녀들에게도 그저 평생 국가에 의지해서 살라고 할 것인가?

'임대 후 분양받을 수 있는 곳은 어떤가요?'라고 묻는 사람도 있는데, 그런 경우라면 괜찮다. 본인의 자산이 될 수 있기에 활용해 볼 수 있다. 다만 이러한 물량도 매우 제한적이다. 과거 판교 신도시가 만들어질 때도 그와 같은 임대아파트를 많이 공급했다. 당시 임대 후 분양 자격을 얻은 사람들은 10여 년이 지난 후 큰 자산을 형성하게 되었다. 따라서 그런 방식이라면 적극적으로 활용해 보는 건 좋다. 허나 '판교라는 신도시가 만들어질 때' 그랬다는 것을 다시 한번 인식할 필요가 있다. 다시 말해, 또 그와 같은 신도시가 만들어지는 때, 즉 수십 년에 한 번 정도 이뤄지는 그런 임대주택은 만나기가 쉽지 않다는 것이다.

결론적으로, 양질의 임대주택은 공급이 매우 어려우므로 그것만 바라보고 자산 형성을 게을리하는 건 어리석은 일이다. 또한, 임대주택을 보다 광범위하게 공급하려는 시도는 국가의 발전과 경쟁력을 위해서도 결코 옳지 않다는 것을 인식해야 한다.

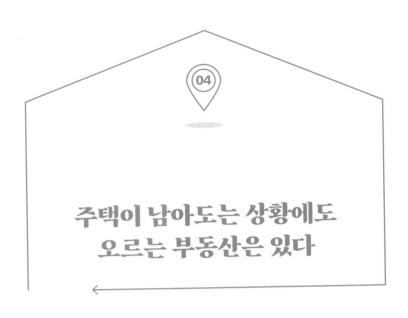

주택이 남아도는 상황에도
오르는 부동산은 있다

앞서 내가 제시한 부동산 투자가 유효한 이유들이 모두 틀린다고 가정해 보자. 즉, 주택을 필요로 하는 수요가 생각보다 늘어나지 않고, 그에 비해 공급은 충분히 이뤄지며, 우리나라 경제가 자꾸만 후퇴해 세계 경제의 20위권 밖으로 밀려나는 상황에서 경기를 살려볼 요량으로 정부가 내세운 부동산 경기부양 카드가 시장에 전혀 먹히지 않는다고 말이다.

이러한 가정이 극단적이긴 하지만 가능성이 아주 없는 것은 아니다. 그런데 여기에 이런 상상까지 더해 보자. 전국에 주택이 과잉 공급되고 임대주택 또한 넘쳐나서 어떤 곳에 살더라도 들어가는 비용은 거의 같게 된다. 사람들이 특별히 몰리는 지역은 여전히 있지만, 이런 지역에는 특별히 더 많은 주택이 공급되어 있으므로 물량이 부족할 일이 없다. 또 사람들이 특별히 선호하는 주택은 있지만, 그런 주택의 경우 선호하는 사람들의 수를 파악해서 그만큼 공급하므로 선호하는 주택을 위해 기다리거나 하는 일도 발생하지 않는다. 만약 대중들이 선호하는 주택의 형태가 변하게 되면, 그에 맞춰 주택의 형태를 바꾸거나 즉시 대규모 개발을 실시해 즉각적으로 대중들의 선호도에 따라 주택을 생산해 내므로 공급이 수요에 일정하게 맞춰진다. 시간이 지남에 따라 노후화되는 주택들은 그 수만큼의 신규 주택을 추가로 만들어 주민들을 이주시킨 후 공사에 들어간다. 이때 신규 주택 단지는 노후화된 주택과 가까운 곳에 들어서며, 만약 그럴 공간이 없을 경우엔 고층빌딩 기법을 이용해 기존의 주택 위에 추가로 주택을 짓는데, 법적 한도가 200층까지이므로 물량을 충분히 공급할 수 있다. 또 한 가지 더하자면, 이주자들을 위해 지어진 주택은 향후 기존 단지의 재개발이 끝나면 필요가 없어지므로 3년 정도만 사용하고 철거할 수 있도록 사용 연수를 3년 이내로 규정한다.

부동산의 한계가 기회를 만든다

어떤가? 두 번째 가정은 아무리 극단적으로 상상한다고 해도 도저히 현실화될 가능성이 없는 일이란 걸 짐작할 수 있을 것이다.

백번 양보해서 앞서 제시한 내 주장이 모두 틀려서 첫 번째 가정이 현실에서 벌어진다고 해도, '가격이 오르는 부동산'은 반드시 있을 수밖에 없다. 부동산은 그 특성상 공장의 제품처럼 마구마구 찍어낼 수 있는 것이 아니고, 사람들의 선호도에 따라 즉시 변화를 줄 수 있는 것도 아니며, 특정 지역에 사람이 몰린다고 해서 몰리는 곳에 더 많이 공급할 수 있는 것도 아니다.

결국 부동산 자체의 한계에 의해 어떠한 경우에라도 수요와 공급의 불일치가 발생할 수밖에 없다는 이야기다.

내가 앞서 제시한 이유들은 일종의 전망이자 예측이다. 따라서 틀릴 수도 있다. '이제 와서 한 발 빼는 거냐'며 시비를 걸 사람들도 있겠지만, 발을 빼는 것이 아니다. 그럼 자신이 없어서인가? 그런 것도 아니다. 겸손해서는 더더욱 아니다. 다만 투자자는 그렇게 생각해야 하기에 그렇다. 스스로 열심히 연구하고 그렇다고 판단 내린 것에 과감히 투자해야 한다. 그러나 투자를 결정하기 전에는 반드시 물어야 한다. '내 생각이 틀려도 괜찮은 건가?'라고. 투자는 한두 번으로 끝나는 것이 아니라, 평생을 걸쳐 계속 이뤄져야 하는 행위다. 그렇기 때문에 그저 한두 번으로 크게 한몫 잡겠다는 태도는 최악이다. 그런 태도와 생각을 갖고 있으면 언제나 높은 수익에 현혹되고, 가능성이 있는 리스크를 무시하게 된다. 이러한 이유로 부동산에 거품이 생겨도 대중들은 그 거품을 전혀 파악할 수 없게 되는 것이다.

내 생각대로 과감하게 밀고 나가는 것까지는 좋다. 그러나 그 대상 혹은 그 시점이 만약 내 예상과 다를 경우 크게 문제가 된다면 그동안 잘해 온 투자로 얻은 결과도 한순간 물거품이 되고 만다. 따라서 늘 자신의 투자 행위가 맞는 것인지 물어야 한다.

그래서 나 역시 내 견해에 대해 스스로에게 또 묻는다. 다시 물어도 '부동산 투자가 여전히 유효하다'는 견해에 대해서는 이견이 없다. 어떠한 경우에도 '오르는 부동산'은 반드시 존재하기 때문이다. 따라서 나는 더 열심히 투자에 임한다.

예측할 수 없는 변수를 고려하라

부동산 시장의 변수는 여전히 존재한다. 일단 가장 중요한 경제 성장에 관해서는 예측이 불가능하다. 우리나라의 저력을 믿기는 하지만, 외부 경제에 취약한 우리나라가 세계 경제의 돌발변수에 어떻게 움직일지 예측할 수가 없다. 둘째는 정치적 변수를 예측할 수 없다. 정부가 경기부양 카드로 부동산 경기를 계속 쥐고 있을 거라는 건 확실하지만, 이 카드를 얼마나 강력하게 사용할지 또는 억제할지를 예측할 수 없다. 지금 우리 사회에 부각되고 있는 청년 실업 문제, 고령화 문제, 빈부 격차의 문제 등을 어떤 방식으로 해결할지 예측하기가 힘들다. 이러한 문제들은 모두 부동산 시장에 직·간접적으로 영향을 줄 수밖에 없다.

이렇게 다양한 변수를 고려하면, 부동산 투자가 유효하다고 해서 무조건 투자에 나설 수는 없다는 결론에 이르게 된다. 게다가 지금 시점의 부동산 투자 환경은 과거와 비교할 때 상당히 달라졌다는 것이 보다 결정적인 이유다. 첫 번째 이유로 지목했던 가구수의 부분도 '소득'의 측면을 함께 고려해 살펴본다면 그다지 긍정적이지만은 않다. 경제 또한 과거에 비해 성장률이 낮아졌을 뿐만 아니라, 장기적인 저성장세를 유지할 것으로 보는 것이 타당하다.

그렇다면 어떻게 해야 하는가?

부동산은 전 세계를 통틀어 자산 형성에 가장 중요한 수단이다

앞서 설명했듯, 선진국에서 부동산 가격은 꾸준히 상승해 왔다. 사실 부동산 가격이 선진국이라고 오르는 건 아니다. 후진국의 부동산 가격은 한층 더 오른다. 이를 증명할 만한 자료가 없어서 드러나지 않는 것뿐이지, 실제로는 부동산 가격이 매우 가파르게 오르고 있다는 걸 어렵지 않게 알 수 있다.

복잡한 차트나 믿을 만한 자료 같은 것을 분석하지 않아도, 일반인도 바로 확인할 수 있는 방법이 있다. 바로 후진국의 호텔 방값이다. 아프리카 같은 나라의 호텔에 가본 적이 있는가? 주변에 가본 사람이 있다면 한번 물어보라. 호텔 방값이 얼마이고, 호텔 수준이 어느 정도 되는지. 우리의 상상을 초월한다. 후진국의 경제가 안정적이지 않아 환율에 따른 변동이 크기에 절대적인 금액 수준을 비교하기는 곤란하지만, 대체적으로 보자면 우리나라 20년 전의 비즈니스 호텔급의 하루 방값인 약 50만 원 선이다.

우리에게 한층 가까운 동남아시아도 한번 보자. 동남아시아로 이민을 꿈꾸는 사람이라면 이곳에서는 월 200만 원만 있어도 가사도우미를 쓰고 기사를 두고 왕처럼 살 수 있다는 소문을 들었겠지만, 현실은 매우 다르다. 아니, 가능하긴 하지만 그렇게 사는 한국인은 거의 없다. 그런 이야기를 듣고 동남아시아로 이민한 한국인들은 딱 1년 정도, 길면 3년 정도는 그렇게 살 수 있을 것이다. 그런데 그 기한을 넘기면, 둘 중 하나의 결정을 하게 된다. 하나는 한국으로 다시 돌아가는 결정, 다른 하나는 그 나라에서도 번화한 도시에서 비좁은 아파트를 구해 거주하는 결정이다. 후자를 택할 경우 매월 최소 100만 원이 넘는 월세를 내야 한다.

어째서 이와 같은 일이 벌어지는 걸까? 주택이라는 게 단지 건물 자체가 좋은 걸로 끝나는 문제가 결코 아니기 때문이다. 좋은 주택이라는 건 주변의 모든 기반시설과 환경을 포함하는 것이다. 여기엔 치안 및 보안, 도로와 교통, 문화생활, 교육 환경 등의 여건이 모두 포함된다. 이러한 이유로 가사도우미를 두고 3년을 살아봐야 결국 '재미없어서 못 살겠다, 차라리 좁은 집에서 살더라도 여러 편의시설을 충분히 갖춘 좋은 지역에서 살아야겠다' 같은 결정을 하게 되는 것이다.

이렇게 사람이 거주하며 생활하는 곳은 좋은 건물뿐 아니라 편의를 위한 기반시설이 받쳐주는 곳이어야 한다. 그래서 후진국 호텔의 경우 시설이 매우 열악해도 숙박료가 어마어마한 것이다. 후진국일수록 기반시설을 제대로 갖추기 힘들기에 아주 제한적인 지역에서만 그나마 전 세계인의 눈높이에 맞출 수 있는 호텔을 지을 수 있다. 그러니 가격은 매우 비쌀 수밖에 없다. 그렇다면, 이 같은 부동산을 소유한 사람들의 자산은 어떻게 될까? 경쟁이 없기 때문에 매년 가격이 알아서 올라간다. 후진국일수록 빈부의 격차가 심한 것이 이 때문이다. 후진국에서도 자산의 격차를 만들어내는 결정적인 역할은 부동산이 하고 있는 것이다.

물론, 그렇다고 후진국의 부동산을 사라는 말은 아니다. 외국인 입장에서 후진국의 부동산은 법적인 문제나 환율, 언어 문제, 정치적 불안 등을 고려할 때 적당한 투자 대상이 아니다. 그런데도 이처럼 길게 설명한 것은 전 세계를 통틀어 부동산이 어떤 위상을 갖고 있는지를 보여주고 싶어서다.

선진국에서도 부동산 가격 상승의 원리는 똑같이 적용된다. 선진국은 전국적으로 기반시설이 잘 완비되어 있으니 그런 일이 없지 않느냐고? 그렇지 않다. 일반적인 수준이 이미 높은 만큼 그만큼 눈높이가 높아져서 사람들은 좀 더 높은 수준의 기반시설과 쾌적하고 편리한 환경, 뛰어난 보안 여건 등을 원하고 찾게 된다. 그리고 그런 모든 조건을 충족하는 곳은 그게 어느 나라이든 희소할 수밖에 없다. 게다가 이런 주거지를 하루아침에 뚝딱 만들 수 없기에 그 희소성은 더욱 부각된다.

부동산 투자의 정석

결국 그런 특별한 지위를 갖는 부동산은 지속적으로 가치가 올라갈 수밖에 없고, 이는 우리나라만이 아닌, 전 세계적인 현상이다. 여기서 잠깐. '특별한 지위'라는 말에 많은 사람이 좌절감을 느낄 수 있다. 언뜻, 한강이 쭉 내려다보이는 고층 아파트 정도는 되어야 특별한 지위의 아파트가 아닐까 싶을 수도 있겠다.

하지만 그렇지 않다. 여기서 말하는 특별한 지위란, 결국 전체적인 주택 중에서 희소성을 인정받을 수 있는 수준을 뜻한다. 전국적인 주택 상황을 봤을 때 아파트가 차지하는 비율은 50%다. 그런데 거기에 '대도시'나 '신규 아파트', '대단지', '역세권' 같은 조건을 집어넣으면, 그 비율이 10% 이하로 떨어진다.

바로 그 10%에만 해당돼도 특별한 지위를 획득한 부동산인 것이다. 따라서 이러한 부동산을 소유하고 있다면, 중장기적으로 볼 때 가격이 물가상승률보다 높게 상승할 것이 빤하고 이것이 자산 형성의 아주 중요한 역할을 하게 될 것이 분명하다.

2장

현명한
투자자의 정석

불·호황에도
흔들리지 않는 투자법 찾기

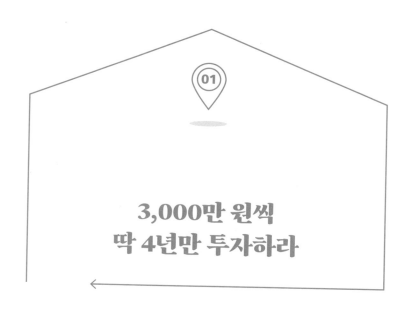

3,000만 원씩
딱 4년만 투자하라

평생 돈 걱정 없이 살 수 있는 방법은 없을까? 내가 2007년 책에서 처음 제안한 부동산 투자 방식은 15년이 지난 현시점에도 유효하다. 이 방식이란 매년 소액으로 전세 낀 부동산을 매입하고 전세 보증금 상승분으로 다시 추가로 부동산을 매입한 후 자산 규모가 늘어나면, 좀 더 상승률이 높은 대상으로 투자를 확대해 나가는 것이다. 이렇게 전세 보증금 상승분을 이용해서 하는 투자이기에 나는 이 방식에 '전세 레버리지 투자'라는 이름을 붙였다.

1년 동안 모은 3,000만 원의 종잣돈으로 전세 낀 부동산을 매년 1채씩 구입하기를, 딱 4년간 하라. 그리고 2년에 한 번씩 나오는 전세 보증금 상승분 약 2,000만 원으로 그와 비슷한 부동산을 다시 구입한다. 이렇게 10년을 한다. 이 과정을 구체적으로 짚어보면서 어떤 결과가 나오는지 살펴보자.

먼저 1년간 3,000만 원을 모아 1번 부동산을 구입한다. 2년 차에 같은 방식으로 2번 부동산을 구입한다. 3년 차에도 같은 방식으로 3번 부동산을 구입하는데, 이때 1번 부동산의 전세 보증금 상승분 2,000만 원을 얻게 된다. 다만 이 돈으로는 새 부동산을 구입하기 힘들므로 일단 대기한다. 4년 차에 같은 방식으로 4번 부동산을 구입하고, 지난해 대기 중이던 2,000만 원과 전세 보증금이 상승한 2번 부동산의 2,000만 원 중 1,000만 원으로 5번 부동산을 구입한다. 그렇게 하면 1,000만 원이 남는다.

일단 여기까지 진행하면, 내 자금으로 투자하는 기간은 끝난다. 나머지 기간은 마련한 부동산의 전세 보증금 상승분에서 거두는 자금으로 재투자할 수 있기 때문이다. 이러한 방법으로 계속 이어나가보자.

5년 차에는 3번 부동산의 전세 보증금 상승분 2,000만 원에 전년도 1,000만 원 대기 금액을 더해 6번 부동산을 구입한다. 이때 1번 부동산의 전세 보증금 상승분 2,000만 원은 대기시킨다. 6년 차에는 2, 4, 5번 부동산의 전세 보증금 상승분을 합한 6,000만 원으로 7, 8번 부동산을 구입한다. 이때도 1번 부동산의 전세 보증금 상승분 2,000만 원은 여전히 대기 상태다. 7년 차에는 1, 3, 6번 부동산의 전세 보증금 상승분 6,000만 원으로 9, 10

전세 레버리지 투자 진행도

1년 차	1
2년 차	2
3년 차	3 , 1 대기
4년 차	4 , 1 + 2 ➡ 5 , 2 대기
5년 차	3 + 2 ➡ 6 , 1 대기
6년 차	2 + 4 + 5 ➡ 7 8 , 1 대기
7년 차	1 + 3 + 6 ➡ 9 10 , 1 대기
8년 차	2 + 4 + 5 + 7 + 8 ➡ 11 12 13 , 8 + 1 ➡ 14
9년 차	1 + 3 + 6 + 9 + 10 ➡ 15 16 17 , 10 대기
10년 차	2 + 4 + 5 + 7 + 8 + 11 + 12 + 13 + 14 ➡ 18 19 20 21 22 23 + 10 대기

매년 3,000만 원으로 전세를 끼고 집 1채를 매입하고, 매입한 부동산의 전세 보증금이 2년마다 2,000만 원씩 상승하는 것으로 가정했다. 집을 구입한 순서에 따라 '🏠'에 번호를 매겼다. '₩'은 1개 당 1,000만 원을 의미한다.

번 부동산을 구입한다. 이때도 전세 보증금 상승분 2,000만 원은 대기한다. 8년 차에는 2, 4, 5, 7, 8번 부동산 전세 보증금 상승분 1억 원으로 11, 12, 13번 부동산을 구입하고 남은 1,000만 원과 대기 중이던 2,000만 원으로 14번 부동산을 구입한다. 9년 차엔 다시 1, 3, 6, 9, 10번 부동산 전세 보증금 상승분 1억 원으로 15, 16, 17번 부동산을 구입하고 1,000만 원이 남는다. 10년 차에는 2, 4, 5, 7, 8, 11, 12, 13, 14번 부동산 전세 보증금 상승분 총합 1억 8,000만 원으로 18, 19, 20, 21, 22, 23번 부동산을 구입하는데, 이때도 여전히 1,000만 원이 남는다.

이것이 바로 불과 4년 동안 3,000만 원씩 부동산에 투자한 결과다. 놀랍지 않은가? 10년이 되면 무려 23그루의 머니트리가 생기는 것이다. 일단, 여기서 이런 식의 투자는 마무리하자.

그다음으로 진행할 수 있는 방법은 매우 다양하다. 하지만 여기서는 투자를 단순화하기 위해 10년 후 수익형 부동산을 매수한 경우로 가정해서 진행해 보자.

11년 차에는 1, 3, 6, 9, 10, 15, 16, 17번 부동산(8채)의 전세 보증금 상승분으로 1억 6,000만 원이 생기는데 여기에 대기 중이던 1,000만 원을 더한 1억 7,000만 원으로 연 6% 수익형 부동산 구입한다. 그렇다면 연 1,020만 원의 수익이 발생한다. 12년 차에는 2, 4, 5, 7, 8, 11, 12, 13, 14, 18, 19, 20, 21, 22, 23번 부동산(15채)의 전세 보증금 상승분 3억 원으로 연 6% 수익형 부동산 구입한다. 이때 연 1,800만 원의 수익이 발생한다.

13년 차에는 이렇게 또 부동산 전세 보증금 상승분으로 생긴 1억 6,000만 원으로 연 6% 수익형 부동산을 구입한다. 연 960만 원의 수익이 발생한 다…….

연수	투자금(만 원)	수익률(%)	수익금(만 원)
11	17,000	6	1,020
12	30,000	6	1,800
13	16,000	6	960
14	30,000	6	1,800
15	16,000	6	960
16	30,000	6	1,800
17	16,000	6	960
18	30,000	6	1,800
19	16,000	6	960
20	30,000	6	1,800
전체 합계	–	–	13,860

이런 식으로 투자하며 20년이 지나면, 연간 1억 3,860만 원의 수익이 발생한다. 20년 후의 결과를 정리하면 다음과 같다.

- 총 주택 수 23채 ➡ 매년 평균 2억 3,000만 원의 현금흐름 발생
- 수익형 부동산 총 10채 ➡ 매년 1억 3,860만 원의 수익 발생

그 이상은 일일이 계산을 할 수 없을 정도다. 여전히 매년 2억 원 정도의 현금흐름을 발생시키는 머니트리가 있는 상황이므로 이

나무가 얼마나 커질지는 계산이 안 되는 것이다. 이 모든 것이 오직 매년 3,000만 원씩 4년간 투자해서 얻을 수 있는 결과다.

무슨 속임수가 있는 것 같은가? 아무리 봐도 가능하지 않을 것 같은가? 그렇다면 이 투자 방식에 관해 많은 이가 제시할 법한 좀 더 현실적인 의문과 그에 대한 답변 들을 짚어보자.

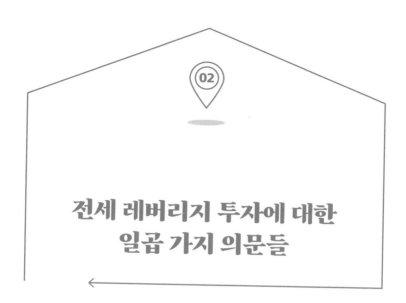

전세 레버리지 투자에 대한 일곱 가지 의문들

매년 3,000만 원씩 투자할 자금은 어떻게 모으나?

그렇다. 매년 3,000만 원의 투자자금을 모은다는 건 그리 쉬운 일이 아니다. 모으지 못할 수 있다. 그러면 목표 달성에 조금 더 시일이 걸리거나 달성 금액이 조금 줄어들 것이다. 여기에는 아무 문제가 없다. 한번 계산해 보라. 자신이 실제로 매년 모을 수 있는 투자 금액과 투자 가능한 기간을 넣어서 계산해 보면, 큰 그림에는 변화가 없다는 것을 알 수 있다. 그저, 목표를 이루는 기간이 늘어나거나 사례로 제시한 금액보다 성과가 조금 작아질 뿐이다.

인생을 살다 보면 돈을 모으기도 전에 목돈이 나가야 하는 경우도 생긴다. 아이들 학비와 가족의 병원비, 양가에 들어가야 하는 돈 등. 그렇게 예상치 못한 변수로 다른 곳으로 돈이 흘러가 투자를 하지 못하게 된다고 해도, 포기하지 말자. 4년간 계속 투자하려고 했지만 큰돈이 나가는 바람에 3년 차나 4년 차에는 투자하지 못했다면 5년 차, 6년 차에 하면 된다. 이렇게 하면 그저 목표 달성에 이르는 기간이 조금 늘어나는 것뿐이다. 중요한 것은 포기하지 않는 것이다. 포기하지만 않는다면 결과는 똑같다.

투자한 주택 모두가 2년마다 2,000만 원씩 오른다는 보장이 있는가?

그런 보장은 없다. 다만 역세권의 소형 아파트들을 찾아 10년간의 전세가 변화 그래프를 살펴보라. 기계적으로 2년마다 정확히 2,000만 원씩 오른 것은 아니다. 하지만 4년 만에 5,000만 원 혹은 6,000만 원이 오른 경우는 비일비재하다. 2년마다 2,000만 원씩 오르진 않았어도 보다 긴 시간을 두고 보면, 오히려 그보다 더 많이 상승한 경우가 대부분이다.

IMF 때도 역세권의 소형 아파트 전세가는 보합이었다. 국가적인 대재난 기간에도 그 정도의 가격을 유지했다는 건 전세의 경우 확실한 실수요가 떠받치고 있다고 봐도 무방하다.

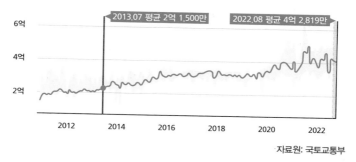

성남시 분당 이매동의 H 아파트(20평) 10년간의 전세가 변화 추이

2013.07 평균 2억 1,500만

2022.08 평균 4억 2,819만

자료원: 국토교통부

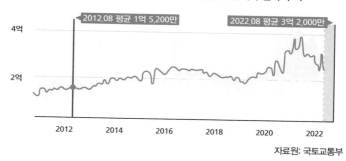

용인시 기흥구 신갈동 S 아파트(25평) 10년간의 전세가 변화 추이

2012.08 평균 1억 5,200만

2022.08 평균 3억 2,000만

자료원: 국토교통부

이렇게 투자할 만한 부동산은 점점 없어지고 있지 않나?

바로 이것이 부동산 투자를 시작하려는 이들에게 가장 큰 고민일 것이다. 주택보급률도 이미 높은 수준인 데다 정부가 주거 안정을 위해 임대주택 공급을 늘려가고 있고, 무엇보다 인구가 감소하면 주택 수요가 줄어들지 않을까 하는 걱정이 들 것이다.

나는 주거 시장이 안정되어야 한다고 생각한다. 지금처럼 전국의 아파트 전세가가 매년 폭발적으로 상승하는 건 결코 바람직한 현상이라고 볼 수 없다. 그러나 시장경제에서 모든 것이 동일하게 움직일 수는 없다. 수요가 몰리는 지역이 있는가 하면 공급이 부족한 지역도 있기에 지속적으로 가격이 상승하는 지역은 반드시 생기게 마련이다. 이는 자유시장경제에서 지극히 당연한 현상이라고 봐야 한다. 모두가 동일하다면 그게 더 이상하다.

따라서 투자자라면 매의 눈으로 그런 지역만 골라야 한다. 그게 바로 투자 공부의 의의이며, 투자 결과가 성공적일 때 내가 노력한 결실이라 여기면서 기뻐할 수 있는 이유가 된다.

무슨 일이 벌어진다고 해도 2년마다 2,000만~3,000만 원씩 전세가가 오르는 지역은 반드시 있다. 그 지역이 어디인지를 알기 위해 노력하고 공부하면 된다.

김사부의 투자 Tip

바뀌는 법규 속 탄생하는 기회

2022년 현시점, 임대사업자에 대한 혜택은 매우 많이 줄어들었다. 쉽게 말하자면, 조정지역에 있는 물건을 가지고 주택임대사업 등록을 하는 것은 가능하지만, 혜택이 전혀 없다고 보면 된다.

그렇다면 어떻게 해야 하나? 우선 이러한 법규는 지속적으로 바뀐다는 사실을 염두에 둘 필요가 있다. 따라서 법규의 변화를 유심히 살피면서 그 변화된 법규에 따라 수혜를 입는 부분과 상대적으로 손해를 보는 부분이 무엇인지 면밀하게 따져봐야 한다(2022년 7월 현시점. 실제 거주하지 않아도 되는 '상생임대제도'라는 것이 나왔고, 임대사업자 부활도 다시 논의되고 있다).

주택임대사업자 관련 내용은 이미 예전 책에서도 소개한 바 있고, 2015년 부터 2018년 9.13 대책이 있기 전까지 무려 4년 가까이 강의 때마다 주택임대사업자 등록을 강조하고 권유해 왔다. 처음에는 대다수의 사람이 이 같은 제도가 매우 생소한 탓에 선뜻 시도하지 못했다. 하지만 제도 내용을 자세히 살펴보면 '하지 않을 이유'가 거의 없었다. 그야말로 리스크는 거의 없고 기대 이익은 매우 큰 상황이었다. 조금만 깊이 알아보면 과감하게 실행에 옮길 수 있는 제도였는데도 많은 사람이 그저 생소하다는 이유만으로 등록하기를 꺼렸다. 심지어 의심의 눈초리로 바라보는 사람도 더러 있었다. 그래서 이런 루머까지 돌았다. '이렇게 모두 등록하게 만들어서 노출시킨 후에 한꺼번에 때려잡으려고 하는 것 아닌가?'

물론, 이 같은 루머가 현실화될 뻔한 위기도 몇 번이나 있었다. 다만 국민의 반대에 부딪혀 루머처럼 되진 않았고, 오히려 그야말로 제도를 잘 이해한 사람들만 수혜를 입는 상황이 벌어졌다. 그런데 바로 이와 같은 일이 계속 반복될 가능성이 크다. 대한민국의 부동산 문제가 생각처럼 간단하지 않기 때문이다. 우리나라는 지리적으로 평지가 많지 않은 데다 도시로 인구가 집중되는 현상이 앞으로도 지속될 것이고, 환경과 교통 사정 또한 고려해야 하기에 결론적으로 만성적인 주택 공급 부족에 시달릴 수밖에 없다. 그뿐인가. 정치적으로도 때로는 부동산 가격을 안정화시켜야 하고, 때로는 의도적으로 부동산 경기를 활성화시켜야 한다. 단순히 수요와 공급의 원칙에 따라 시장이 자유롭게 흘러가도록 놔둘 수 없는 것이 바로 부동산 문제다.

그렇다면 어떻게 될까? 앞으로 이 같은 실험적인 법규가 계속 나올 수밖에 없다는 것을 예측할 수 있다. 또 이런 새로운 법규가 나올 때마다 '수혜를 입는 쪽'과 '상대적으로 손해를 보는 쪽'이 늘 나오게 마련이다.

우리가 해야 할 일은 무엇일까? 새로 나오는 법규와 규제, 시행령 등을 매우 유심히 살펴보고, 적극적으로 해석하고, 열심히 적용해야 한다. 이러한 현실이 매우 골치 아프게 느껴지는 건 사실이지만, 반대로 생각해 보면 매우 큰 기회가 존재하고 있다는 의미이기도 하다.

내 경험에 비추어볼 때 그렇다. 2001년부터 부동산 경기가 살아나면서 최초로 부동산 투자의 대중화가 이뤄지기 시작하던 때는 법규나 규제에 대한 해석이 그렇게 까다로울 것이 없었다. 당시 노무현 정권이 들어서면서 각종 규제를 쏟아냈지만, 그 내용들이 해석하기 복잡한 수준은 아니었다. 그러나 2015년부터 시작된 부동산 상승기에는 그야말로 규제와의 전쟁을 치르고 있다는 느낌이 들었다. 정말 전문가의 도움을 받지 않는 일반인들은 '큰일 나겠구나' 하는 생각까지 들었다.

이러한 현상은 정권이 바뀐 상황에서도 계속될 가능성이 크다. 부동산 가격을 너무 오르게 해서도 안 되고, 그렇다고 너무 내려가게 해서도 안 되는 막중한 과제를 안고 있는 데다가, 국민 의식이 높아진 만큼 이해관계를 조정하는 일이 더 힘들어졌기 때문이다. 이러한 가운데 수많은 법규가 쏟아질 것이고, 그 과정에서 더 큰 기회가 발생할 수도 있다. 다만 이 역시 거꾸로 생각해 봐야 할 일이다. 더 큰 기회가 발생한다는 것은, 상대적으로 더 큰 손해가 발생할 수도 있다는 의미다. 즉, 내가 이익을 보는 편에 서 있다면 수혜가 크겠지만 반대편에 서 있다면 아무것도 하지 않아도 크게 손해를 입는 상황이 벌어질 수 있다.

이를 증명할 과거 사례들을 어렵지 않게 찾아볼 수 있다. 타워팰리스 양도세 비과세 혜택에서부터 임대사업자 등록 여부로 엇갈린 희비, 조정지역과 비조정지역 투자, 1가구 1주택 비과세 거주기간, 법인에 매겨진 취득세와 종부세의 과중한 세금 등 수많은 사례가 존재한다. 정책에 따라 크게 수혜를 입은 쪽과 크게 피해를 본 쪽은 극명하게 갈렸다.

법규와 정책을 잘 이해하고 해석해, 그에 적응하느냐 그렇지 않느냐로 희비가 엇갈릴 수 있다. 현시점까지도 임대사업자제도 부활 여부와 제한 등을 두고 말이 많다. 정신 똑바로 차리고 주시할 필요가 있다. 무엇보다 이러한 현상은 과거와는 분명히 달라진 부분이라, 이제는 전문가의 도움이 많이 필요해졌다. 물론 인터넷의 발달로 의지만 있으면 얼마든지 적절한 정보와 적절한 대응 방안을 얻을 수도 있겠지만, 그렇게 하기에는 너무 많은 시간이 소요되고, 자칫 잘못된 해석과 대응으로 인해 손해를 크게 볼 수도 있다. 따라서 자신의 시간적 여유와 능력의 한계를 잘 인식하고, 전문가의 도움을 적절히 받는 것도 중요하다.

5년이나 10년 후에도
3,000만 원으로 매입할 부동산이 있을까?

이렇게 질문하는 사람이 10년 전에도 있었고, 5년 전에도 있었으며, 지금도 여전히 있다는 사실만으로도 답이 될 수 있을 것이다. 이처럼 부동산의 매매가와 전세가 차이가 작은 현상이 벌어지는 가장 큰 이유는 부동산의 매매가가 올라가면서 동시에 전세가도 계속 올라가기 때문이다.

또한 부동산 시장은 활황과 불황을 반복하는데, 불황이 있기 때문에 이렇게 투자할 수 있는 부동산이 만들어진다. 부동산 시장에 불황이 오면, 사람들의 부동산 구입 여력이 줄어드는 것은 물론, 시장에 부동산을 매입하는 것이 손해라는 인식이 팽배해진다. 따라서 사람들은 부동산을 매수하지 않는다. 그러나 매년 부동산이 필요한 인구는 같은 속도로 증가한다. 그러면 매매가는 올라가지 않고, 전세가만 상승하는 현상이 벌어지고, 결국 매매가와 전세가의 차이가 아주 작아지는 상황이 또 생기는 것이다. 이처럼 부동산의 매매가와 전세가 차이가 벌어졌다 좁혀졌다 반복되는 현상은 부동산 시장에서 불황과 호황이 반복되는 것처럼 계속 이어질 것이다. 부동산의 전세가와 매매가 차이가 좁아진 때가 매수 타이밍이며, 전세가와 매매가 차이가 좁아진 지역이 매수 대상이 된다.

오래된 아파트의 전세가가 계속 오를까?

투자하려는 대상이 연식이 오래된 아파트라면 둘 중 하나로 방향을 잡아야 한다. 해당 아파트에 재개발이나 재건축 등의 개발 이슈가 있다면 시세차익을 고려해야 하고, 임대수요가 줄어들어 임대 상황이 변하게 되었다면 매도 후 다른 대상으로 옮겨타야 한다.

우리나라처럼 땅덩어리가 좁고 인구가 많을 경우 도시는 집약적인 형태가 된다. 세월이 지나도 대체 방법이 없다는 뜻이다. 방법은 하나다. 낡은 도시를 '리노베이션renovation'하는 것이다. 이는 우리가 익히 알고 있는 대로 재건축, 재개발, 리모델링, 도시환경정비사업 등의 모습으로 나타난다.

지금 서울의 모습을 보자. 나는 2004년에 서울에 있는 빌라를 사야 한다고 외쳤다. 이유는 서울의 경우 향후 수십 년 동안 지속적인 리노베이션의 과정을 거칠 것이므로 현재 땅값 수준보다 낮은 가격의 소형 빌라들을 사두면, 그 가치가 상당히 오를 것이라고 생각했기 때문이다. 당시만 해도 이렇게 말하는 사람이 나밖에 없었던 것 같다. 그때는 재건축이 대세였고, 부동산으로 돈을 벌기 위해서는 오직 '강남'과 '재건축'이란 두 가지 키워드만 생각하던 시절이었기 때문이다. 심지어 당시 서울의 낡은 빌라 매입을 권유하던 나를 '사기꾼'으로 여기는 시선도 있었다.

하지만 2005년부터 서울에 재개발 열풍이 불기 시작하면서 빌라 가격이 상승을 넘어 폭등의 양상까지 보이기에 이르렀다. 결국 2008년부터 나는 투자용으로 지금 낡은 빌라를 사는 것은 절대 해선 안 된다고 말렸다. 이후의 결과는 누구나 알고 있는 것과 같다. 물론 그때 내가 만류했던 이유는 개발이 진행되지 않을까 봐서가 아니라, 이미 그 빌라들의 가격이 미래 가치가 모두 반영된 금액이었기 때문이다. 서울의 개발이 계속 진행될 거라는 점에는 의심의 여지가 없었다. 결과가 어떤가? 아현 뉴타운, 왕십리 뉴타운, 가재울 뉴타운, 미아 뉴타운의 변신을 보자니 놀라울 따름이다.

이와 같은 개발은 앞으로도 계속 진행될 것이다. 지금 시점에서 우리는 어떤 걸 생각해 볼 수 있을까? 1기 신도시의 10년 후 모습은 어떨까? 1기 신도시가 10년 후면 이미 지은 지 40년이 넘는다. 어떻게 될까? 인천, 부천, 김포, 의왕, 군포, 성남, 수원, 광주, 하남, 구리, 양주 등에 있는 역세권의 아파트들, 또는 구도심의 낡은 빌라 등은 어떻게 될까? 한번 생각해 보라.

중요한 것은 이것이다. 미래에도 여전히 수요가 몰릴 지역을 찾는 것. 그런 지역의 부동산이라면 10년이 되든 20년이 되든 재건축, 재개발, 리모델링, 도시환경정비사업 등으로 변모하여 여전히 그 지위를 이어갈 것이다. 따라서 우리의 전략은 이것이다. 처음에는 전세 레버리지 투자를 하여 규모를 늘리고, 그 이후에는 이와 같은 개발을 통해 시세차익을 얻을 수 있는 지역을 고르는 것이다. 긴 기간 동안 충분한 현금흐름을 발생시키고, 오랜 세월이 지나서는 시세차익까지 얻을 수 있는 투자! 바로, 이러한 이유로 이 단순한 투자법은 막강하다.

전세 보증금은 수익금이 아니라 채무가 아닌가?

회계상으로 따져보면, 전세 보증금을 채무로 보는 것이 옳다. 그러나 수익금으로 봐도 무리는 아니다. 실무를 해본 사람은 누구나 느끼는 것이다. 간단한 이치로, 전세가가 조금씩이나마 계속 오르기만 한다면 그만큼 매매가도 계속 오른다는 의미이므로 세입자에게 전세 보증금을 돌려줘야 할 일이 생기지 않는다.

바꿔 말하자면, 전세 보증금은 무이자로 활용할 수 있는 대출자금이 된다. 만기가 되어도 갚을 필요가 없는 대출자금. 빌라나 일반주택의 경우 시간이 지남에 따라 감가상각이 많이 되어 전세 보증금을 올려받기 힘든 경우가 종종 생긴다. 그러나 이 같은 경우라고 해도 부동산이 핵심적인 위치에 있고 또 적절히 수리를 해줄 경우 전세 보증금이 꾸준히 상승할 가능성이 크다. 특히 우리나라 같은 상황에서는 대규모의 아파트 단지가 들어서기 쉽지 않고, 대체할 수 있는 수단이 적으므로 노른자위 지역의 소형 아파트는 확실히 희소성이 있다. 수요가 넘쳐나면 넘쳐났지, 줄어들긴 힘들다.

또한 실제로 수익금으로 전환하는 방법도 있다. 중요한 것은 현금흐름이다. 현금흐름이 좋으면 이를 가지고 얼마든지 다양한 형태의 수익을 창출해 낼 수 있다.

전세가가 떨어지면 어떡하나?

모든 지역, 모든 주택의 전세 보증금이 오를 것이라고는 말할 수 없다. 그렇기 때문에 투자를 할 때는 핵심적인 지역을 선정해 공략해야 한다. 핵심 지역에 위치한 부동산의 전세 보증금이 어떻게 변화했는지를 잘 살펴보면, 1997년부터 2016년까지 전세가가 하락했던 적은 단 한 번밖에 없었다는 것을 알 수 있다. 바로 IMF

직후다.

이러한 역사적 사실에도 불구하고 염려가 된다면, 자금의 일부는 현금으로 보관하는 것도 방법이다. 즉 전세 보증금 상승분이 2,000만 원이라면 1,000만 원은 재투자에 쓰고, 1,000만 원은 은행에 보관해 두는 것이다. 이렇게 하면 더욱 안정적으로 자산을 운영할 수 있다.

특히 많은 채수의 부동산을 보유하게 되면 전세 보증금 상승분이 발생하는 시기가 모두 다를 수밖에 없다. 따라서 혹여 어떤 한 곳에서 세입자에게 전세 보증금 일부를 돌려줘야 하는 상황이 발생한다고 해도 다른 부동산에서 발생하는 수익금으로 이를 보완할 수 있게 된다.

또한 전세 보증금 상승분 중 일부를 배당주에 투자해 둔다면 이러한 위험을 피할 수 있다. 이에 관해서는 이후에 더욱 자세히 설명하겠다.

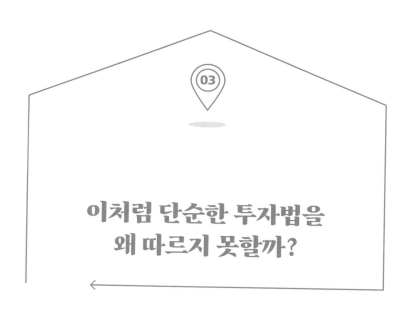

이처럼 단순한 투자법을
왜 따르지 못할까?

앞서 제시한 전세 레버리지 투자 방식은 그다지 새로운 것이 아니다. 요즘 유행하는 '갭 투자'와 유사한 형태인 데다 여러 책에서 소개되기도 했다. 특히 근래에 투자로 소위 성공했다는 젊은 투자자들이 활용한 방법이 이와 비슷한 맥락이기도 하다.

나는 2004년부터 이러한 방식의 투자법을 강의해 왔고 2007년에 출간한 《부동산 투자의 정석》에서도 이를 구체적으로 다뤘다. 따라서 부동산의 매매가와 전세가 차이를 이용하는 투자 방식에 있어서 원조라고 자부한다. 그렇다고 여기서 이 투자 아이디어의 저작권을 문제 삼거나 아이디어의 창시자가 누구인지를 따지려는 건 아니다. 누가 원조이든 그게 중요한가? 나 역시 시장에 실존하는 수많은 고수들의 투자법을 듣고 실험해 본 뒤 깨달은 바를 정리한 것이기에 원조라고 할 수도 없다. 무엇보다 이를 책에 공개한 것도 되도록이면 많은 사람이 이런 아이디어로 투자해 좋은 수익을 내길 원해서였다. 그러니 이러한 방식으로 투자한 이들의 성공담이 나오고 있다는 사실에 나름의 기쁨을 느낀다.

다만 이 시점에서 원조 이야기를 꺼낸 데는 이유가 있다. 오랜시간에 걸쳐 전세 레버리지 투자를 가르쳐왔기에 나는 이를 통한 성공과 실패의 결과를 수도 없이 목격했다. 그래서 이제는 오히려 이런 이야기를 하는 것이 더 적당할 것 같다. 이렇게 단순한 투자법을 도대체 왜 사람들이 따르지 못하는 것인지 말이다. 이 투자법을 사람들이 따라 하지 못한다면 여기에 무슨 함정이 있는 건 아닐까? 지금부터 현장에서 보고 체험한 뒤 내린 나름의 이유들을 공개한다. 이를 알게 된다면, 이 투자법을 왜 꼭 실천해야 하는지도 다시금 알게 될 것이다.

첫째, 부동산 활황기에는 더 높은 수익처에 눈길이 간다

평범한 사람들이 부동산에 관심을 갖기 시작하는 때는 부동산 활황기다. 사실은 불황기에 관심을 가져야 높은 수익을 거둘 수 있는데, 대부분의 사람은 그렇게 하질 못한다. 그런데 부동산 활황기에는 전세 레버리지 투자가 관심 밖으로 밀려난다. 재미가 없기 때문이다. 단순히 재미없는 정도가 아니다. 다른 투자처들에서도 재미를 보지 못한다면 오히려 관심을 가질 수 있을 텐데, 한쪽에서는 대단히 재밌는 일들이 펼쳐지다 보니 당연히 이러한 투자를 시도하기가 대단히 힘들어진다.

누구나 큰 수익을 내고 싶어 한다. 이렇게 생각해 보자. 어떤 은행이 6%의 확정수익을 주겠다고 광고한다. 어떻게 되겠는가? 아마 5분도 안 돼 수백억 원이 몰려 마감될 것이다. 그런데 만약 다른 은행이 12% 확정수익을 주겠다고 한다면? 또 어찌 된 영문인지는 모르지만 그러한 수익을 보장하는 은행이 한두 군데가 아니라, 여기저기서 모두 12% 확정수익을 주겠다고 한다면?

이런 상황에서 6% 확정수익 상품에 돈을 넣는 사람은 바보다. 그러나 옵션을 하나 더 달아보자. 여러 은행에서 말하는 12%가 확정수익이 아니라, 예상수익이라면 어떻겠는가? 이렇게 되면 사람들의 반응이 달라질 것이다. 12% 예상수익 상품보다야 6% 확정수익 상품이 낫지 않겠나 싶어지는 거다. 하지만 부동산은 금융과 다르다. 12%가 기대수익이고 예상수익임에도 불구하고 사람들은 부동산 투자로 인한 수익을 확정수익처럼 여긴다. 이러한 이유로 금융사의 금리 따지듯 고민하지도 않고 더 높은 수익률에만 눈을 돌리는 것이다.

대부분의 사람이 부동산에 관심을 가지게 되는 시점이 '마침' 활황기이고, 활황기에는 전세 레버리지 투자보다는 단기적으로 높은 수익이 나는 여러 가지 투자 대상이 나오게 마련이므로, 이들은 이렇게 쉽고도 단순한 투자법을 실천하지 않게 된다.

물론, 전세 레버리지 투자만이 최고라는 건 아니다. 분양권이나 재건축 물건 등 다른 투자처에서도 굉장한 성과를 얻을 수 있다. 나 역시 이러한 투자법을 강력하게 권하기도 한다. 다만 이러한 방식의 투자는 금방 성과를 볼 수 있긴 해도, 전세 레버리지 투자에 비해 장기적으로 성공하기 어렵다. 대중이 열광하는 투자 대상들에는 '거품'이 일어나는 것이 필연적이기 때문이다. 따라서 매수하는 시점과 매도하는 시점을 잘 구분하지 못하면 오히려 큰 재앙으로 돌아올 수 있다. 즉, 비싸게 매입하기 쉽고 적절한 때 매도하지 못해서 가격이 원금이나 그 이하 수준으로 떨어지는 경우가 비일비재하다.

그럼에도 불구하고, 가격이 치솟을 것처럼 보이는 투자 대상의 유혹을 뿌리치고 전세 레버리지 투자를 하는 건 그리 쉬운 일이 아니다. 자, 그럼 불황기에 하면 되지 않나? 그렇다. 불황기에 하는 것이 최선이다. 그런데 정말 그럴 수 있을까?

둘째, 부동산 불황기에는 확신이 사라진다

부동산 불황기가 되면 사람들은 부동산에 대한 관심을 끊는다. '부동산으로 돈 버는 시대는 끝났다'라는 확신이 광범위하게 퍼진다는 의미다. 유명한 전문가들을 비롯해 대다수의 사람이 부동산 투자로 돈을 벌 수 있는 시대가 끝났다고 이야기하는데, 나 혼자만 아니라고 버티는 것이 쉬울 것 같은가? 절대 그렇지 않다. 대중의 생각을 거스르는 일은 언제나 힘들다. 용기를 내서 투자를 한다 해도 많은 이에게 이런 소리를 듣게 된다. "저 사람은 신문도 안 보나 봐. 세상 물정을 그리 몰라서 어째? 그러다 큰일 나지."

이 같은 '시련'은 활황기에 이런 투자법을 선택한 사람들에게도 예외 없이 닥친다. 이들은 다행스럽게도 활황기에 펼쳐진 각종 유혹을 물리치고, 전세 레버리지 투자를 선택한 이들이다. 공부를 많이 한 뒤 확신에 차서 했든, 그저 개인적인 취향에 따라 했든, 혹은 그냥 아무 생각 없이 했든 그들 모두 여기에 포함될 것이다. 어쨌든 활황기에 이렇게 투자한 사람들은 부동산 불황기 시장에서 전세 보증금이 올랐다는 기쁜 소식을 접하게 된다. 그런데 이 같은 상황에 매우 기뻐해야 함에도 불구하고 이들은 깜짝 놀라게 된다. 일단 부동산의 매매가가 오르지 않았다는 것에 놀라고, '부동산은 이제 틀렸다'라는 인식이 사회적으로 광범위하게 퍼졌다는 것에 더욱 놀라게 된다. 이쯤 되면 전세 보증금이 올랐다고 해도 확신이 흔들리기 시작한다.

실제로는 계획대로 진행되고 있는 것이다. 부동산의 매매가가 오르지 않아도 전세 보증금이 오른다는 건 현실적으로 더 좋은 일이다. 매매가란 올라봐야 기분만 좋을 뿐 매도하기 전까지는 실제적인 이익을 가져다주지 않는다. 다만 전세가가 상승하면 전세 계약 기간이 만료되는 시점에 실제로 현금흐름을 만들어주기 때문에 훨씬 좋아할 일인 것이다. 하지만 대중들은 전세가가 오르는 것보다 아무 수익이 없음에도 매매가가 오르는 것을 더 좋아한다.

결국 이러한 불황은 소유자로 하여금 부동산을 매도하고 싶은 욕구를 강하게 불러일으킨다. 어차피 매매가와 전세가의 차이가 크지도 않다. 그러니 매도해 봐야 큰 이익을 얻을 수 있는 것도 아니다. 그런데도 이런 생각을 하게 되는 것이다.

'앞으로 계속 부동산의 매매가가 오르지 않는다면, 괜히 가지고 있으면서 재산세, 종부세 등을 낼 필요가 없잖아. 그러는 것보다는 팔아버리는 것이 낫지!'

사실 현명한 투자자들에게는 바로 이런 시점이 매수 타이밍이다. 그런데 일반 투자자들은 거꾸로 생각한다. 이제 앞으로 오를 일이 없으니 당장 손에 쥐는 것이 별로 없어도 부동산을 팔아야겠다고 말이다. 그리고 이 순간이 바로, 부가 일반 투자자들에게서 현명한 투자자들의 손으로 옮겨지는 순간이다.

셋째, 전세 보증금 상승분으로 회수된 자금을 허투루 쓴다

2년 만이든 몇 년 만이든 전세 보증금이 상승하면, 이렇다 할 노동을 한 적이 없음에도 2,000만 원 정도가 들어온다. 이는 결코 적은 돈이 아니다. 특히 실제 들어간 투자 금액을 생각하면 더욱 그렇다. 그런데 막상 2,000만 원으로 뭘 하려고 하면 그것도 마땅치 않은 게 현실이다. 웬만한 부동산을 매수하기에는 금액이 다소 적은 듯하다. 게다가 전세 보증금 상승분을 고스란히 재투자에 쓰지 못하게 되는 일도 생긴다. 돈이 들어오기도 전에 돈이 나가야 할 곳이 생기는 경우가 허다하다. 급한 곳에 돈을 좀 쓰고 나면 더욱 애매한 금액이 남는다. 그렇다 보니 이렇게 남은 금액을 대개 허투루 쓰게 되는 것이다.

전세 레버리지 투자법의 핵심은 어느 정도 자산의 규모가 형성되기 전까지는 수익금으로 무조건 재투자를 해야 한다는 것이다. 이것이 성공의 관건이다. 우리의 목적이 부자가 되는 것 자체는 아닐 것이다. 돈은 결국 쓰기 위해서 버는 것이다. 그래서 언젠가는 쓸 것이다. 다만 너무 일찍부터 써서는 안 된다. 충분히 써도 부족함이 없는 시스템을 만드는 것이 우선이다.

앞서 그림으로 설명한 투자 진행도는 이해를 돕기 위해 모든 것을 단순화시켜 표현한 것이다. 현실적으로는 매년 정확히 2,000만 원씩 보증금이 오른다는 보장이 없고, 매년 정확히 3,000만 원을 들여 투자할 만한 대상이 생기는 것도 아니다. 어떤 부동산에서는 전세 보증금 상승분으로 2,500만 원이 발생할 수도 있고, 어떤 부동산에서는 1,000만 원만 발생할 수도 있다. 그리고 투자 비용으로 3,500만 원이 들 수도 있고, 4,000만 원이 들 수도 있는 것이다. 이런 상황에서도 매매가와 전세가가 별로 차이가 나지 않는 시점에, 전세 보증금이 꾸준히 오를 수 있는 대상에, 회수된 자금으로 재투자하는 것이 핵심이다.

만약 증액된 전세 보증금이 1,000만 원 혹은 1,500만 원 정도이거나 그 정도만 남았다면, 이 자금을 잘 지키면서 투자 대상이 나올 때까지 기다리거나 찾으려고 노력해야 한다. 그다음 다른 부동산에서 얻은 전세 보증금과 합쳐서 새로운 투자 대상을 매입하는 것이다. 이 과정이 여간 힘든 게 아니다.

이 때문에 원래 계획한 대로 전세 보증금이 때마다 올라서 현금 흐름이 발생함에도 지속적으로 투자 대상이 늘지 않는 현상이 벌어진다. 물론, 돈을 어디에 어떻게 쓴지도 모르게 써버리게 되는데는 부동산 불경기의 영향도 있을 수 있다. 자금을 관리하는 것도 쉬운 건 아니지만, 만약 전세 보증금이 나온 시점이 부동산 활황기였다면 아무리 다른 곳에 돈을 쓰고 싶어도 부동산에 재투자했을 가능성이 크다. 그러나 부동산 경기까지 침체 국면이라면 재투자의 의지마저 꺾여 당장 돈을 써야 할 곳이 눈에 들어와 재투자하기가 더욱 어려워지는 것이다.

넷째, 4년 이상 부동산 시장에 관심을 갖는 건 쉽지 않다

내가 투자자들에게 당부하는 건 '일단 4년 동안만 투자하라'는 것이다. 조금 길어지면 6년이다. 딱 이 기간만 투자해야 한다는 뜻으로 한 말은 아니다. 이 기간 동안만 잘 참고 투자해서 성공하고 나면 그다음부터는 투자하지 말라고 해도 투자하게 되어 있다. 성공의 경험이 쌓이고 이로써 투자의 재미도 알게 되고 시간이 지날수록 자금까지 쌓이게 되면, 더욱 탄력을 받는다. 이것이 바로 4~6년의 투자 기간을 버텨야 하는 이유다. 그럼에도 이 결코 길지 않은 시간을 견디며 투자한다는 것은 생각보다 쉽지 않다.

자금이 많다면 별 문제가 없겠지만(사실 자금이 많은 이에게도 문제는 있다. 사람들은 언제나 자신이 가진 자금보다 더 높은 수준을 기대하기 때문에 누구에게나 자금은 늘 부족하다), 자금이 부족한 경우에는 매년 3,000만 원이란 투자자금을 마련하기도 어렵다. 많은 것을 희생해야 할 수도 있다. 이렇게 많은 것을 희생하면 기대감이 더욱 커지게 된다. 또 희생을 감수하는 만큼 더 좋은 성과를 얻기 위해 공부도 열심히 하게 된다. 재테크 관련 카페나 모임에 가보면, 엄청난 열정을 가진 이들을 어렵지 않게 만날 수 있다. 내 강의에도 그런 사람들이 온다. 특정 지역의 지도를 눈에 보듯 훤히 외우고 있거나 온갖 시세를 꿰고 있는 사람, '일주일에 몇 군데 임장'과 같은 구체적인 목표를 세우고 이를 지켜나가는 사람도 있다. 이러한 열정은 나쁘지 않다. 문제는 이 정도로 열정적이다 보니 그 페이스를 오래 끌고 가기 힘들다는 것이다. 뜨거운 만큼 그 열기가 오래 갈 것 같지만 희한하게도 투자의 세계는 다른 분야와 다른 결과로 이어지는 경우가 많다. 이를 테면, 골프나 춤, 그림, 노래 등의 취미 활동이나 무언가를 배우는 일은 열심히 할수록 그 열정이 오래 지속된다. 배우면 배우는 대로, 노력하면 노력하는 대로 어느 정도 그와 비례해서 성과가 나오기 때문이다. 그러나 투자 세계에서의 성과란 결국 돈을 버는 것인데, 단지 공부를 많이 한다거나 남보다 더 열정적으로 했다고 딱 그만큼의 정직한 결과가 나오는 것이 아니다. 심지어 전혀 공부하지도 않고 그저 '묻지 마 투자'를 한 사람이 훨씬 좋은 결과를 얻기도 한다. 이러한 일을 겪다 보면 허탈감마저 들어 열정을 오래 간직하지 못하게 되는 것이다.

투자는 마라톤과 같다. 초반에 화끈하게 뛰기보다는 오래 달릴 생각을 해야 한다. 전세 보증금 상승분으로 재투자를 하는 방법을 보라. 그저 1년에 1채씩 매입하는 것이다. 1년에 1채의 부동산을 마련하기 위해 1년 내내 관련 공부를 하기는 쉽지 않다. 1~2년 정도는 할 수 있어도 3~4년째가 되면 언제 그랬느냐는 듯이 무심해지기가 쉽다. 일반 투자자들은 너무 뜨겁거나 너무 차갑다. 물론 이러한 방식의 투자를 통해 부동산의 매매가나 전세가가 화끈하게 오르지 않기 때문이기도 하다. 만약 가격이 쏠쏠하게 뛰어오른다면 재미있어서라도 관심을 유지할 것이다. 그런데 돈이 화끈하게 나오는 것도 아니고 가격이 화끈하게 오르는 것도 아니다 보니 희생하면서 공부한 만큼의 효과가 없다는 회의감이 생겨 점점 관심을 잃게 된다.

전세 레버리지 투자가 재미있어지는 순간은 5년 혹은 7년 이후부터다. 그 기간 동안 꾸준히 관심을 갖느냐 아니냐에 일반 투자자와 현명한 투자자의 운명이 갈린다.

이와 같은 네 가지의 이유는 복합적으로도 나타난다. 이를 테면, '부동산 시장에 불황이 와서 부동산 가격이 오르지 않고, 사람들은 이제 부동산 시장이 끝났다고 이야기하고, 당장 급한 일이 생겨 상승한 전세 보증금 중 일부를 썼더니 얼마 남지 않고, 마침 부동산보다 더 나은 투자 대상이 나오고…' 뭐 이런 식이다. 그래서 결국 사람들은 전세 레버리지 투자법을 유지하지 못하고 중도에서 그만둔다.

이렇게 큰 함정이 있다는 것을 알지 못하면, 백이면 백 낙오자가 되고 만다. 대다수의 사람처럼 함정에 빠지기 때문이다. 이로써 우리는 전세 보증금 상승분을 이용하는 투자의 실행을 가로막는 각종 이유들을 알게 되었다. 이제는 이러한 함정을 어떻게 하면 극복할 수 있을지 대안을 세운 후 접근해야 한다. 그래야 앞서 도표로 제시한 성공을 거둘 수 있다. 지금부터 그 대안을 공개한다.

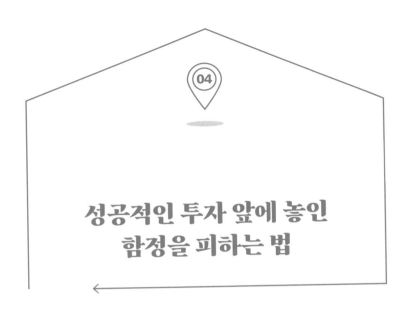

성공적인 투자 앞에 놓인
함정을 피하는 법

만약 성공적인 부동산 투자로 원하는 목표를 이루고 싶다면, 다음의 사항들을 철저하게 마음속에 새겨두라. 이 다섯 가지 사항만 기억해도 전세 레버리지 투자를 해나갈 때 오는 각종 유혹과 위험을 이겨낼 수 있을 것이다.

첫째, 부동산 시장의 전망은 결정적일 때 틀린다

각종 매스컴들은 항상 부동산 시장에 대해 전망을 한다. 그 전망에 대해 어떻게 생각하는가? 그 전망이 맞는다고 생각하는가?

선뜻 대답하기 힘들 것이다. 전망이란 것엔 몇 가지 문제점이 있다.

첫째는, 특정 사안에 대한 전문가들의 의견이 일치하지 않는 경우가 대다수라는 것이다. 즉, 부동산 시장에 대해서도 한쪽은 상승을 외치고 다른 한쪽은 하락을 외친다. 그러니 그 어떤 전망을 들어도 선택은 결국 투자자의 몫으로 남게 된다. 한 걸음 더 나아가 강의, 강연 등을 통해 만나게 되는 전문가들의 목소리도 마찬가지다. 상승을 예상하는 전문가가 있는가 하면 하락을 예상하는 전문가도 있다. 상승 혹은 하락이라고 하니 단순히 홀짝의 문제처럼 간단해 보일지 모르지만, 전혀 그렇지가 않다. 똑같이 상승한다고 주장한다 해도 어떤 전문가는 내년까지 상승, 어떤 전문가는 내후년까지 상승을 말한다. 하락도 마찬가지다. 투자자 입장에서는 어떤 것에도 확신을 갖지 못하게 된다. 여전히 헷갈리는 것이다. 이렇다 보니 그들의 전망을 실전에서 활용하기 대단히 힘들어진다.

두 번째 문제는, 전망은 기본적으로 현시점의 흐름을 중심으로 예측하는 것이므로 변곡점을 전혀 예상할 수 없고 특히 시장의 흐름이 바뀌는 결정적인 순간에서 늘 어긋나게 된다는 것이다. 예를 들어, 2022년 10월 현시점의 부동산 시장 전망은 어떤가? 많은 이가 하락이 지속될 것으로 보고 있고, 심지어 다시는 상승장이 오지 않으리라 예측하는 사람도 있다. 사실 수년간 부동산 가격이 너무 오르기도 했고 그런 가운데 역대 최강의 규제가 중첩되어 있는 데다, 마침 대외변수도 매우 좋지 않다. 이러한 이유로 당분간은 부동산 시장에 하락이 이어지리라 보는 것이 합리적이다. 무엇이든 일단 흐름을 타면 일정 시간 유지하는 특성이 있어서 지금은 하락세로 예측하는 것이 자연스럽고, 실제 대부분의 전망이 그렇기에 이 예측을 받아들이기 쉽다. 다만 문제는, 결정적인 변곡점에 이르렀을 때다. 사실은 이러한 결정적인 변곡점을 맞추는 것이 전망을 하는 이유이고 이를 맞춰야 투자자들에게 도움이 되는 건데, 정작 각종 전망들은 이 변곡점을 전혀 맞추지 못한다. 아주 간단한 예로, 2008년 부동산 폭락을 예측한 전문가는 아주 극소수에 불과하다. 또한 2015년 부동산 시장의 활황세를 맞춘 전문가 역시 매우 소수다. 이처럼 결정적인 순간을 예측하지 못하는 전망은 아무짝에도 쓸모가 없으며, 심지어 빗나가는 전망에 의지해서 투자를 하는 사람들에게 큰 피해를 입힐 위험까지 있다.

세 번째 문제는, 이런 전망들이 계속 수정된다는 것이다. 이렇게 생각해 보면 이해가 쉬울 것이다. 2008년 부동산 폭락이 온 뒤 수많은 하우스 푸어가 탄생했다. 그들은 왜 2008년에 주택을 매수한 것일까? 그들이 바보였기 때문인가? 그들은 신문도 전혀 보지 않는 문외한이었을까? 그렇지 않다. 놀랍게도 그 시점에 전문가들은 부동산 시장의 강세를 여전히 외치고 있었다.

2008년 4월 초, F 신문은 부동산 전문가 대다수가 제 18대 총선 이후 부동산 시장이 활기를 되찾을 것이라는 전망을 내놓았다고 실었다. 대출규제 및 재건축규제 완화로 침체 국면에 빠져 있는 시장이 점차 활기를 띨 거라는 내용이었다.

오히려 부동산 시장의 하락에 대한 염려는 2004년부터 꾸준히 제기되어 왔다. 2004년 4월 초, H 신문은 중개소 43%가 부동산 시장에 유망 투자처가 없다고 응답했다는 기사를 다뤘는데, 그 이유는 분양권 전매가 가능한 유망 주상복합 아파트가 드문 데다 강남 재건축 아파트 등 기존의 투자유망 상품에서 더 이상 시세차익을 기대하기 힘들기 때문이라고 밝혔다.

다시 2004년 10월 중순, 또 다른 H 경제지는 부동산 시장이 침체장에서 헤어 나오지 못하고 있는 가운데 상당수 부동산 전문가들이 4분기 부동산 시장의 향방에 대해 '연말까지 하락, 내년 이후 보합'으로 의견을 모았다고 밝혔다.

결과는 어땠는가? 전문가들은 2005년 하향 안정을 예측했지만 2005년 부동산 시장은 다시 급등세로 돌아섰고, 급기야 8.31 대책이 나오게 만들었다. 8.31 대책이 나온 후에도 전문가들은 하향을 예측했지만 이 대책은 2개월 만에 종료되고, 다시 시장이 급등했다.

이런 식이다. 매스컴 및 전문가들의 전망은 결정적인 변곡점을 맞추지 못할 뿐만 아니라, 시장의 상황에 따라 수시로 내용이 바뀐다. 급기야 2008년 부동산 시장이 폭락하기까지 그에 대한 경고다운 경고는 없었고, 이로써 수많은 하우스 푸어가 탄생했다. 전망이란 이런 것이다. 따라서 전망에 따라 투자를 한다는 것이 얼마나 무모한 일인지 알아야 한다.

반면, 전세 레버리지 투자는 어떤가? 전망이 어떻든 큰 영향을 받지 않는다. 전망이 맞으면 맞는 대로, 틀리면 틀리는 대로 문제가 없다. 불황기에는 그저 부동산의 전세가가 오르고, 활황기에는 매매가가 오른다. 이 얼마나 마음 편하고 승률 높은 게임인가?

둘째, 막차인지 아닌지는 지나봐야 알고, 막차를 타면 10년을 기다려야 한다

우리 중 미래를 알 수 있는 사람은 없다. 앞을 내다본 전문가들의 말도 빗나가고, 설령 맞는다고 해도 투자자들이 이를 활용하는 건 대단히 어려운 일이라는 걸 알았다. 그렇다면, 결국 누군가는 막차를 탈 수밖에 없다. 문제는 막차에 '막차'라는 표지판이 붙어 있지 않다는 것이다.

2006년 당시 가장 뜨거운 단지 중 하나였던 도곡 렉슬 아파트를 한번 살펴보자. 이 아파트를 사례로 드는 건 여러 가지로 의미가 있기 때문이다. 도곡 렉슬은 강남의 도곡동 시대를 열게 만든 대표적인 단지다. 부동산 시장의 바로미터는 언제나 강남의 움직임인데, 이로써 강남의 패권도 변화를 맞게 된다. 강남 최초의 패권은 압구정동이 갖고 있었으나 타워팰리스를 시작으로 도곡 렉슬에서 화려한 꽃으로 만개되면서 도곡동으로 옮겨오게 된 것이다.

도곡 렉슬은 당시 강남권에서도 많은 이가 선호하고 가장 살고 싶어 하는 단지로 꼽혔다. 그럴 수밖에 없었던 건 각종 조건을 모두 갖추고 있었기 때문이다. 강남권, 대단지, 역세권, 초강력 학군에 더더구나 새 아파트였던 것이다. 그러니 사람들이 모든 조건을 갖춘 이 아파트에 열광할 수밖에. 따라서 이 도곡 렉슬 아파트 가격의 변천사를 보는 것은 대단히 중요한 포인트다.

도곡 렉슬 아파트의 매매가 변화

연도	면적	매매가
2006년	84㎡	14억~14억 5,000만 원
	59㎡	8억 7,000만 원
2016년	84㎡	12억~12억 5,000만 원
	59㎡	8억 5,000만~9억 원
2017년	84㎡	14억~14억 5,000만 원
	59㎡	9억 5,000만~10억 원

참조: 국토교통부 실거래가

충격적인 결과가 아닐 수 없다. 표에서 보듯, 그렇게 모든 사람이 열망했던 아파트의 가격이 결국 10년이 지나도 제자리걸음이거나 오히려 하락했다. 도곡 렉슬 아파트의 매매가는 2007년부터 2008년 초까지도 보합 수준을 유지했지만 결국 부동산 폭락을 맞이해 가격이 떨어졌고, 2017년에 이르러서야 2006년도 가격으로 비슷하게 회복했다. 결국 내가 탄 차가 막차인지 아닌지는 지나봐야 알게 되며, 그 대가는 가혹하다. 무려 10년을 기다려야 하기 때문이다.

본인이 타려는 차가 막차인지 아닌지를 구분할 수 있다고 생각하는가? 당장 지금 시점에서 물어보겠다. 현재 시점이 부동산 투자에 있어 막차라고 생각하는가, 아닌가? 자신 있게 이야기할 수 있는 사람은 없을 것이다. 더 무서운 것은 막차가 딱 한 번만 오는 것도 아니라는 점이다. 수치상으로 보면 2006년도에 부동산을 매수한 사람이 막차를 탄 것이었지만, 실제로는 2007년, 2008년에 매수한 사람들도 거의 막차를 탔다고 할 수 있다. 더 놀라운 건 2006년에 부동산을 매수한 사람들은 2015년쯤 되어서야 자신이 탄 차가 막차였다는 것을 알 수 있었다는 것이다.

어쩌다 도곡 렉슬 아파트가 이렇게 된 것일까? 너무 많은 사람이 선호하는 대상이었기 때문이다. 수요가 많고 공급이 적으면 당연히 가격이 오른다. 문제는 가격이 얼마쯤 올라야 적당한지, 얼마가 오르면 거품인지를 판가름하는 기준이 없다는 것이다. 그러니더 이상 부동산을 매수하려는 사람이 없어질 때까지 가격이 오르고 그사이 자연스럽게 거품이 발생하게 된다. 너무 많은 사람이 선호하는 부동산은 필연적으로 이러한 결과를 낳는다.

반면 다음 사례를 보자.

이매 한신 아파트의 매매가 변화

연도	면적	매매가
2006년	50㎡	2억 4,000만~2억 5,000만 원
2016년		3억 9,000만 원~4억 원

참조: 국토교통부 실거래가

분당구의 이매 한신 아파트나 수원시 영통구의 소형 아파트들, 서울 개포동의 대치, 대청 아파트 등은 이미 2007년 책에서 언급했던 곳이다. 이런 곳은 10년 동안 크게 주목받은 적이 한 번도 없지만 놀라운 상승세를 보였다. 이 정도의 상승은 단순히 매매가 상승만을 의미하지 않는다. 여기에 투자했다면 그동안 꾸준히 오른 전세 보증금으로 이미 투자 원금을 회수했을 것이며, 추가적으로 다른 곳에 투자하는 것까지 가능하게 만들었을 것이다. 따라서 수익률로 따지자면 상상을 초월할 만한 수익률이다(2006년부터 2016년까지 부동산 폭락도 있었고 부동산 불황기가 지속되었다는 걸 고려하면, '상상초월의 수익률'이라고 표현해도 과언이 아니다).

전세 레버리지 투자법은 그 대상이 대부분 역세권의 소형 아파트이기 때문에 선호도가 그렇게 높지 않다(물론, 역세권의 소형 아파트만 대상은 아니다. 이는 다음에 자세히 다루겠다). '내 집 마련'이란 차원에서 보자면 조금 부족하게 여겨지기 때문이다. 그런데 바로 이 점이 투자자에게는 오히려 안정적인 기회를 가져다준다. 이러한 투자 방식이 우리를 순식간에 부자의 세계로 데려다줄 고속열차는 아니지만, 최소한 여기에는 막차가 없다. 막차를 탈지 모르는 위험을 감수하는 것보다는 다소 시간이 걸려도 기어이 부자의 세계로 데려다주는 안전한 열차가 더 낫지 않을까?

2022년 현시점에서 보자면, 앞서 설명한 사례들이 억지스러워 보일 수도 있다. 이들 모두가 이미 '부자' 동네의 아파트이기 때문이다. 그런 부자 동네 아파트의 가격이 올랐다는 건 너무 당연한 이야기이고, 어쨌든 그런 부자 동네의 아파트를 소액 자본으로 살 기회는 당시에도 없었을 것 같기 때문일 것이다.

하지만 전혀 그렇지 않다. 사례에서 이야기했듯 2006년도에는 서울과 분당의 아파트 가격이 모두 올랐을 것 같겠지만, 사실 분당의 소형 아파트의 가격은 거의 오르지 않았다. 가격이 오르지 않았다는 건 결국 상승장 분위기 속에서도 대중들의 외면을 받았다는 것이다. 그래서 투자하려면 대중의 인식에 정면으로 맞서야 하는 상황이었다. 이러한 사례들은 '그런 물건은 뭐 하러 사?' 같은 대중의 인식을 뛰어넘어 원칙을 지켜서 투자할 수만 있다면 반드시 성공한다는 교훈을 준다.

셋째, 대출을 받지 않는 전략은 모든 위기에 빛난다

우리나라 경제사에서 금리의 패러다임이 크게 바뀐 때가 몇 번 있었다. 가장 대표적인 시기는 역시 IMF 시절이다. 자고 일어나면 금리가 올라 시중금리가 20%에 육박했다. 이 살인적인 금리가 수많은 사람을 파산으로 몰고 간 주범이었다.

다시 2001년부터 몰아닥친 금리의 하향화는 시장에 또다시 충격을 안겼다. 단 한 번도 경험해 보지 못한 한 자릿수 금리시대가 열렸기 때문이다. '더 이상 떨어지지는 않겠지' 했던 시중의 대출금리가 시간이 지나면 또 떨어지고, 또 떨어졌다. 결국 대출금리가 무려 5%대까지 떨어지는 역사가 일어났다. 저금리에 힘입어 부동산 시장은 부동산 역사상 가장 긴 호황을 누렸다. 금리는 2014년부터 더욱 하락했다. 상당한 폭으로 하락하진 않은 것처럼 보이지만, 비율로만 놓고 보면 2001년도의 충격과 버금가는 하락이었다. 그 결과 2015년부터 부동산 가격은 다시금 상승하기 시작했다.

부동산 투자의 가장 큰 매력은 대출 레버리지를 이용할 수 있다는 점이다. 10억 원짜리 주택을 60% 대출을 받아 4억 원에 매수할 경우 향후 10억 원짜리 주택이 12억 원이 되면, 실제 매매가는 20% 오른 것이지만 수익률은 50%가 된다. 이것이 바로 '대출 레버리지의 힘'이고 부동산 투자에서만 할 수 있는 최고의 투자법이다. 물론, 헤지펀드도 레버리지를 쓰고(헤지펀드는 원금에 무려 3~5배를 차입한다), 주식 투자에서도 주식담보대출 등을 이용해 레버리지를 이용할 수 있다. 그러나 부동산에서의 레버리지는 다른 투자 수단과는 비교할 수 없을 정도로 성공확률이 높다. 부동산 투자를 통해 큰 부를 일군 사람들이 많은 이유다.

그러나 이처럼 막강해 보이는 대출 레버리지란 무기는 언제든 양날의 칼이 되어 되돌아온다. 10억 원짜리 주택을 다시 생각해보자. 10억 원짜리 주택이 12억 원이 되면 20% 상승, 실제 수익률은 50% 상승이지만, 10억 원짜리가 8억 원이 되면? 수익률이 무려 -50%다. 순식간에 절반이 날아가는 것이다. 이뿐만이 아니다. 만약 8억 원에도 주택을 처분하지 못해 계속 보유하게 된다면 이에 대한 대출이자를 물어야 한다. 매매가 12억 원일 때나 8억 원일 때나 대출받은 6억 원에 대한 이자라는 점은 같지만 그 심리적인 압박은 하늘과 땅만큼이나 다르다.

이러한 상황에서는 그 누구라도 이성적인 판단을 하기 힘들다. 하루하루가 지옥이 되고, 매매가가 조금만 하향하는 모습을 보여도 공포에 질릴 수밖에 없다. 그래서 2008년도에 하우스 푸어가 생겨났고, 이 공포는 상당 기간 이어졌다.

대출이라는 게 이렇게 무섭다. 좋을 때는 강력한 무기이지만, 나쁠 때는 치명적인 독이 된다. 그렇다고 안전한 투자만을 위해 전혀 대출을 받지 않고 투자할 수만도 없다. 그렇게 투자를 하면 상대적으로 수익률이 너무 떨어져서 설사 부동산의 매매가가 많이 오른다고 해도 만족스럽지 않기 때문이다. 이러한 이유로 사람들은 대출을 받는데, 대출을 받아 올라탄 차가 막차일 경우 엄청난 폭탄이 된다. 이로써 수많은 사람이 파산하고, 다시는 투자시장에 발을 들이지 않게 된다.

그러면 어떻게 해야 할까? 대출을 받지 않을 수도 없고, 받기도 불안하니 말이다. 이러한 문제를 해결해 주는 것이 바로 전세 레버리지 투자다. 부동산의 전세가가 높다면 바로 그 자체로 레버리지 효과가 일어난다. 대출을 받을 때와 마찬가지로 상승 시에는 엄청난 효과를 내고, 하락 시에는 대출보다 훨씬 안전한 상황이 된다. 상승 시에는 똑같은 수익을 얻고, 하락 시에도 따로 이자가 지출되지 않으니 충분히 견딜 수 있다. 대출을 받았을 경우 매매가가 하락하면 은행으로부터 대출금을 일부 갚으라는 독촉이 온다. 그러나 주택의 매매가가 하락했다고 해도 계약 기간 동안 전세 세입자가 그런 요구를 하는 일은 없다. 이 얼마나 좋은 것만 골라먹는 투자인가? 이런 투자를 마다할 이유가 있을까? 이익은 이익대로 고스란히 얻고, 리스크도 없다니 이보다 더 좋은 투자가 어디 있는가?

게다가 전세 레버리지 투자는 지금처럼 금리가 급격히 오르는 상황에서는 더욱 빛을 발한다. 전 세계의 경기흐름을 볼 때 고금리가 수년간 지속될 가능성은 희박해 보이지만, 고금리가 1~2년 정도만 된다고 해도 대중들은 상당한 타격을 입을 수밖에 없다. 따라서 자금 규모가 작을 때는 되도록이면 대출이자의 위험에 노출되지 않도록 주의해야 한다.

세계적인 투자자이자 투자의 스승격인 워런 버핏의 수많은 명언 중에서도 가장 유명한 말은, "주식투자에서 가장 중요한 것은 첫째, 잃지 않는다는 것이고, 둘째, 첫 번째 원칙을 잊지 않는다는 것이다"이다.

그만큼 리스크 관리가 중요하다. 이는 그저 성공한 부자가 "나는 돈 많이 벌고 성공했지만 너희들은 이렇게 되기 힘들고 나를 따라 하려다가는 큰일 날 수 있으니, 그냥 안전하게 돈 버는 방법을 택하라"라는 차원에서 한 말이 아니다. 지금도 워런 버핏은 이 원칙에 따라 주식을 선택하고 있다. 어떤 경우라도 끝까지 살아남는 것이 더 중요하다는 말이다.

내가 운영하는 투자카페의 회원 중 한 분은 2005년도 8.31 대책이 나왔을 때 잠실 주공5단지의 34평 아파트 1채를 매수했다. 당시 아파트의 매매 시세가 9억 5,000만 원에서 10억 원 정도였는데, 8.31 대책이 나오자 공포에 질린 소유자들이 물건을 시장에 내던진 것이다. 강의를 오랫동안 들으며 확신을 갖고 있던 회원은 이 아파트를 과감하게 매수했다. 전작에서 제시한 '1억 원으로 10억 원짜리 아파트를 사는 방법'을 실천한 것이다.

그는 8억 5,000만 원에 아파트를 매수하면서 계약금으로 5,000만 원을 냈다. 그런데 잔금 시점에 이르러 매매가가 다시 회복되면서 은행에서 사업자 대출을 이용해 8억 원을 대출받을 수 있었다. 아파트를 매입한 후 그는 보증금 2,000만 원을 받고 월세 130만 원에 세를 놓았다. 총 투자금 3,000만 원으로 10억 원짜리 아파트를 산 것이다. 그 후 잠실주공5단지의 매매가는 13억 원까지 올랐는데 그때까지 이 아파트를 보유하고 있던 그에게 나는 과도한 대출이 부담스러우니 매도하기를 권했다. 하지만 그는 대출이자 300만 원(일부는 월세로 충당) 정도는 충분히 감당할 수 있다며 매도하지 않았다. 안타깝게도 금융위기가 오면서 부동산 가격은 떨어지기 시작했다. 더욱 나쁜 건 경기가 안 좋아지니 그분의 사업 여건 또한 나빠져 크게 부담되지 않았던 대출이자를 감당하기 힘들어졌다는 것이었다. 늘 그렇듯 나쁜 일은 한꺼번에 온다. 결국 2014년 그는 9억 원에 그 아파트를 매도했다. 그동안 낸 대출이자까지 계산하면 오히려 손해를 본 셈이다.

대출이라는 것이 이런 것이다. 지금은 감당할 수 있다고 해도 언제나 감당할 수 있는 것은 아니다. 대출 자체가 나쁜 건 아니지만 대출을 현명하게 활용하는 건 초보자에겐 쉽지 않다. 따라서 초보 투자자일수록, 자금의 규모가 작을수록 대출은 더욱 조심해서 사용해야 한다.

　각종 언론 매체들은 종종 주식 투자와 부동산 투자를 비교하면서, 우리나라의 경우 선진국에 비해 개인들의 자산이 지나치게 부동산에 몰려 있어 위험하다고 말한다. 부동산과 주식의 수익률을 비교하며 주식이 부동산보다 높은 수익률을 가져온 수많은 사례를 제시하기도 한다. 나 역시도 이런 이야기에 동의한다. 투자의 영역을 주식 쪽으로 옮길 필요가 있다고도 생각한다. 그러나 이런 '당위성'을 이야기하기 전에 왜 사람들이 부동산 투자에 더 많이 집중하고 있는지 생각해 봐야 한다. 왜 그럴까? 결국 장기적으로 볼 때 부동산 투자에서 승자가 될 가능성이 크기 때문이다. 이론적으로 보면 부동산이 주식보다 수익률이 낮음에도 불구하고, 현실적으로는 수익률이 높다. 레버리지 때문이다. 이 레버리지는 비교적 안전하다. 주식도 부동산처럼 높은 레버리지를 이용할 수 있지만 레버리지를 써서 성공하는 사람들은 상당히 드물다. 반면 부동산 분야에서는 레버리지를 활용한 사람들 중 상당수가 성공하고, 결국 많은 사람이 부자가 된다. 상황이 이렇다 보니 당연히 부자들 중 상당수는 부동산을 통해서 부를 일군 사람들인 것이다.

　레버리지를 안정적인 수준으로 활용하는 것. 이것이 바로 부자가 되는 지름길이다. 그 지름길에 활짝 핀 꽃이 바로 전세 레버리지 투자다.

넷째, 먼저 시스템을 갖추는 것이 더 중요하다

심리실험에 종종 등장하는 문제를 한번 풀어보자. 당신은 10만 원을 걸고 다음 둘 중 하나를 선택할 수 있다. A를 선택하면 11만 원을 받을 수 있다. 그런데 B를 선택할 경우 동전을 던져서 짝수가 나오면 20만 원을 받을 수 있고, 홀수가 나오면 걸었던 10만 원을 모두 잃게 된다. 당신은 무엇을 선택하겠는가?

대부분의 사람이 A를 선택한다. A를 선택하면 무조건 1만 원을 벌 수 있고, B를 선택하면 10만 원이란 거금을 벌 가능성은 있지만 자칫 가지고 있던 10만 원까지 모조리 날릴 수도 있기 때문이다. 이러한 리스크에 대한 불안감 때문에 대다수는 안전하게 1만 원을 벌 수 있는 A를 선택하는 것이다. 다만 여기서 재미있는 건, 금액을 바꾸면 사람들의 선택이 확연하게 달라진다는 것이다.

만약 최초에 걸어야 하는 금액을 10만 원이 아니라, 1,000원으로 낮추면 어떻게 될까? 즉 A를 선택하면 1,100원을 받고, B를 선택할 경우 동전을 던져서 짝수가 나오면 2,000원, 홀수가 나오면 가지고 있던 1,000원을 잃게 된다면 어떤가? 그렇다 이 경우라면 대부분의 사람이 B를 선택할 것이다. 게임의 프레임은 하나도 달라지지 않았고, 당첨 확률이나 수익률도 모두 같다. 그럼에도 불구하고 대부분의 사람은 정반대의 선택을 한다.

여러분은 이미 그 이유를 알고 있을 것이다. 1,000원 정도는 잃어도 그만이니 2,000원을 벌 수 있을지 없을지 그 가능성에 한번

도전해 보고 싶은 것이다. 되면 좋고, 아니어도 소액이니 날려도 괜찮다고 생각하는 것이다.

실험으로 얻을 수 있는 결론은 다음과 같다. 금액이 커지면 커질수록 사람들은 안정적인 선택을 하고, 금액이 작으면 작을수록 사람들은 위험한 선택을 한다. 이게 인간의 심리다.

이와 같은 심리는 투자에서도 그대로 드러난다. 가진 자금이 적은 사람들은 과감하게 투자를 한다. 과감한 투자라기보다 무모한 투자를 하는 경향이 있다. 그들은 이렇게 생각하는 것 같다. '100원씩 늘려가서 언제 부자가 돼? 한 번에 2배를 늘려도 부자가 될까 말까인데!' 따라서 자금이 적을수록 시스템을 만드는 일보다는 당장의 돈을 버는 일에 더욱 관심을 갖는다. 하지만 중요한 건 시스템이다. 시스템을 만들어 놓으면 결국 시간이 지날수록 막강한 힘을 발휘하기 때문이다.

시스템을 만들기까지는 다소 시간이 걸린다. 당장 눈에 보이는 것도 없다. 그러니 지루하고 인내하기 힘들다. 이런 상황에서 남들이 얼마의 수익을 냈다는 이야기를 들으면 시스템을 만들기가 더욱 어려워진다. 그런데 당장 얼마의 수익을 거뒀다는 그들이 5년, 7년, 10년이 지나도 계속 그런 수익률을 기록할 수 있을까? 그렇게 되기란 여간 어려운 게 아니다. 반면 전세 레버리지 투자는 5년, 7년, 10년이 지날수록 더욱 강력한 힘을 발휘한다. 그 어떤 어려움도 두렵지 않을 정도로 막강해진다. 10년 뒤를 생각해 보자. 막강해진 시스템과 막강한 자금력 그리고 10년간의 투자 경험이 쌓인다. 그다음부터 잘못될 가능성까지 희박해진다. 그러나 지금 당장 소소한 이익을 얻을 수 있는 투자는 다음 투자에서 볼 수 있는 얼마의 손실, 시장이 좋지 않아서 투자를 못하게 되는 상황, 자금이 묶이게 되는 현실이 더해질 수 있다. 그렇게 10년이란 세월이 지나게 되면 무엇이 남을까? 얼마 되지 않는 자금과 여전히 불안한 투자 실력, 실패해서는 안 된다는 압박감밖에 남지 않을 것이다.

가진 자금이 적을수록 안정적인 투자보다는 공격적인 투자, 화끈한 투자에 눈이 가는 것이 일반 대중의 심리다. 그러나 우리는 일반적인 수준이 되기보다 보통을 뛰어넘는 현명한 투자자가 되어야 하지 않을까? 그렇다면 지루하고 힘들어도 시스템을 만드는 일이 먼저다.

다섯째, 최고의 메리트는 불황에도 돈이 나온다는 것이다

IMF 때는 상당히 많은 사람이 고난을 겪었다. 그런데 아이러니하게도 바로 이때 큰 부자들이 새롭게 탄생하기도 했다. 중고차를 해외에 수출하던 지인이 있었는데, IMF 전까지는 보통의 월급쟁이들보다 돈을 약간 더 많이 버는 자영업자 수준이었다. 그런데 IMF가 오자 중고차 시장에 각종 자동차들이 매물로 쏟아져 나왔고, 환율이 어마어마하게 오르면서 엄청나게 많은 돈을 벌게 되었다. 그는 그렇게 번 돈으로 당시 헐값에 나와 있던 소규모 빌딩을 2채나 구입했다. 그가 매수한 빌딩은 송파 대로변에 있는 작은 빌딩이었는데, 당시 매매가가 10억 원 수준이었다. 2채를 20억 원에, 그것도 대출을 받아 구입했기에 들어간 자기 자본은 10억 원 정도였고, 대출이자는 빌딩에서 나오는 월세로 충당했다. 불과 2년이 채 지나지 않아 그 빌딩의 채당 가격은 50억 원이 되었고, 구입한 지 10년쯤 흐른 2006년에는 약 100억 원으로 가격이 뛰었다. 이런 신화 같은 이야기가 멀리 있는 게 아니다. 여러분의 지인 중에도 이런 일을 겪은 이들이 한두 명쯤 있지 않은가? 하루아침에 부자의 반열에 오른 사람들, 그들은 어떻게 그처럼 부자가 된 것일까?

여러 원인이 있을 것이다. 평소부터 준비를 해왔다, 근면 성실했다, 긍정적인 마인드를 가지고 있었다 등. 그러나 그들이 부자가 된 현실적인 이유는 딱 두 가지다. '위기가 왔다. 그들에겐 돈이 있었다.'

이것이다. 이것이 바로 그들이 평범한 사람에서 일약 부자로 올라서게 된 정확한 이유다. 자세히 들여다보면 이 두 가지 조건을 모두 갖춘다는 게 상당히 어려운 일이라는 걸 알 수 있다. 먼저, 위기라는 것이 그렇게 자주 오는 것은 아니다. 자잘한 위기들이야 시도 때도 없이 수시로 오지만 국가의 경제가 휘청거릴 정도의 위기는 빠르면 3~4년, 보통은 10년에 한 번 정도 발생한다. 우리나라의 역사를 살펴봐도 1997년 IMF 위기, 2003년 카드대란, 2008년 금융위기, 2012년 유럽발 위기 등으로 어려움을 겪었다는 걸 알 수 있다. 이처럼 비교적 장기적인 간격을 두고 닥쳐오는 위기에 대부분의 사람은 직접 부딪혀 몸소 위기를 겪어낸다. 말 그대로 위기는 위기라, 고통과 어려움을 동반한다. 그래서 보통의 사람들은 위기에 이런 말을 내뱉는다.

"위기가 왔다. 그러니 나도 힘들다."

"위기가 왔다. 이제 큰일 났다"

이것만으로도 부자가 될 사람과 그렇지 않은 사람이 구분된다.

부동산 가격이 폭락해서 지금 매우 저렴한 가격에 좋은 매물이 나왔는데 정작 부동산을 매입할 엄두를 내지 못한다. 아니, 일단 그런 매물이 보이지도 않는다. 나 살기 급급하다. 우량 주식들이 폭락해서 배당만으로도 은행이자보다 높은 이자를 받을 수 있는데 그런 것들을 매수할 생각은커녕 돈 구하러 다니기 바쁘다. 이것이 바로 위기 때 보통 사람들의 모습이다.

위기가 자주 오는 것도 아니지만, 그때 마침 돈을 가지고 있는 사람은 많지 않다. 그렇다면 위기에 대비해서 돈을 준비해 놓는 게 어떨까? 상당히 좋은 자세다. 다만 일단 해보면 그게 얼마나 힘든 일인지 알 수 있을 것이다. 차라리 아무 생각 없이 돈을 모으는 거라면 할 수 있다. 그런데 위기 때 멋지게 투자하려고 돈을 모은다? 투자에 대해 알고 있으면서, 즉 투자의 기회들을 눈으로 보면서도 모른 척 지나치며 위기가 오기만을 기다린다. 그것도 주머니에 돈이 있는데 말이다. 아무리 빨라도 3~4년에 한 번 올까 말까 한 위기, 심지어 10년이 지나도 오지 않을 위기를 잠잠히 기다린다고? 웬만한 인내력으로는 불가능한 일이다. 위기가 오기까지 무수한 기회를 날려버리면서 막연히 '그 날'만 기다린다는 건 무모해 보이기까지 하는 전략이다.

그럼 어떻게 '그들'은 위기를 이용해 부자가 된 것일까? 그들에겐 위기의 때도 돈 나올 곳이 있었다. 타이밍 좋고 돈도 있으니 무엇이 문제겠는가. 이 때문에 자본주의 사회에서 부자가 계속 부자로 남을 가능성이 커지는 것이다. 부자들에겐 늘 돈이 있다. 게다가 시스템이 있다. 따라서 늘 돈이 나오고 항상 남는 현금이 있다. 이것이 시스템의 힘이다.

정리해 보자. 위기에 대비한다는 건 실제 언제 닥칠지 모르는 위기를 기다리며 무작정 돈을 모으는 것이 아니라, 시스템을 만들어놓고 기다리는 것이다. 언제든 위기가 도래했을 때 시스템에서 나오는 자금으로 최고의 투자 기회를 선사하는 대상들을 매입하면 된다. 위기의 때도 돈이 나오는 시스템을 갖추는 건 대단히 중요하다. 그런데 대부분의 사람은 그렇게 하지 못한다. 위기에 이때를 기다렸다면서 보너스를 지급하는 회사는 없다. 오히려 모두 함께 허리띠를 졸라매자고 한다. 위기에 소비자들은 지갑을 닫는다. 웬만하면 도시락을 싸서 출근하고, 1만 원짜리 점심을 먹던 이들도 5,000원짜리 식사를 찾는다. 가게는 손님이 줄어드니 직원 급여를 줄이거나 해고한다. 상황이 이런데 어디서 돈이 나오겠는가? 돈이 나오기는커녕 평소만큼도 쓸 수 없는 게 위기다.

이때, 돈이 나올 수 있는 통로가 있다면 어떨까? 단돈 얼마라도 돈이 나올 곳이 있다면 말이다.

위기엔 전세 보증금도 내려간다고? 그렇다. 전세 보증금이 내려가는 경우도 있다. 그러나 모든 지역의 모든 주택의 전세 보증금이 내려가는 건 아니다. 또한 투자자가 부동산을 1채만 소유하고 있는 게 아니라 여러 채를 가지고 있다면, 전세계약 갱신 시기가 모두 달라서 직격탄을 피할 수 있을 가능성이 크다.

IMF 때처럼 극심한 위기일 경우 전세 보증금이 내려가지만, 사실 허리띠를 졸라매야 하는 불황 정도일 경우 오히려 사람들은 주택을 매입하지 않고 빌려서 살려고 한다. 따라서 전세 물건을 찾는 수요가 늘어 보증금은 되려 올라가는 경우가 많다. 극심한 불황과 위기의 상황에서 투자자에겐 아이러니하게도 현금이 들어오는 일이 생기는 것이다.

이러한 극적인 상황이 10년에 단 한 번 일어난다 치자. 그러기만 해도 순식간에 재산이 놀랍게 불어나는 일이 발생한다. 당신의 인생에도 이런 일이 생기길 바라는가? 정말 그렇게 되길 바란다면 꿈만 꾸고 있어서는 안 된다. 꾸역꾸역 돈을 모아가며 위기가 오기만을 기도하고 있을 수만도 없다. 시스템을 갖추자. 시스템만 있으면 이 위기의 순간 빛을 발하는 주인공이 될 수 있다. 이런 신화를 만들어낼 수 있는 이 막강한 투자법을 어찌 거부할 수 있겠는가?

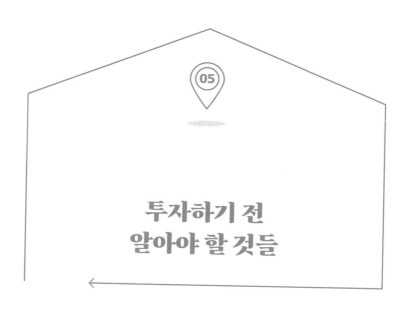

투자하기 전
알아야 할 것들

앞서 정리한 도표에서 보았듯이 투자용 부동산 자산을 6채 갖기까지 4년이란 세월이 걸렸다. 다시 4년이 지난 다음 몇 채를 더 가지게 되었나? 무려 12채가 더 늘었다. 6채를 갖는 데 4년이 걸렸으니 이후에 6채를 만드는 데도 4년이 소요되는 게 아니라는 말이다. 투자 자산은 이렇게 갑자기 불어난다. 투자 자산이 또 다른 투자 자산을 낳기 때문이다. 투자란 이런 것이다. 지루한 싸움처럼 보이지만 어느 순간에 이르면 자산이 기하급수적으로 늘어난다.

그래서 다음의 이야기는 돈과 투자에 대해 전혀 모르는 사람이 내놓는 논리다.

'50억 원을 모으려면, 연봉 5,000만 원을 받는 직장인이 매년

한 푼도 쓰지 않고 100년을 모아야 한다.'

돈은 그렇게 모이고 벌리는 게 아니다. 기하급수적으로 불어난다. 기하급수적이라는 단어를 오해하면 안 된다. 어느 날 갑자기 대박이 난다는 뜻이 아니다. 뿌려놓은 씨가 자라서 어느 순간 생각지도 못한 속도로, 예상치 못한 수의 열매를 맺는다는 것이다. 투자수익은 이렇게 불어난다.

투자수익은 꾸준히 상승하는가?

이런 예화가 있다. 과거 고대 인도의 국왕이 체스를 발명한 재상에게 상으로 무엇을 받고 싶은지 물었다. 재상은 가난한 백성에게 내려줄 양식을 달라고 했다. 그러면서 이렇게 말했다.

"체스판을 이루는 64개의 칸에 쌀을 채워주십시오. 첫 번째 칸에는 두 톨, 둘째 칸에는 네 톨, 셋째 칸에는 여덟 톨…. 즉, 앞 칸의 배가 되도록 채워주십시오."

국왕은 그의 요구가 과연 재상다운 발상이라 여기며 흐뭇해하면서, '그 정도쯤이야'라는 생각으로 흔쾌히 이를 수락했다. 그런데 재상의 방식으로 계산을 해나가던 국왕은 중간에 이를 때까지만 해도 게임처럼 여기며 즐겼지만, 이내 곧 포기해야 한다는 걸 알게 됐다. 마지막 64칸을 채우게 될 쌀은 몇 톨일까?

마지막 칸에 채워야 할 쌀의 개수는 20자리에 이르는 천문학적

인 숫자였다. 그 숫자는 무려,

18,446,744,073,709,600,000!

수학을 좀 하는 사람이라면 금방 알 수 있듯이, 64칸에 채워야 할 쌀은 2의 64승 톨이다. 이는 2,000년 동안 생산하는 쌀의 양과 맞먹는다. 64칸째가 그 정도니 전체 체스판에 들어가야 할 쌀의 개수를 합치면 더욱 어마어마할 것이다.

이게 복리의 마력이고, 투자의 마력이다. 투자수익이 꾸준히 증가할 것이라고 본다면 시간이 지날수록 상상을 초월하는 수익을 낼 수도 있다는 걸 예측할 수 있다.

복리 계산법

예금이자율이 5%인 은행에 1,000만 원을 입금했다면 1년 후 이 돈은 얼마가 될까? 세전, 1,050만 원이다. 원금 1,000만 원에 '1,000만 원×0.05'를 더해서 계산한다. 계산법은 다음과 같다.

$$1{,}000 \times 0.05 + 1{,}000 \Rightarrow 1{,}000(1+r)$$

(*r은 이율)

그렇다면 2년이 지난 후에 이 돈은 얼마가 될까? 단순히 '(1,000 ×0.05+1,000)×2'라는 공식대로 계산해서는 안 된다. 다음처럼 계산해야 한다.

$$(1{,}000 \times 0.05 + 1{,}000) \times 0.05 + (1{,}000 \times 0.05 + 1{,}000)$$
$$\Rightarrow 1{,}000(1+r) \times r + 1{,}000(1+r) \Rightarrow 1{,}000(1+r)(1+r) \Rightarrow 1{,}000(1+r)^2$$

3년 후에는

$$1{,}000(1+r)^2 \times r + 1{,}000(1+r)^2$$
$$\Rightarrow 1{,}000(1+r)^2(1+r) \Rightarrow 1{,}000(1+r)^3$$

이렇게 계산하다 보면, 다음과 같은 공식이 도출된다.

$$FV = PV(1+r)^n$$

(*FV는 미래 가치, PV는 현재 가치, n은 연수. 여기서 연 단위가 아니라 월 단위 복리로 계산한다면 개월 수를 넣으면 된다. 즉 복리가 되는 기준이 되는 기간으로 계산하라.)

만약 매년 평균수익률이 15% 이상이라면, 세계적인 투자자가 될 수 있다. 세계적인 펀드 매니저들 중에 한두 해 높은 수익률을 기록하는 사람은 있지만, 10년이란 기간으로 늘려서 보면 평균적으로 그 정도 수익률을, 그것도 복리로 내는 사람은 거의 없기 때문이다.

그런데 부동산 투자 분야에서는 유독 "10년 보유하고 있었더니 가격이 10배가 올랐다", "불과 몇 년 만에 가격이 몇 배가 뛰었다" 같은 성공 스토리가 종종 등장한다. 그 정도라면 수익률이 얼마나 되는 것일까?

복리수익률을 보자면 다음과 같다.

(연수 : 10년)

수익률	17%	18%	20%	25%	26%	27%
배수	4.806828	5.233836	6.191736	9.313226	10.08569	10.91534

예 원금 1억 원, 연 수익률 17%, 10년 운용 시

➡ 1억 원 × 4.806 = 4억 8,060만 원

원금 2억 원, 연 수익률 25%, 10년 운용 시

➡ 2억 원 × 9.313 = 18억 6,260만 원

표에서 보듯 10년간 매년 17%의 수익을 복리로 꾸준히 낸다면 원금이 4배가 된다. 이 표를 토대로 계산하면 원금이 10배가 되었다는 건 매년 복리수익률로 27%의 수익을 냈다는 의미이다. 그리고 이는 원금 10배를 벌기 위해서는 매년 엄청난 수익률을 거둬야 한다는 말이다.

그런데 이렇게 엄청난 수익률을 냈다는 사례가 부동산 투자에서는 굉장히 자주 등장하고 있으니, 소문만 안 났을 뿐이지 사실

세계적인 수준의 투자자들이 대한민국에는 굉장히 많이 존재하고 있는 게 아닌가?

내가 제안한 투자 프로젝트 역시 그렇게 진행된다. 처음에는 소액으로 집 1채씩을 늘려나가는 것이 별것 아닌 것처럼 보이겠지만, 어느 정도의 시간이 흐르고 나면 그 수가 갑작스럽게 불어나 부자의 대열에 들어서게 되는 것이다.

지금 당장 부자가 되는 묘수 같은 건 찾을 수 없다. 하지만 투자 플랜을 10년이라는 기간으로 잡고 보면 누구나 할 수 있다.

갭 투자와 다르다

최근 몇 년간 부동산 투자 시장에서 가장 뜨거웠던 이슈는 갭 투자가 아닐까? 앞서 내가 제시한 투자 방식이 이런 갭 투자와 동일한 것이라고 오해할지 모르겠다. 하지만 단언컨대, 이는 갭 투자가 절대 아니다. 오히려 나는 유행처럼 번지고 있는 갭 투자야말로 대단히 위험한 방식이라고 생각한다.

전세가와 매매가 차이가 작은 부동산에 투자한다는 점에서는 갭 투자와 유사하다. 다만 이는 외형적인 일치에 불과하다. 내가 주장하는 전세 레버리지 투자의 경우, 투자 대상의 부동산을 선정할 때 '전세 보증금이 꾸준히 상승할 수 있느냐'를 기준으로 삼는다. 장기적으로 보유하면서 그 자산을 이용해 꾸준히 현금흐름을 발생시키는 것이 핵심이다. 반면 갭 투자의 경우, 부동산을 선정할 때 '매매가가 상승할 것이냐'를 기준으로 삼는다. 매매가 상승을 중점적으로 보는 것도 나쁘지 않다. 그런 부동산 물건이 계속 있기만 하다면 말이다. 갭 투자 방식을 따르는 이들은 특정 부동산의 전세가와 매매가 차이가 작다면, 곧 그 부동산에 매매가 상승이 일어날 것이라고 쉽게 믿어버리는 경향이 있다. 이는 대단히 위험한 생각이다. 그렇게 전세가와 매매가 차이가 작은 물건들 중 대부분은 특별한 호재가 없는 지역에 있는 경우가 많다. 그런 지역 물건들의 매매가 실제로 상승하는 일은 드물기 때문이다. 설사 매매가 상승이 일어났다고 해도 이는 전세가와 매매가의 차이가 작아서가 아니라, 부동산 활황기가 되어서 그랬을 가능성이 크다. 그런 부동산의 매매가가 또다시 상승하려면 계속해서 부동산 활황기가 이어져야 하는데, 과연 그렇게 될 수 있을까?

과거와는 달리 이제는 인구절벽과 같은 문제도 고민해야 할 시점이다. 임대료에도 관심을 기울여야 한다는 말이다. 임차인이 꾸준히 찾을 만한 지역에 관심을 갖고, 그렇게 함으로써 장기적으로 임대료가 상승하여 현금흐름을 발생시키는 구조를 만드는 것이 훨씬 안정적이고 승산이 높은 투자법이다.

설령, 갭 투자가 성공적으로 진행되고 있다고 해도 전세 레버리지 투자를 하길 권한다. 단기간에 얼마의 수익을 얻는 것보다 자산의 규모를 늘리는 데 집중하는 것이 더 현명한 투자이기 때문이다. 매도를 통해 성공을 거둘 수 있는 시간은 상당히 짧다. 무엇보다 그다음에도 성공한다는 보장이 없다. 반면 전세 레버리지 투자는 더뎌 보여도 지속적으로 자산을 늘려가는 방식이므로 실패가 있을 수 없고, 무엇보다 시간이 흐르면 흐를수록 자동적으로 막강한 힘을 발휘하게 된다.

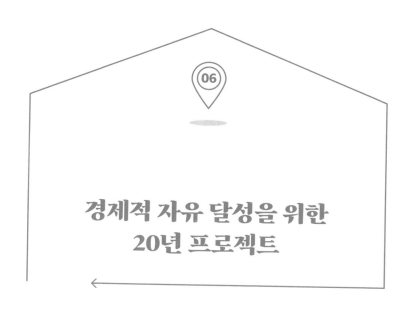

06

경제적 자유 달성을 위한
20년 프로젝트

내가 이러한 개념을 처음으로 공개한 것은 2007년 처음 출간한 《부동산 투자의 정석》에서였다. 그 이후에 어떻게 되었을까? 당시에는 너무 충격적인 개념이었기에 실제로 따라 하려는 사람이 그리 많지 않았다. 사실, 무작정 따라 할 때 멘탈이 흔들릴 만한 요소도 많았다. 부동산 가격이 오르지 않는다든지, 미래에는 부동산이 필요 없는 세상이 된다는 매스컴의 이야기가 나온다든지 하면서 흔들리고, 반대로 부동산 가격이 너무 올라 부동산을 보유하기보다 매도하고 싶어서 흔들리는 등 의외로 만만치 않은 허들이 현실에 존재한다는 걸 발견하는 사람이 많았다. 그럼에도 불구하고, 뚝심으로 이 방법을 꾸준히 실행해 나간 사람들은 매우 큰 부자가 되었다는 사실이 중요하다.

주목해야 할 것은 따로 있다. 이러한 '현실 테스트(?)'를 통해 밝혀진 바에 의하면, 이 방법을 지속적으로 실행하는 것이 어려운 건 사실이지만, 이 '어렵다'라는 말의 의미가 진짜로 매우 힘들고 고통스럽고 많은 희생이 요구된다는 뜻이 절대 아니라는 것이다. 이 방법을 실행할 때 어려운 것은 딱 하나뿐이다. 자꾸만 피어오르는 의심을 물리치고 약간의 인내를 하는 것. 사실 방법 자체는 너무나도 쉬워서 그야말로 누구나 할 수 있다. 이 방법으로 성공한 사람들이 대단히 많고, 우리 회원들 중 대부분도 성공대열에 합류하게 되었다는 것이 그 증거다.

그렇다면, 김사부가 말하는 전세 레버리지 투자란 무엇일까? 김사부가 과거부터 지금까지 하고 있고, 또 우리 회원들도 과거부터 지금까지 하고 있고, 신규 회원들도 지금 하고 있는 이 투자법은 여전히 쉽고, 여전히 높은 수익을 낸다. 그러니 이것이야말로 확실하게 돈을 버는 길이라고 믿어도 되지 않을까? 물론, 여전히 '어려움'도 남아 있다. 바로, 매우 의심스러워지는 기간이 늘 존재한다는 것이다. 그러나 그 의심이 일어나는 시기만 잘 견뎌낸다면 반드시 부동산이 보답할 것이다.

2022년 새롭게 개정한 《부동산 투자의 정석》에서는 한층 업그레이드된 경제적 자유 달성을 위한 20년 프로젝트, 줄여서 '경자달 20 프로젝트'를 제안하고자 한다. 기본적인 원칙은 하나도 변하지 않았다. 다만 좀 더 현실적으로, 좀 더 많은 재산을 불리기 위해 알아야 할 것들을 담았다. 본격적으로 시작하기 전에 여전히 가장 많이 듣고 있는 질문 몇 가지만 정리해 보자.

여전히 3,000만 원으로 투자할 것이 있는가?

앞서도 언급했듯 이는 2007년부터 들어왔던 이야기이고 2022년까지 듣고 있지만, 그 긴 세월 동안 여전히 그 정도의 자금으로 투자할 곳은 늘 있어 왔다. 신기하게도 그렇다. 사실 물가상승률로만 따져도 15년 전의 3,000만 원이면 지금의 6,000만 원 정도일 텐데, 여전히 그 숫자 그대로 투자할 수 있는 대상이 있다는 것이 나로서도 놀랍다. 이를 보면 앞으로도 계속 이 같은 투자가 가능할 테니 '3,000만 원'이라는 숫자에 절대성을 부여하기보다 그 정도의 비교적 작은 돈, 즉 '소액'으로 투자할 대상은 앞으로도 계속 존재한다는 의미로 보면 무방하겠다. 중요한 것은 개념을 잘 이해하고 남들이 보지 못하는 것을 보려고 노력하는 것이다. 그렇게 하면, 얼마든지 그런 대상들이 보인다.

최근 몇 년 사이 이같이 소액으로 투자가 가능했던 곳이 많다. 2017년 용인 수지 아파트, 2018년 대전 아파트, 용인 죽전 아파트, 2019년 안산 아파트, 창원 분양권, 김포 분양권, 2020년 천안, 전주, 구미 분양권, 오송 아파트, 2021년 원주 재건축, 마곡, 광교 오피스텔 등……

내가 이러한 투자 대상을 언급할 때마다 사람들은 깜짝 놀라곤 했다. '어떻게 이런 걸 발견했지?' 하며 놀라는 것이 아니라, '아니, 그런 부동산에 투자해도 되는 건가?' 싶은 마음에서였다. 그만큼 언급한 대상들은 매스컴에 전혀 알려지지 않은 것들이고, 그 누구도 괜찮다고 이야기한 게 아니었던 셈이다. 하지만 지나고 보면 모두 높은 수익률로 전설이 된 대상들이다.

그럼 어떻게 나는 그런 대상들을 발굴할 수 있었던 걸까? 사실 대단한 건 아니다. 그저 기본에 충실하면 된다. 전세 레버리지 투자의 개념을 잘 이해하고 접근하면 그런 것들을 얼마든지 발견할 수 있다. 반면 대중들은 그런 개념을 제대로 이해하고 접근하기보다 그저 어디서 "좋다"라고 하거나, 다수결처럼 "보다 많은 사람이 좋다"라고 한 것을 찾으려고 한다. 그러니까 투자 대상을 찾을 수 없는 것이다.

핵심 개념에 집중하라

누차 강조했지만, 전세 레버리지 투자는 갭 투자가 아니다. 목표도 차익을 거두는 것이 아닌 시스템을 구축하는 것이다. 2016년도 개정판을 낼 때만 해도 갭 투자 열풍이 대단했다. 그래서 갭 투자의 부작용이 걱정스러워 여러 번 경고했다. 아니나 다를까, 그저 매매가와 전세가의 갭이 작은 부동산을 사려고 덤벼들었던 사람들이 역전세난을 맞이하고 거래가 되지 않는 상황에서 어마어마한 손해를 입게 되자 사회적 이슈로 떠올랐다. 다시 한번 강조하지만, 전세 레버리지 투자를 갭 투자와 혼동하지 말고, 단기적인 차익이 아닌 시스템을 만드는 걸 우선으로 해야 함을 명심하자.

전세 레버리지 투자의 핵심 개념은 두 가지다.

첫째, 부동산에서 돈이 나오게 한다.
둘째, 그 자금으로 부동산을 또 산다.

먼저, 부동산에서 돈이 나오게 하려면 어떻게 해야 할까? 전세금 상승분이 있어야 한다. 전세금 상승분이 있다는 건, 지속적으로 수요가 있고 전세가 상승이 물가상승보다는 월등하게 높을 곳을 골라야 한다는 뜻이고, 매수할 당시 전세가율이 높은 곳이어야 한다는 의미다. 그리고 그렇게 해서 나오는 돈을 반드시 재투자해야 한다. 재투자할 때는 다시 이와 같은 자금을 만들어낼 수 있는 부동산을 사면 된다. 이것이 핵심 개념이다. 두 가지만 정확하게 이해하고 있어도 자금이나 규제의 문제는 해결할 수 있다.

단, 문제가 있다. 인간은 공부한 뒤에 당장 공부한 만큼의 효과를 보는 것에 익숙하다는 것이다. 그래서 부동산 공부를 했으니 당연히 그런 투자를 할 수 있으리라 생각한다. 그런데 꼭 그렇지 않다. 특히 소액 투자의 경우, 작은 돈으로 투자할 만한 물건을 쉽게 찾을 수 없을 때도 있다. 그때 '에이~ 할 것도 없는데, 있는 것처럼 사기 쳤네?'라고 생각할 것이 아니다. '기다리고 찾는다'는 개념을 머릿속에 넣어야 한다. 부동산 투자는 생물과 같아서 계속 변화한다. 가치에 비해 가격이 과하게 오를 수도 있고, 과하게 떨어질 수도 있다. 그런가 하면 어떤 정책이나 규제로 인해 갑자기 매력적이될 수도 있고, 매력적이던 것이 의미 없어질 수도 있다. 그러니 '공부했으니 지금부터 돈을 벌 수 있을 거야'라는 생각 대신, '공부한 덕에 지금부터 좋은 대상을 알아볼 수 있게 되었으니, 계속 찾으면서 기다릴 거야'라고 생각해야 한다.

그렇게 하면 1년에 하나 정도는 충분히 찾을 수 있다. 그게 아니더라도, 2년에 하나 정도는 찾을 수 있다. 만약 2년 만에 하나를 찾았다 해도, 이를 통해 충분한 자금이 나오는 데까지 걸리는 시간은 고작 1~2년 늦어지는 것뿐이다. 그러니 투자할 것이 없을 것 같다는 소리는 더는 하지 말자.

다만 2022년 현재, 이 투자법을 실행하려고 할 때 가장 먼저 부딪히게 될 큰 장벽은 '취득세'일 것이다. 2채만 사도 취득세가 8.8%가 되니, 이렇게 한없이 부동산 자산을 늘리는 것이 거의 불가능해진다. 그러나 방법이 있다. 가장 쉬운(?) 방법은 기다리는 것이다. 취득세가 8.8%, 13.2%라는 것이 매우 비정상적인 상황이라는 걸 다시 한번 생각해 볼 필요가 있다. 이러한 비정상적인 상황은 원래대로 돌아가게 마련이다. 그럼 그때부터 시작하면 된다. 역시 경제적 자유를 달성하는 데 몇 년 늦어지는 것뿐, 크게 달라지는 것도 없다.

또 다른 방법은, 현시점 취득세 부담이 그리 크지 않은 대상을 집중적으로 살피는 것이다. 2022년 10월 현시점 그런 대상은 4개다. 하나는 기본적인 취득세율을 적용받는 1채, 다음은 비조정지역의 1채 그리고 오피스텔과 조합원입주권이다. 이런 상황이라면 취득세 부담이 크지 않는 선에서 4채를 소유할 수 있고, 조합원입주권과 오피스텔의 경우 지속적으로 매입해도 취득세가 추가로 올라가지는 않는다.

조합원입주권의 경우 현재 다주택자라고 해도 취득세가 4.6%이다(관리처분 인가가 나고 철거된 재개발 지역에 한해). 그리고 이는 종부세 대상도 아니다. 그렇다면 이 같은 입주권을 산 뒤 약 3~4년 정도만 기다리면, 새 아파트가 생긴다. 그 이후로는 역시 전세가가 상승하면서 지속적으로 투자금을 만들어내는 것이다.

물론, 항상 소액으로만 투자할 수 있는 것도 아니고, 매년 재투자를 할 수 있는 상황이 되리란 보장도 없다. 그러나 소액으로 힘들면 좀 더 자금을 모아서 투자하면 되고, 매년 재투자가 어려우면 몇 년 기다리면 된다. 그러다 보면, 앞서 말한 것처럼 '비정상적'인 상황이 다시 '정상적인' 상황으로 돌아오게 마련이다. 그렇게 되면 그때부터 매년 투자할 수도 있고, 빠르게 재투자도 할 수 있게 된다. 이런 식으로 개념을 정확하게 이해하고 유연하게 사고하면 우리가 생각하는 결과를 반드시 만들어낼 수 있다.

1단계: 전세 레버리지형 투자

기간: 10년

목표: 연간 1억~ 3억 원의 투자자금이 계속 나오는 상태

김사부의 업그레이드된 '경제적 자유 달성을 위한 20년 프로젝트'는 2단계로 나뉜다. 우선 1단계는 기간을 10년으로 하고, 앞서 이야기한 전세 레버리지형 투자를 진행하는 것이다. 지속적으로 투자금이 나올 수 있는 구조를 구축하는 것이 목표다.

단, 목표 금액을 정해두어야 한다. 이 과정에서 나오는 돈은 이익금이 아니라, 회계상으로는 부채이기 때문이다. 물론 부채라고 해도 만기도 없고, 이자도 없고, 갚을 일도 없는 돈이긴 하지만(전세가는 상승하고, 매도할 때는 전세가보다 높은 금액에 매도할 것이기에), 그래도 이익금은 아닌 것이다. 따라서 어느 정도 '수준'이 되면 이러한 투자는 멈춰야 한다. 그 수준이란 연간 투자금이 1억~3억 원가량 나오는 정도다.

이렇게 이야기하면, '헉! 그렇게나 많이?'라고 생각할 사람도, '뭐 그 정도야 별거 아닌데…'라고 생각할 사람도 있을 것이다. 높은 금액에 놀라는 사람은 아마 본인의 연봉과 비교해서 생각했을 것이다. 우리나라에서 1억 원 정도의 연봉을 받는 사람은 꽤 드물다. 그런데 부동산으로, 그것도 내가 딱히 크게 노력하지 않았는데도 연간 1억 원씩 돈이 나오는 시스템을 구축한다니, 웬만해선 믿어지

지 않는 먼 나라의 이야기처럼 들릴 수도 있다.

그런가 하면, 투자를 좀 해본 사람은 연 1억 원이 그렇게 큰돈
도 아니고, 그 정도 나오는 시스템을 구축하는 것이 어려운 일도
아니라는 걸 알고 있을 것이다. 서울의 아파트 가격이 평균 10억
원이 넘어가고 신축 아파트의 경우 전세가만 평균 8억 원에 달하
기 때문에, 그런 아파트가 2채 정도 있고 2년간 전세가 상승이
10%만 돼도, 2년에 1억 6,000만 원이 나오고 이를 연 단위로 보
면 연간 8,000만 원이 발생한다는 계산이 나오기 때문이다.

수도권 아파트만 봐도, 면적이 59m^2의 신규 아파트는 평균 전
세가 5억~6억 원 정도다. 전세가 상승률이 2년에 10%만 돼도
5,000만~6,000만 원이므로, 4채만 있어도 2억~2억 4,000만 원이
고, 연간으로 보면 연 1억~1억 2,000만 원의 수준이다. 그러니 투
자금이 연간 1억 원가량 나오는 시스템을 구축한다는 것은, 그렇
게 비현실적이거나 꿈같은 이야기가 아닌 셈이다.

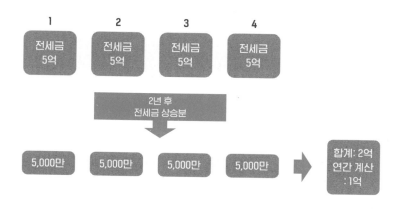

물론 이렇게 이야기하는 사람도 있을 것이다. "수도권의 새 아파트 4채를 마련하는 게 뭐 그렇게 쉬운 일인가?" 그렇다, 쉽지 않은 일이다. 그러면 소액 투자, 즉 3,000만 원으로 투자할 경우에는 어떻게 되는지 살펴보자.

2022년 현재, 3,000만 원 정도로 투자할 수 있는 대상은 택지 개발지구의 주거용 오피스텔 정도다(어차피, 투자 가능한 대상은 세월이 지나면서 또 달라질 테니, 지역이 어디인지 궁금해하기보다 개념을 이해하는 일에 신경 쓰길 바란다).

전용면적	29㎡ 이상
매매가	2억 5,000만 원
전세가	2억 3,000만 원
취득세 및 비용	약 1,000만 원
총 투자금	약 3,000만 원

현재 1억 원의 투자금이 있다면, 이 같은 물건 3채를 매입할 수 있다(오피스텔이므로 취득세는 다주택자 여부와 상관없이 4.6%로 적용).

연수	상승률(%)	전세가(만 원)	상승분(만 원)	채수	상승분 합(만 원)	추가 매입 채수
		21,000		3		
2	1.12	23,520	2,520	3	7,560	2
4	1.12	26,342	2,822	5	14,112	4
6	1.12	29,503	3,161	9	28,450	추가 매입 중단

서울과 수도권의 전세가 평균 상승률은 2년에 약 10%인데, 신축, 역세권이라는 조건에 프리미엄을 줘서 2년마다 약 12% 상승하는 것으로 계산했다(사실 이 같은 계산이 지나치게 긍정적인 건 아니다). 이 경우, 2년만 지나도 3채의 주택(오피스텔)에서 나오는 전세 상승분이 7,500만 원이 된다. 그러면 이 자금으로 2채의 주택(오피스텔)을 또 살 수 있다. 그리고 또 2년이 지나면 이제는 무려 5채가 된 자산에서 나오는 전세금 상승분이 1억 4,000만 원이 된다. 그러면 이 자금으로 추가로 4채를 더 살 수 있다. 그리고 다시 2년이 지나면 이제는 총 9채의 투자 자산에서 나오는 전세금 상승분이 무려 2억 8,000만 원에 이른다.

　　2년에 2억 8,000만 원이 나왔으니, 연간으로 계산하면 1년에 1억 4,000만 원의 전세금 상승분이 나오는 것과 같다. 이제 1단계는 끝났다. 투자금 1억 원만으로 6년 만에 전세 레버리지 투자 세팅이 끝난 것이다.

　　물론 부정적으로 보자면, 그렇게 투자할 대상이 어디 있느냐, 2년마다 전세금이 12%씩 오른다는 보장이 어디 있느냐, 규제는 어떻게 할 것이냐 등 의문이 끝도 없을 것이다. 하지만 투자할 만한 대상이 없으면 좀 더 시간을 두고 찾으면 되고, 12%까지 오르지 않으면 추가 매입 자산을 좀 줄이면 되며, 규제가 있으면 좀 완화될 때까지 기다리면 된다. 이렇게 제약이 많다고 해도, 그럼에도 불구하고 10년 안에는 충분히 세팅을 마칠 수 있다.

주의할 것

오피스텔을 예로 들긴 했지만, 2022년 현시점 투자 가능한 오피스텔 중 90%는 투자 가치가 없다. 따라서 그저 소액으로 전세 레버리지 투자를 할 수 있는 대상이 오피스텔이구나, 하면서 따져보지도 않고 오피스텔을 매수했다가는 투자하지 않는 것보다 못한 결과를 얻을 수 있으니 주의하자.

앞서 말한 오피스텔은 투자할 만한 가치가 충분한 일부 오피스텔, 즉 10% 내에 속하는 오피스텔이다. 따라서 독자들은 '어떠한 상황이 되어도 소액으로 전세 레버리지 투자를 할 수 있는 대상이 있다'라는 개념에서 알아둬야지, 괜히 오피스텔이라는 대상에 과도하게 주목하지는 말기를 바란다.

어느 정도 자금이 있는 경우

이번에는 투자금이 어느 정도 있는 경우를 살펴보자. 즉, 투자금이 2억 원 이상이 있다면, 오피스텔 같은 대상을 6채나 매입하는 건 다소 부담스럽다. 이런 경우 수도권 일대의 아파트를 전세 끼고 매입하는 전통적인 방법을 취할 수 있는데, 문제는 취득세다. 이럴 때는 어떻게 하는 것이 좋을까?

재개발 입주권을 사면 된다. 우선 관리처분인가가 난 재개발 입주권의 경우, 취득세는 4.6%이다. 취득세 부담이 없는 건 아니지만, 상대적으로 매우 높다고 볼 수 없다. 입주권은 종부세 대상도 아니다. 따라서 보유하는 동안 세금 측면에서 부담도 없다. 입주권이기에 조만간 일반분양을 할 것이고, 그렇게 되면 3~4년 이내에 입주하게 된다(관리처분인가가 나고 철거가 끝났더라도 입주까지 시간이 꽤 소요되는 경우도 있으나, 일반분양까지 마쳤다면 거의 3년 안에 입주를 시작하므로 그런 점을 고려해서 구입하면 된다).

그리고 입주 시점이 되면 대개는 추가분담금을 내야 하는데, 이 때에는 입주 가능한 아파트가 된 상태이므로 바로 전세 세입자를 들일 수 있다. 이렇게 세입자에게 전세 보증금을 받으면 추가분담금을 내고도 꽤 많은 돈이 남는다. 따라서 투자금의 상당 부분을 회수할 수 있다. 사실 건물이 완공되면 취득세를 한 번 더 내야 하는데, 이때 내는 취득세는 주택 수와 무관하며 '원시취득'이라는 취득세 규정에 의해 신규 건물분에 대해서만 2.98%를 내면 된다. 원시취득의 기준이 되는 건물분이라는 건 시세가 아니라, 신규 건물분에 대한 감정평가 금액이라서 액수가 크지 않아 부담스럽지 않을 것이다.

이런 방식으로 투자를 진행하면, 3~4년 만에 자금의 상당 부분을 회수할 수 있고, 회수한 자금에 그사이 모은 자금을 더해 재개

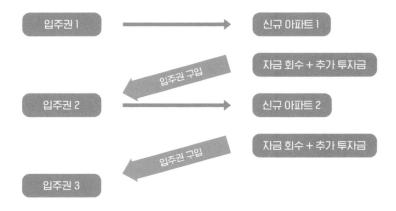

발 입주권을 또 살 수도 있다. 그렇게 되면, 3~4년마다 신규 아파트가 1채씩 계속 생기게 된다.

재개발 입주권에 투자하면 2년마다 1채씩은 아니지만, 3~4년마다 1채씩 늘려가게 된다. 그러면 다시 이런 의문이 들 것이다. 입주권을 사려면 수억 원이 필요한데, 아무리 어느 정도 자금이 회수되고 근로소득을 통해 투자자금을 모은다 해도 어떻게 3~4년마다 그렇게 큰돈을 만들 수 있는가 말이다.

이 같은 의문이 든다면 역시 전세 레버리지 투자 시스템을 온전히 이해하지 못한 것이다. 앞서 표에서 보듯이, 신규 아파트 1을 마련한 뒤 2년이 지나면 어떻게 되는가? 신규 아파트 1이 전세금 상승분을 내놓는다. 새 아파트이기에 전세가 상승폭도 더 가파를 것이다. 위기나 불황에 강한 것은 말할 것도 없다. 2년만 지나도 전세금 상승분이 나오고 그 자금을 근로소득으로 모은 자금과 합

부동산 투자의 정석

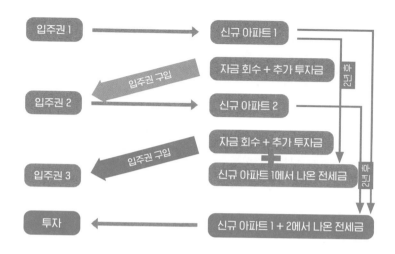

치면, 입주권 3개 정도를 구입하는 게 한결 쉬워진다. 그렇게 또 2년이 지나면, 이제는 더 쉬워진다. 신규 아파트 1과 2 모두에서 전세금 상승분이 발생하기 때문이다.

이렇게 어느 정도 시스템을 갖추기까지는 시간이 걸리지만 그 시간이 지나면 그때부터는 자금이 급격하게 불어난다. 그사이 규제가 바뀌고 새로운 기회가 나타나는 것은 물론이다. 그렇게 되면, 계속 입주권만 구입할 게 아니라, 그 시점에 맞는 유리한 대상을 찾아 투자하면 된다. 어차피 자금이 계속 나올 수 있는 시스템을 구축해 놓은 셈이니 말이다.

수도권의 신규 아파트 4채만 매입해도 애초에 목표로 한 1년에 1억 원 정도의 투자금이 나오게 하는 목표는 달성하는 셈이다. 그런데 이러한 목표를 달성하기까지 어느 정도의 시간이 필요할까?

그 시간을 정확히 알 수는 없다. 시장의 상황과 정부의 정책에 따라 얼마든지 달라질 수 있기 때문이다. 그러나 이 개념만큼은 명확히 알고 있어야 한다.

투자 자산 2채를 가지는 데 6년이 걸렸다고 해서, 4채를 가지는 데 12년이 걸리는 건 절대 아니라는 것! 이미 세팅한 부동산에서 자금이 발생한다는 점 외에도 세월을 보내면서 우리는 수많은 기회를 만날 수 있기 때문이다. 새로운 임대주택 제도가 나올 수도 있고, 취득세가 낮아질 수도 있으며, 미분양 물량에 대한 엄청난 혜택이 쏟아질 수도 있다. 그렇게 되면 다수의 미분양 물건을 매입함으로써 몇 년 후 재산이 획기적으로 증가하는 일도 생길 수 있는 것이다.

핵심은 이것이다! 부동산을 통해 꾸준히 돈이 나오는 시스템을 구축한 뒤 거기서 나오는 자금으로 그 시점에 가장 적합한 대상을 찾아서 재투자하는 것. 그 시스템을 만드는 과정에서 때로는 시장 상황 때문에, 때로는 정부의 규제 때문에 목표 달성이 늦어질 수도 있고 그 대상이 제한적일 수도 있다. 그러나 그렇다고 해도 정석은 변함이 없으며, 여전히 어떠한 상황에서도 막강한 시스템을 구축할 수 있다는 것에는 이변이 없다.

또한 얼마든지 응용도 가능하다. 원칙적으로는 주택을 늘려가야 하지만, 일부는 매도할 수도 있다. 예를 들어, 운 좋게 소유한 부동산이 갑자기 급등한 경우다. 그런데 찬찬히 물건을 살펴보니, 향후 지속적인 고성장을 이어갈 것으로 보이기보다 어떤 분위기를 타고 급등한 것에 불과한 것 같다면, 결국 몇 년 치의 미래가치가 가격에 미리 반영된 셈이니 과감하게 매도를 고려해 볼 수도 있다.

그런가 하면, 본인의 사정상 돈이 필요해질 수도 있다. 본래 전세금 상승분을 재투자하는 것이 원칙이긴 하지만, 당장 돈이 필요한데 어쩌겠는가? 이럴 경우 일단 전세금 상승분을 투자가 아니라 필요한 곳에 활용할 수밖에 없다. 그렇게 되면 당연히 시스템을 만드는 데 시간이 좀 더 소요될 것이다. 하지만 이런 상황 때문에 스트레스를 받을 필요도 없다. 2~5년쯤 늦어진다고 해서 큰일이 생기는 것도 아니다. 원래 돈이라는 것은 그런 때 쓰라고 버는 것이다. 돈이 있으면 우리 인생에서 발생하는 여러 문제를 해결할 수 있기 때문이다. 전세금 상승분이라는 돈이 있기에 구차해지는 상황이나 절망감에 빠지는 상황으로 가지 않는 것만 해도 얼마나 다행인가? 돈을 버는 것도 중요하지만, 일단 위기를 모면하는 것이 더욱 중요하다. 그러니 '10년 안에 반드시 1억 원이 넘는 현금흐름을 창출해야 해' 같은 목표에 너무 집착하지 않길 바란다. 그건 그저 하나의 '방향'이라고 생각하면 된다. 그런 방향을 잘 잡고 꾸준히 가기만 한다면, 최소한 '돈 때문에 걱정하는 삶'에선 벗어날 수 있을 것이다.

이런 과정을 거쳐서 목표로 한 현금흐름이 나오게 되면, 1단계 세팅을 마쳤다. 그럼 이제는 2단계로 넘어가야 할 때가 된 것이다.

2단계: 수익형 부동산 투자

기간: 10년

목표: 월 수익 1,000만~5,000만 원의 수익금이 계속 나오는 상태

　전세 레버리지 투자로 연간 1억~3억 원 정도의 투자자금이 나올 수 있게 세팅했다면, 이제 전세 레버리지형 투자는 멈춰야 한다. 부동산 채수가 많으면 관리하기도 힘들고, 또 언제든지 공공의 적이 될 가능성도 배제할 수 없기 때문이다. 어쨌든 우리나라는 부동산을 정치적으로 활용하는데, 이러한 현상이 하루아침에 바뀌지는 않으리란 걸 염두에 둘 필요가 있다.

　따라서 부동산 채수가 적당해지면(개인적으로, 보통 사람이 관리할 수 있는 최대 부동산 채수는 30채라고 생각한다. 30채를 초과하지 않는 게 좋다), 채수를 늘려가는 전세 레버리지형 투자는 멈추는 게 좋다. 재미있는 것이 하나 있다. 자금이 부족할 때는 현금흐름이 연간 1,000만~3,000만 원 정도만 나와도 감격스럽고 감사한 마음이 들지만, 그 이상으로 자금이 커지면 그 정도로는 성에 차질 않게 된다. 심지어 고작 그 정도 자금을 받으러 계약서 쓰러 가는 것이 귀찮을 정도가 된다. 이런 걸 보면 사람이 참 간사하다는 생각도 들지만, 현실이 그렇다.

　따라서 자금의 규모가 커지면 그에 맞게 세팅하는 것이 좋다. 그래서 2단계로 넘어가야 하는 것이다. 2단계는 1단계에서 만들어

지는 투자자금으로 수익형 부동산을 매입하는 것이다. 다음의 표를 살펴보자.

1단계 투자로 발생하는 수익

햇수	연수익
1년	1억 원
2년	1억 원
3년	1억 원
4년	1억 원
5년	1억 원
6년	1억 원
7년	1억 원
8년	1억 원
9년	1억 원
10년	1억 원
합	10억 원

수익으로 마련한 수익형 부동산

매매가	10억 원
수익률	6%
연수익	6,000만 원
월수익	500만 원

왼쪽 표에서처럼 단순히 계산해도, 10년의 수익을 모두 모으면 10억 원이 된다. 이렇게 모인 10억 원의 투자자금으로 오른쪽 표와 같은 수익형 부동산을 사는 것이다. 수익형 부동산 매수 시 목표 수익률은 연간 4.5~6%이다.

이 정도의 수익률이면 월 500만 원의 실제 수익이 발생한다. 이때 발생하는 500만 원은 실수익이기에 마음껏 써도 되는 돈이다. 월 500만 원이 너무 적은가? 그렇다면, 1단계 투자를 연 1억 원이 나올 때가 아닌 연 3억 원이 나오는 수준일 때 멈추면 된다.

1단계 투자로 발생하는 수익		수익으로 마련한 수익형 부동산	
햇수	**연수익**	**매매가**	30억 원
1년	3억 원		
2년	3억 원		
3년	3억 원	**수익률**	6%
4년	3억 원		
5년	3억 원		
6년	3억 원	**연수익**	1억 8,000만 원
7년	3억 원		
8년	3억 원		
9년	3억 원	**월수익**	1,500만 원
10년	3억 원		
합	**30억 원**		

물론 1단계 투자를 연수익이 1억 원일 때 멈추느냐 3억 원일 때 멈추느냐는 작은 차이가 아니므로 당혹스러울 수 있다. 그런데도 이렇게 범위를 넓게 설정한 것은, 투자를 시작하는 규모와 삶의 만족도 수준은 사람마다 다르기 때문이다.

예를 들어, 1억 원 이하의 자금으로 투자를 시작한 사람이 연간 3억 원의 현금흐름이 나오는 시스템을 구축하려면 너무 오랜 시간이 걸린다. 그렇게 오랫동안 시스템을 갖추는 데에만 집중하다 보면 인생을 즐길 시간이 너무 없다. 그런가 하면, 시작부터 3억 ~4억 원의 자금으로 투자를 시작했거나 본인의 수입이 본래 많은 사람이라면 향후 월세로 나오는 수익이 월 500만 원에 불과할 경우 만족스럽지 않을 수 있다. 그런 경우라면 1단계의 목표를 연간

3억 원 정도로 잡고, 2단계 목표도 연간 1,500만 원 정도로 잡고 진행해도 적당한 시점에 목표를 달성할 수 있고, 삶의 만족도 또한 높을 것이다. 따라서 1단계의 목표는 2단계에서 발생할 현금흐름을 기준으로 선을 정하는 것이 중요하다.

이렇게 '경제적 자유 달성을 위한 20년 프로젝트'가 완성된다.

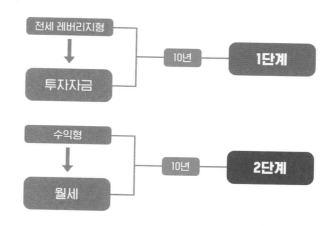

그럼 2단계를 진행할 때 매우 중요한 두 가지 조건을 점검하자.

조건 1. 목표 수익률 4.5~6%

우선 안타깝게도, 수익형 부동산을 고를 때는 1단계에서보다 몇 배쯤 어려운 일이 기다리고 있다. 그건 바로, 적절한 투자 대상을 고르는 것이다.

2022년 현시점 서울 핵심 상권의 상가수익률은 3%에도 못 미친다. 강남 같은 곳은 2%도 안 된다. 그런 상황에서 4.5~6%의 수익률을 안겨줄 대상을 찾는다는 건 무척이나 어려운 일이다. 따라서 반드시 알아두어야 할 것이 몇 가지 있다.

첫째, 2~3년에 1채를 매입하겠다는 마음으로 접근하라. 2단계로 넘어간 뒤 가장 당황하게 되는 것이 바로 이것이다. 물건이 없다. 상권을 제대로 분석할 수 있을까 겁도 나지만, 무엇보다도 적당한 물건이 보이질 않아서 놀란다. 좀 좋아 보이면 수익률이 너무 낮고, 수익률이 높을 것 같으면 과연 임대료가 꼬박꼬박 들어올까 싶은 불안감이 커진다.

그런데 이는 당연한 현상이다. 사실 상권을 분석하고 좋은 상가를 고르는 것은 주택을 고르는 것에 비해 몇십 배나 어렵다. 그렇다고 좌절할 것까지는 없다. 시간을 길게 잡으면 된다.

주택은 나중에 탄력을 받으면, 1년에 1채, 심지어 1년에 2~3채도 매입할 수 있는 환경이 만들어진다. 그런데 이것이 가능해진다는 건 자금이 그만큼 된다는 의미이기도 하지만, 그만큼 매입할 만한 대상이 많기 때문이라는 의미가 더 크다. 즉, 자금만 있으면 투자로 구입할 만한 대상은 널려 있는 셈이다.

그런데 상가의 경우 마음에 드는 물건이 쉽게 눈에 들어오지 않기에 '과연 투자할 만한 게 있긴 한 건가' 싶어져 절망감까지 들기도 한다. 그러나 이때, 시간을 생각해 봐야 한다. 그렇게 진이 빠지도록 찾아본 시간이 얼마나 되었나 따져보라. 투입한 시간이 한 달도 채 안 되었을 것이다. 그런데도 그토록 진이 빠진 건 '주택 투자'에 너무 익숙해서다. 사실 마음에 쏙 드는 상가를 1년에 하나만 발견해도 충분하지 않은가? 그런데 사람들은 한 달 동안 주말마다, 그래봤자 총 4번 정도 시장에 나가본 뒤 투자할 만한 것이 없다며 "아~ 상가 투자는 너무 힘들어"라고 한다.

그 생각부터 바꿔야 한다. 좋은 상가는 그렇게 쉽게 찾아지는 것이 아니다. 상식적으로 따져도 금방 이해가 될 텐데, 주택은 당장 수익이 나는 대상이 아니다. 대부분은 전세로 세를 주거나 어쩌다 월세라고 해도 투자금 대비 수익률은 형편없다. 반면 상가는 당장 수익이 나는 대상이다. 그렇다 보니, 상가를 가진 이들 중에 급할 일이 있는 사람도 거의 없고, 또 수익이 미래의 수익이 아니라 지금 당장 나오는 수익이기에 싸게 팔 이유도 거의 없는 것이다. 좋은 물건을 구하기 힘든 것이 당연하다.

따라서 상가는 훨씬 더 오랜 시간을 두고 많이 찾아보리라는 마음을 먹어야 한다. 너무 열정적으로 할 필요도 없다. 열정이 지나치면 오히려 쉽게 지치기 때문이다. 그냥 꾸준히 시간을 두고 찾으면 된다. 어차피 지금의 이 프로젝트에 따르면, 10년에 1채나 2채 정도를 사면 된다. 그러니 급할 게 전혀 없다. 그런 마음으로 접근해야 한다.

둘째, 대출은 최대한 활용해야 한다. 수익률 4.5~6%는 대출 없이 매입했을 때는 나올 수 없다. 반드시 대출을 활용하라. 여기서 아주 간단한 계산만으로 투자 가능한 대상인지 아닌지를 판단하는 방법을 알려주겠다. 액면수익률(대출 없이 현금만으로 투자했다고 가정할 때 나오는 수익률)이 무조건 대출이자율보다 높아야만 한다는 것이다.

그래야 대출이 레버리지가 되어 수익률이 확 올라가게 된다. 그런데 반대의 상황이 된다면, 수익률은 계산해 보나마나 액면수익률보다도 낮아진다. 대출을 많이 받을수록 손해라는 것이다. 그러니 그런 물건이라면 관심도 갖지 말고, 빠르게 넘기는 것이 좋다.

📋 매매가 10억 원, 액면수익률 4.5%, 대출이자율 3.5%

대출 7억 원을 받았을 경우

매매가	연수익	액면수익률
10억 원	4,500만 원	4.50%

매매가	대출이자율	대출비율	대출액	대출이자
10억 원	3.50%	70%	7억 원	2,450만 원

연수익	대출이자	순수익	투자금	투자금 대비 수익률
4,500만 원	2,450만 원	2,050만	3억 원	6.8%

액면수익률과 대출이자율의 차이가 1%밖에 나지 않았지만, 실제 수익률은 2.3%나 더 높아진다. 이런 경우 대출을 많이 받으면 받을수록 유리한 구조다.

세상에는 그저 돈을 빌리는 것이 싫어서 대출을 이용하지 않으려는 사람도 있다. 절대 안 된다. 보통 수익형 부동산의 경우 최소 50%, 최대 90%까지도 대출을 받을 수 있다. 많이 받으면 받을수록 유리하다. 그만큼 자산을 늘리는 속도가 빨라지기 때문이다. 이러한 대출은 주택담보대출이 아닌, 사업자대출이므로 정부의 제재를 받는 일도 거의 없다(대부분의 경우 주택담보대출에 비해 이자율도 낮다). 채수에 대한 규제나 다른 제재가 있을 가능성도 희박하다. 따라서 좀 더 안정적으로 미래 계획을 세울 수 있다는 장점도 있는 것이다.

이러한 이유로 리스크도 별로 없다. 사실상 가장 큰 리스크는 대출이자율이 올라가는 것인데, 혹여 그렇게 된다 해도 비정상적인 이자율이 장기화되는 경우는 거의 없고, 길어야 1년 정도다. 따라서 갑자기 대출이자율이 올라간다면 얼마간 투자 비용이 좀 늘었다고 생각하거나, 일시적으로 수입이 조금 줄어든 것으로 여기면 된다. 또 추가로 비용이 더 들어가는 경우도 발생할 수 있는데, 건물이 낡거나 오래되면 그에 따라 수리를 해줘야 할 일도 생기고 건물의 가치를 보다 높이기 위해 간단한 관리작업(페인팅, 구조변경, 방수 공사 등)이 필요할 수 있기 때문이다. 이처럼 돈이 들어가는 일이 발생할 수는 있으나, 그럴 때마다 스트레스를 받을 필요는 없다. 그 돈은 '낭비'한 것이 아니라, 건물의 가치를 높이는 데 '투자'한 것이기 때문이다.

다만, 최악의 경우도 염두에 두어야 한다. 대출이자가 너무 늘어서 월세를 역전하는 상황이 벌어질 때다. 이는 '수입이 좀 줄 수도 있는 거지, 뭐' 정도로 여유롭게 여길 상황이 아니다. 돈을 벌기는커녕 오히려 추가로 돈을 계속 지급해야 하는 상황이기에 그렇다. 그러나 이 같은 최악의 경우라고 해도, 조건 2를 감안하면 이러한 자금을 '투자금'으로 생각하고 약간의 여유를 가질 수 있다.

조건 2. 10년 후에 자산 가치가 2배로 오를 수익형 부동산

2단계의 목표는 단순히 수익률이 높은 수익형 부동산을 고르는 것이 아니다. 그런 수익률이 나오면서도 10년 후에는 반드시 자산 가치가 2배로 상승할 수 있는 수익형 부동산이어야 한다.

'10년 후 2배'라는 것이 굉장한 상승처럼 보이는가? 반대로 너무 낮은 것 같은가? 사실 애매해 보인다. 어찌 보면 그런 대상을 찾기 힘들 것 같고, 어찌 보면 거의 대부분의 부동산이 그 정도는 오르지 않을까 싶을 것이다.

결론부터 말하자면, 수익형 부동산 중 80%는 10년 후에도 자산 가치가 2배까지 오르지 않는다. 그렇기에 10년 후에 매매가가 2배 오르는 수익형 부동산을 찾기란 생각보다 어렵다. 단, 그런 부동산을 찾을 수 있는 아주 간단한 잣대가 있다. 그건 바로, 임대료를 꾸준히 올릴 수 있는 대상인가 하는 것이다.

임대료가 꾸준히 오른다면, 매매가는 그에 비례해 저절로 가격이 상승할 수밖에 없다. 이것이 바로 '성장성'이다. 수익형 부동산은 이 성장성에 집중해서 골라야 한다. 그 반대되는 상황은 매우 유의해야 한다. 즉, 수익률이 아주 높은 수익형 부동산이 그렇다. 수익률이 아주 높은 수익형 부동산은 '사기성' 매물일 가능성이 매우 크다. 실제로는 그런 수익률이 나오지 않는데 어떤 특정한 이익을 대가로 임차인을 끼워 맞췄든지, 무리한 수익률로 과대광고를 하는 경우다. 정말 그렇다면 임대료가 오르기는커녕 임대료가 갈수록 떨어지고, 심지어 공실이 발생할 수도 있다. 그런 부동산은

부동산 투자의 정석

가격이 폭락한 것이나 마찬가지다.

따라서 당장 수익률이 높은 부동산이 아닌, 앞으로 임대료가 상승할 가능성이 큰 부동산을 고르는 게 매우 중요하다. 그런 정석을 지켜서 임대료를 매년 또는 2년에 한 번씩이라도 꾸준히 올릴 수 있는 수익형 부동산을 골랐다면, 10년 후에는 무난히 2배 이상 상승한 금액으로 매각할 수 있을 것이다.

여기서 부동산의 매매가가 단지 2배가 되었다는 것만 중요한 건 아니다. 자산 가치가 2배 정도 오르면 상황은 다음처럼 바뀐다.

투자금	10억 원
수익률	6%
연수익	6,000만 원
월수익	500만 원

10년 후 가치	2배 상승
자산 가치	20억 원
수익률	6%
연수익	1억 2,000만 원
월수익	1,000만 원

그렇다! 표에서 확인할 수 있듯 월수익 자체가 늘어나게 된다. 즉, 매달 500만 원이 나오는 수익형 부동산을 마련한 것에서 끝나는 게 아니라, 10년이 지난 뒤엔 월 1,000만 원을 내주는 부동산으로 성장하게 된다는 것이다. 이 말인즉슨, 이 프로젝트가 1, 2단계 달성으로 끝나는 게 아니라 지속적으로 성장하는 시스템이기에, 내가 살아있는 한 도대체 얼마까지 성장할지 알 수조차 없는 상황이 된다는 의미다.

우선 1단계 전세 레버리지형 투자로 완성한 시스템을 생각해 보자. 이를 통해 만든 자금으로 2단계 수익형 부동산을 샀어도, 1단계의 시스템이 없어지는 것은 아니다. 여전히 전세 레버리지형 부동산 시스템은 존재하기에 다시 10년이 지난 뒤에 또 그만큼의 자금을 만들어낸다. 무엇보다 이 시스템은 점점 더 강력해진다. 시스템 안에 있는 부동산들도 점점 성장하기 때문이다. 그런데 간혹 이런 경우도 발생한다. 성장은 하되, 시스템은 약해지는 경우다. 대표적으로, 아파트의 연식이 쌓이면서 재건축 가능성이 생길 때다. 그렇게 되면 재건축의 가능성으로 매매가는 올라도 전세금 상승분은 크지 않은 상황이 벌어진다. 이때는 결정하면 된다. 과감하게 매도해서 좀 더 강력한 전세 레버리지형 부동산 시스템을 갖출 대상으로 옮길 것인지, 어차피 매매가는 오르고 있으니 이런 물건 하나쯤은 그냥 냅둘 것인지를 말이다.

이처럼 적절히 관리만 해줘도 전세 레버리지형 부동산 시스템은 꾸준히 작동한다. 수익형 부동산이 열심히 수익을 만드는 동안에도 쉬지 않고, 전세금 상승분을 내놓는 것이다. '경제적 자유 달성을 위한 20년 프로젝트'가 모두 완성되면 다음과 같은 모습이 된다.

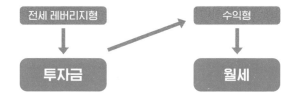

이 상태에서 다시 10년이 지나면 다음과 같이 된다.

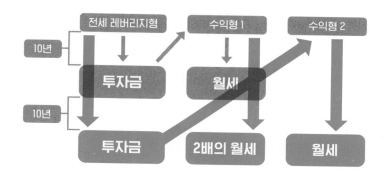

전세 레버리지형 부동산 시스템에서 나온 자금으로 또다시 수익형 부동산을 살 수 있게 되고(수익형 부동산 2), 기존의 수익형 부동산 1은 10년 동안 꾸준히 월세를 올려왔기에 월세가 2배가 되며, 또 새롭게 세팅한 수익형 부동산 2에서 바로 월세가 나오기에 월수익이 추가로 발생하는 것이다.

만약 전세 레버리지형 부동산 시스템에서 1억 원이 나오는 수준일 때 수익형 부동산을 마련했다면 다음 페이지 표와 같은 수익이 발생할 것이다. 결국 1단계에서 연 1억 원 이상의 투자자금을 확보할 수 있는 시스템을 만들어두면, 월수익 500만 원에서 끝나는 것이 아니라 그 시스템을 유지하기만 해도 월수익이 1,500만 원까지 저절로 늘어나게 된다. 물론, 1단계에서 3억 원 이상의 투자자금을 확보했다면, 더 큰 수익이 만들어질 것이다.

당신이 이러한 시스템을 갖췄다고 가정하고 한번 상상해 보라.

	수익형 부동산 1	수익형 부동산 2
자산 가치	10억 원	
수익률	6%	
연수익	6,000만 원	
월수입	500만 원	
10년 후	자산 가치 2배 상승	
자산 가치	20억 원	10억 원(신규 매입)
수익률	6%	6%
연수익	1억 2,000만 원	6,000만 원
월수익	1,000만 원	500만 원
월수익 합	1,500만 원	

돈 걱정이 사라진다. 2개의 바퀴가 계속 굴러가고 있기 때문이다. 첫 번째 바퀴는 계속 굴러가면서 투자자금을 내어주고, 두 번째 바퀴는 굴러가면서 계속 수익을 선사한다. 투자자금이 모이면 더 좋은 투자 대상으로 갈아탈 수 있고, 수익형 부동산을 추가로 매수할 수도 있다. 수익형 부동산을 추가로 매수하면 당연히 수입도 더 늘어난다. 물론, 인간의 욕심이란 것이 끝이 없으므로 아무리 돈을 많이 벌어도 더 많이 벌고 싶을 수는 있겠지만, 이 정도가 되면 최소한 돈 때문에 걱정할 일은 사라진다는 것이다. 그야말로 경제적으로 자유로워지는 것이다. 20년 만에 이런 시스템을 만들 수 있다면 정말 대단하지 않은가?

물론, 20년이란 세월이 결코 짧은 시간은 아니다. 그런데 생각해 보라. 20년이란 세월을 보내면서 그 어떤 큰 고생이라도 했는가?

먹고 싶은 것 못 먹고 사고 싶은 거 못 산 것도 아니고, 무엇보다 이를 위해 엄청난 희생을 감수하고 노력한 것은 아니지 않은가? 시스템에 대한 개념을 이해하고 1년에 1채씩 세팅한 게 전부다. 그리고 대부분의 열정은 삶 그 자체에 쏟고, 인생에 소중한 것들을 놓치지 않으면서 시간을 보냈을 것이다. 그렇게 인생을 제대로 살면서 세월을 흘려보냈더니, 경제적인 자유에 도달했다면 그야말로 최고의 인생을 산 셈이 아닌가? 이것이 바로 시스템의 힘! 이것이 바로 경제적 자유를 위해 김사부가 제안하는 최고의 솔루션이다.

경제적 자유를 위한 길은 험난하다?

경제적 자유를 얻기 위해서는 시스템이 중요한데, 이 시스템을 만드는 것은 생각보다 어려운 일이 아니다. 그런데 많은 사람이 경제적 자유를 위해서 얼마의 자금이 필요할까를 생각할 때 엄청난 오해를 한다. 한번 다음을 살펴보자.

우선 사람들은 생활비로 월 1,000만 원 정도가 필요할 경우 다음처럼 계산한다.

투자금	20억 원
수익률	6%
수익금	1억 2,000만 원
월수익	1,000만 원

여기서 끝이 아니라, 본인이 거주할 집도 필요하다. 이 정도 규모를 생각하는 사람이라면, 거주할 집으로 최소한 15억 원 정도 되는 아파트를 생각할 것이다. 그렇다면 총 35억 원의 자금이 필요하다. 35억 원을 마련하려면 1년에 1억 원씩 모은다고 해도 35년이 걸린다. 그렇다 보니 죽어라 일만 한다. 목적은 오직 하나, 편안한 노후를 위해서다. 편안한 노후를 위해서 매우 편안하지 않은 35년을 보내는 것이고, 편안한 휠체어를 타기 위해 35년간을 휠체어 만드는 일만 하면서 꽃 같은 청춘을 보내는 것이다.

이것이 바로 부동산 투자 시스템을 알지 못하는 사람의 인생이다. 시스템을 알고 시스템을 구축해서 풍성한 삶을 누릴 것이냐, 아니면 시스템을 무시하고 그저 일벌레로 한평생을 보낼 것이냐는 본인의 선택에 달렸다.

그런데 여기까지 읽고 나니 감동적이긴 한데, 어딘지 모르게 찜찜한 기분이 들 수 있다. 아마도 다음 두 가지 의문 때문일 것이다.

하나, 그럼 내 집 마련은 어떻게 해?
둘, 주택 수가 늘어나면 세금이 엄청 많지 않을까?

매우 타당한 의문이다. 그 부분은 어떻게 해결할 것인가? 이제부터 살펴보자.

내 집 마련보다 시스템이 우선이다

대부분의 사람이 부동산에 관심을 갖게 되는 계기는 내 집 마련에 문제가 생겼을 때다. 그래서인지 이르면 30대 중반 혹은 40대가 많다. 이들의 부동산 공부 목표가 '내 집 마련'이 대부분인 것도 이와 관련 있다.

그런데 결론적으로 말하자면, 내 집 마련을 해야 한다는 고정관념은 완전히 버리는 것이 좋다. 오히려 가장 나중에 해야 하는 것이 내 집 마련이다. 나중에 여건이 되면 하고, 심지어 이래저래 여건이 되지 않으면 안 해도 상관없다는 게 개인적인 생각이다.

이렇게 생각해 보자. 내 집은 있으나 평생 돈 때문에 매우 쪼들리는 삶과 내 집은 없으나 평생 경제적으로 여유 있는 삶이 있다, 둘 중에 무엇을 선택해야 할까? 당연히 후자다. 쉽게 말해서 돈만 많으면 내 집 따위는 없어도 상관없다. 내가 소유하지 않을 뿐이지, 얼마든지 내가 살고 싶은 집을 선택해서 사는 것이 가능하기 때문이다. 주인이 전세금을 올려달라고 하면 올려주면 되고, 월세를 올려달라고 하면 올려주면 된다. 살다가 뭔가 단점을 발견해서 불편해지면 다른 곳으로 거주지를 옮기면 되고, 나의 환경이 갑자기 바뀌어 그에 맞는 다른 집이 필요하면 그곳으로 이사하면 된다. 이 모든 것이 '돈'이 있으면 가능하다.

반면 내 소유의 집은 있으나 돈이 없으면, 이 모든 것이 불가능해진다. 갑자기 목돈이 필요한 일이 생겨도 돈 나올 데가 없으니 전전긍긍하게 된다. 설령 소유한 집값이 올랐다고 해도 집을 쪼개서 팔 수도 없는 일이고, 배짱 좋게 대출을 더 받아서 그 돈을 쓰는 것도 힘들다. 유사시에는 집을 팔면 되지 않나? 즉, 내 집을 마련해 편안하게 살고 있다가 돈이 필요한 상황이 되면 한껏 가격이 오른 그 집을 팔면 모든 문제가 해결되지 않나 싶을 것이다. 그러나 유사시에 '내 집'을 판다는 건 생각보다 어려운 일이다. 우선 집을 소유하고 그곳에서 오랫동안 거주했다는 건, 집뿐 아니라 그 지역의 환경 모두가 내 삶의 터전이 되었다는 의미다. 그런 상황에서 삶의 터전을 뒤로하고 다른 지역으로 떠난다는 건 심리적으로 매우 힘들고 고통스럽기까지 한 일이다.

쉽게 말하자면 이렇다. 부동산 투자에 성공해서 서울 강남에 살게 되었다고 하자. 그런데 돈이 필요해서 강남의 집을 판 뒤 수도권 외곽으로 이사하고 나머지 돈을 활용한다? 과연 그런 결정을 내리기가 쉬울까? 그렇지 않다. 강남에 거주하면서 생긴 인간관계는 물론, 병원과 학원, 금융기관 등 모든 것을 바꿔야 하기 때문이다. 게다가 어쩐지 하향하는 기분이 들어 더욱 그렇다.

문제는 또 있다. 소유한 강남의 주택 가격이 계속 오를 것 같은 예측도 발목을 잡는다. 가격이 오를 것 같으니, 아까워서 매도할 수 없게 된다. 당장 돈이 급한데도 집을 매도할 수 없는 것이다. 마치 불길 속에서 손을 급히 빼야 하는데도 손에 쥔 떡을 놓지 못해 손바닥을 펴지 못하는 미련한 꼴이 되는 것이다. 그럼 살던 집에 전세를 놓고 다른 곳에 전세를 구해서 가면 되지 않을까? 그것도 쉽지 않다. 거주 환경이 하향된다는 기분을 떨치기 힘들고, 설령 마음에 드는 곳을 찾았다고 해도 그렇게 해서는 활용 가능한 자금이 충분하지 않기 때문이다. 반대로 가격이 오르지 않는 집을 가지고 있다면 더 문제다. 매도하려고 내놔도 잘 나가지 않을뿐만 아니라, 그 집을 팔고서 갈 데도 없다. 삶이 점점 나아져야 하는데, 나아지기는커녕 더욱 어려워지는 것이다.

이것이 바로 힘들게 내 집 마련을 한 이들이 처한 현실이다. 물론, 이상적인 사람들도 있다. 내 집도 있고 수입도 많아서, 좋은 곳에 살면서 돈도 풍족하게 쓸 수 있는 사람들 말이다. 하지만 적은 자금으로 재산을 불리면서 또 쾌적한 환경도 포기할 수 없는 대부분의 사람은 그렇지 못하다.

이러한 이유로 '내 집 마련'이라는 목표는 뒤로 미뤄두는 것이 좋다. 내 집 마련보다는 시스템을 갖추는 것이 우선이다. 그것이 훨씬 더 인생을 풍요롭게 만든다. 다시 한번 말하지만, 내 집 마련도 할 수 있고 시스템도 구축할 수 있으면 더없이 좋다. 다만 본인이 둘 다 하기에는 자금이 부족한 경우에 해당한다면, 내 집 마련이 아닌 시스템 구축을 우선하는 방향으로 계획을 세우자.

이런 상황을 생각해 보자. A와 B는 둘 다 사회초년생이다. 넉넉하지 못한 부모 밑에서 성장했고 평범한 직장에 입사했다. 보다 나은 미래를 위해 두 사람은 계획을 세웠다. A는 내 집 마련을 위한 프로젝트에, B는 전세 레버리지 투자 시스템 구축을 위한 프로젝트에 돌입했다. 10년 후 둘은 어떻게 되었을까?

보통의 직장인이라면, 1년에 1,000만 원을 모으기도 힘들지만, 희망을 품고 두 사람은 열심히 돈을 모았다. A는 청약통장을 만들었다. 그렇게 10년이 흘렀을 때 A의 통장에는 1억 원이 모였고, 10년 무주택을 유지하여 청약 시 유리한 조건이 만들어졌다. 다만 긴 세월이 흘렀음에도 A가 아파트 청약에 당첨될 확률은 여전히 매우 낮았다. 마침 결혼을 하게 된 A는 양가 부모님으로부터 1억 원씩 지원을 받게 되었고, 덕분에 2억 원의 전세금으로 신혼집을 마련했다. 그 뒤부터 A는 청약점수를 더욱 높이는 전략에 들어갔다. 그렇게 무주택으로 또 10년을 보낸 A. 그사이 아이도 낳았는데, 양육비가 나가다 보니 맞벌이였음에도 연간 1,000만 원을 모으기도 힘들었다. 결국 10년 후에 A의 통장에는 다시 1억 원가량이 모였고 그렇게 총 2억 원의 자금이 생겼다. 그리고 드디어 청약에 당첨됐다! A는 살고 있던 집의 전세 보증금 2억 원과 모은 돈 2억 원에 나머지 2억 원은 대출을 받아 시세 10억 원짜리 아파트를 6억 원에 매수했다. 그렇게 A는 가족들과 함께 10억 원짜리 아파트에 입성하게 되었다.

그럼 B는? B도 직장생활을 하면서 열심히 저축했다. 그리고 3,000만 원이 모일 때마다 적당한 부동산을 매입했다. 그렇게 10년이 흘렀을 때 B는 본인 소유의 부동산이 3채가 되었다. 그 역시 결혼하게 되었다. 우연이긴 하지만, B도 A처럼 양가 부모님의 지원을 받아 2억 원의 자금이 생겼다. 다만 B는 그 자금으로 2억 원짜리 전셋집 대신 보증금 1억 원짜리 월셋집을 구하고, 남은

1억 원으로는 5,000만 원 정도 투자금이 들어가는 부동산 2채를 추가 매입했다. 그렇게 세월을 보내는데, 이게 웬일인가? B가 소유한 5채의 부동산에서 매년 5,000만 원 정도의 전세금 상승분이 나오는 것이다. 덕분에 B는 10년간 무려 10채의 부동산을 추가로 매입할 수 있었다. 그렇게 10년을 지내다 보니, B 소유의 부동산은 총 15채가 되었고, 매년 나오는 전세금 상승분만 1억 원이 조금 넘게 되었다. B는 소유한 부동산 중 2채를 팔아서, 좀 더 넓은 전셋집을 구했다. 그래도 여전히 소유 중인 부동산 13채를 통해 매년 들어오는 전세금 상승분만 1억 원이었다. 다만 자신이 거주하는 집의 주인에게 2년마다 전세금을 올려줘야 하기에, 투자 자산에서 나오는 전세금 상승분 1억 원을 모조리 투자자금으로 쓸 수는 없었다. 그래서 B는 그중 일부는 본인이 거주하는 집의 전세금 상승분으로, 나머지 자금은 부동산 투자자금으로 써야겠다고 마음먹었다.

자, A와 B 중에서 어느 쪽이 경제적으로 나아 보이는가?

물론, 여기까지의 삶만 비교해 보면, 격차가 크게 나는 건 아니다. B가 A에 비해 가진 부동산의 채수는 많지만, 사실상 자잘한 것들이고 또 전세금 상승분을 이용해서 자산을 키웠기 때문에 정작 순자산을 계산해 보면 딱히 늘었다고 볼 수 없다. 물론 평가수익을 계산하면 B도 어느 정도 순자산의 규모가 불어났을 테지만, 번듯한 아파트를 소유하게 된 A에 비한다면 그다지 대단한 것은 아니다.

중요한 것은 그다음이다. 13채의 부동산 자산을 구성한 B의 경우, 이제 자산의 증식이 매우 급격하게 일어날 것이다. 반면 A의 경우 그 이상의 희망은 없다. 내 집은 마련했으나 그다음 단계가 막막한 것이다. 청약에 2번 당첨될 수도 없고, 매년 1,000만 원씩 모으는 것 정도가 희망이랄까. 아니. 승진이 되어 수입이 늘어난다면, 매년 1,500만 원 정도는 모을 수 있지 않을까? 그런데 막상 그것도 힘들 것이다. 수입이 늘어나는 것보다 자녀들이 자라나는 속도가 더 빠를 테니까. 게다가 대출받은 2억 원에 대한 이자도 매달 꼬박꼬박 내야 한다. 그렇다 보니 오히려 돈을 모으는 속도가 점점 더 느려지는 것 같은 느낌이 들 것이다. 그나마 위안이 되는 것은 내 집에 대한 평가수익이 올라간다는 것인데, 사실 이는 그야말로 퇴직금 같은 것으로, 삶의 끝자락에 다다라야만 겨우 손에 쥘 수 있을까 말까 한 자금이다.

시간이 흐를수록 늘어나는 생활비와 자녀의 학자금 마련을 위해 A는 자신 소유의 집을 비과세로 매도하는 방법을 생각했다. 그렇게 되면 세금을 내지 않을 수 있어서 좋지만, 결국 새로운 주택을 정할 때 직장과 멀어질 것을 각오하고 아이들의 학교도 옮기거나, 그게 아니라면 같은 거주 지역의 평수를 줄여서 거주해야 한다.

밤을 지새우는 고민 끝에 A는 비과세 혜택을 받고 자신 소유의 아파트를 매도한 뒤 그 자금으로 같은 수준의 아파트 단지에 전세로 들어갔다. 그러면서 계속 이렇게 되뇌었다. '이제 아파트값은 더 오르지 않아. 그러니 팔길 잘한 거야.'

과연 시장이 그의 생각대로 움직여줄까? 몇 년 후, 매도한 집의 가격이 더 오르고 거주하는 아파트의 전셋값은 폭등하면 어떻게 될까? 결국 오른 전셋값을 감당할 수 없어지면, A는 선택의 여지도 없이 외곽으로 밀려나는 상황이 된다. A에게 남는 것은 그저 '아이들 잘 키웠으면 됐다'라는 위안일 것이다.

B의 삶은 어떤가? B는 그로부터 10년이 지나도 여전히 집을 마련하지 못했다. 시스템 구축을 위해 모든 자산을 투자용으로 깔아놓은 것도 문제이지만, 정부의 규제까지 나와서 추가로 주택을 매수하는 데 비용이 너무 많이 드는 데다가, 다주택자로서 청약은 어림도 없기 때문이었다. 그래서 B는 내 집 마련은 포기하다시피 했다. 다만 보유 중인 부동산에서 나오는 1년 전세금 상승분이 1억 원이 넘다 보니, 그 자금 중 2,500만 원은 거주할 집에 사용하기로 했다. 즉 2년간 5,000만 원은 거주 중인 전세금 상승분으로 쓰기로 한 것이다. 그랬더니 주거가 불안정해질 이유가 사라졌다. 딱 한 번, 직접 거주하겠다는 주인 때문에 이사한 적이 있지만, 대부분은 모두 전세금을 올려주고 계속 거주할 수 있었다. 게다가 10년쯤 지나니, 투자 자산에서 나오는 전세금 상승분이 연간 1억 5,000만원에 이르러 2년마다 3억 원이 나와서 본인의 거주할 집을 위해 1억 원 정도는 써도 되는 수준이 됐다. 그래서 B는 좀 더 좋은 집으로 이사하기로 했다. 비록 본인 소유의 집은 아니지만 좋은 집으로 이사해 보니 '이래서 좋은 집에 사는 거구나'를 여실히 느끼게 되었다.

주변 사람들은 B에게 이렇게 말했다. "내 집도 아니니 못 하나 마음대로 박지도 못하고 불편하지 않아?" 그때마다 B는 이렇게 대답했다. "당연히 불편하지. 그런데 못 하나 마음대로 박지 못해 불편한 것이 쓸 돈이 없어서 쩔쩔매는 것보다 훨씬 나아."

또 다른 사람들은 B에게 이렇게 말했다. "내 집도 아닌데, 나중에 전세금 많이 오를까 봐 걱정되지 않아? 돈 없으면 쫓겨나야 하잖아." 그때도 B는 이렇게 대답했다. "전세금이 많이 오르면, 우리 집만 오르는 거 아니야. 내 투자 자산들에서 나오는 전세금 상승분이 더 많거든. 그러니 전세금이 많이 오르면 그 돈으로 올려주면 돼. 그리고 투자 자산에서 나오는 전세금이 더 많아지면 더 좋은 집으로 이사할까 생각 중이기도 하고."

어떤가? 누구의 삶이 더 괜찮아 보이는가? 그런데도 이 같은 개념을 이해하지 못하는 수많은 사람이 '내 집 마련'을 지상 최대의 목표로 삼고, 오로지 이를 위해서만 부동산을 공부하는 것이 안타깝다. 고정관념을 깨면, 좀 더 풍성하고 여유로운 삶이 기다리는데 말이다.

이전 정권에서 집값의 급등을 잡아보고자 내세운 슬로건이 있다. '집은 사는 것to buy이 아니라 사는 것to live입니다.' 내가 밀가루를 잔뜩 사서 빵 장사를 하든, 내가 자동차를 여러 대 사서 렌터카 사업을 하든 이는 아무 문제가 없지만, 오직 집만큼은 여러 채를 사면 안 된다는 발상엔 도대체 어떤 논리가 적용되는 것인지 이해할 수 없지만, 그런데도 많은 사람이 이 같은 정치적 선동에 휘둘린 것이 사실이다.

다만 아이러니하게도 나는 바로 그 정치적 슬로건을 내 집 마련에는 적용하라고 이야기하고 싶다. '내 집만은 사는 것to buy이 아니라 사는 것to live입니다'라고. 내 집 마련만큼은 오히려 그렇게 생각할 필요가 있다. 좋은 환경에서 안정적으로 거주할 수 있으면 되는 것이지, 꼭 그 집을 소유할 필요는 없다. 돈만 있으면 얼마든지 좋은 집에서 거주할 수 있다. 반드시 내 집을 소유해야만 주거가 안정되고 모든 생활이 풍성해지는 건 아니다. 오히려 달랑 집 한 채만 있어서 매번 쪼들리고 미래가 없는 삶을 살게 되어 더욱 불안하게 될 수 있다.

결론이 무엇인가? 거주해야 할 내 집은 다음과 같은 시스템으로 해결하라는 뜻이다.

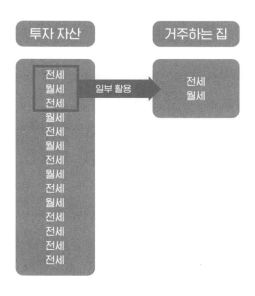

내 집 마련부터 하려고 애쓸 것이 아니라, 그림과 같이 투자 자산을 먼저 만들고 거기서 나오는 자금 중 일부를 활용해서 내가 거주할 집의 전·월세를 충당하는 형태다.

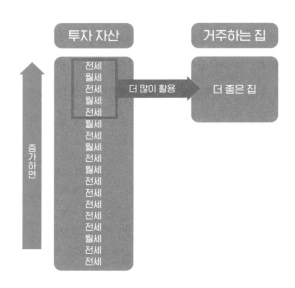

그러다가 투자 자산에서 나오는 자금이 더욱 커지면 내가 거주할 집도 더 좋은 데로 옮겨갈 수 있다. 이 얼마나 놀라운 발상의 전환인가? 하지만 보통 사람들은 대부분 오른쪽 페이지의 그림처럼 생각한다. 자꾸만 더 좋은 집으로 이사하거나, 더 상급지로 보이는 곳으로 옮겨갈 수 있으면 성공한 것이라고 말이다. 쉽게 말해, 사고팔고, 사고팔고 해서 결국 서울 강남에 입성하면 성공한 것이라고 여긴다. 그것이 정말 성공이라면 어떻게든 할 수는 있을 것이다. 다만 대부분의 경우, 그렇게 성공하기까지 매우 오랜 시간

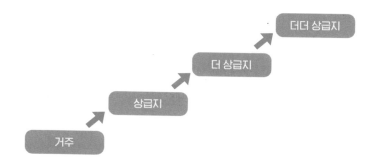

본인의 젊음과 가족과 행복한 삶 대부분을 희생해야 한다. 게다가 더 결정적인 문제는 그렇게 해서 꿈에 그리던 상급지로 가본들 인생이 크게 달라지지 않는다는 것이다. 성공의 기쁨을 누리는 건 길어야 1년이다. 그 이후부터 주변에는 나의 성공 따위엔 아무 관심조차 없고 이를 그렇게 대단하게 여기지도 않는 부자들이 널려 있다는 걸 피부로 느끼게 되고, 생활은 여전히 쪼들린다는 사실에 한숨이 나오다가, 어느덧 이렇다 할 추억도 없이 훌쩍 늙어버렸다는 사실에 인생의 허무함을 깨달을 뿐이다.

그러니, 이제 내 집 마련이라는 개념을 확 바꾸자. 상급지로 가지 말라는 것이 아니다. 더 좋은 집에서 살아라. 더 멋진 집에서 거주하는 것을 꿈꿔라. 다만 꼭 집을 소유해서 살려고 하지 말고, 시스템을 이용해서 살자. 시스템을 만드는 것은 필수이고, 내 집을 소유하는 것은 해도 그만, 안 해도 그만이다!

세금, 부자가 되기 위해 반드시 넘어야 할 장벽

요즘은 부동산 관련 세금이 너무 많아서 어떻게 부동산 투자를 하느냐며 걱정하는 이가 많다. 물론, 현시점 부동산 관련 세금은 비정상적으로 과다하고 과중하기에 반드시 정상적인 수준으로 돌아갈 것이다. 다만 정상적인 수준으로 돌아간다고 해도 자산이 커지면 커질수록, 수입이 많으면 많을수록 세금은 상당히 많아진다. 그게 원칙이다. 일반 양도세율을 봐도, 부동산을 양도함으로써 생긴 소득이 1억 5,000만 원을 넘으면 38%이고, 지방소득세까지 포함하면 40%가 넘는다. 양도세율에만 한정되는 건 아니다. 일반 소득세율도 동일한 구조를 갖추고 있다. 이뿐만이 아니다. 부동산의 경우 보유하는 자산이 많아지면 보유세가 급격히 늘어난다. 물론 일반 소득의 경우에도 소득이 늘면 세율구간만 올라가는 게 아니라, 국민연금과 건강보험료도 급격하게 올라간다. 특히 건강보험의 경우 직장인이라면 급여에 따른 건강보험을 내지만, 그 외 수입이 연간 3,400만 원을 넘으면 직장인으로서 급여에 대한 건강보험을 냈다고 해도 추가로 건강보험료를 더 내야 한다(근로소득 외 추가 소득에 대한 기준도 더 낮아질 예정이라고 한다).

또 있다. 부동산의 채수가 늘어남에 따라 보유세만 느는 건 아니다. 보유 중인 부동산이 3채 이상이 되면, 모든 전세금을 합쳐 간주임대료라는 것을 내야 하고, 월세 수익이 있으면 소득에 따라 소득세도 내야 한다. 이는 종합소득세에도 합산되고, 또 건강보험

양도소득세율

구분	세율	누진공제	가산세율	
1,200만 원 이하	6%	0원	조정지역 내 2주택 이상/ 비사업용 토지 +10 %	조정지역 내 3주택 이상/ 조정지역 내 비사업용 토지 +20 %
4,600만 원 이하	15%	108만 원		
8,800만 원 이하	24%	522만 원		
1억 5,000만 원 이하	35%	1,490만 원		
3억 원 이하	38%	1,940만 원		
5억 원 이하	40%	2,540만 원		
5억 원 초과	42%	3,540만 원		
위 세율은 2년(주택 1년) 이상 보유 시 적용				
1년 미만 보유	50%(주택, 조합원입주권 40%)		단일세율 or 기본세율+가산세율 중 더 높은 것을 택함	
1~2년 미만 보유	40%(주택, 조합원입주권 일반세율 6~42%)			
미등기 양도	70%			
조정대상지역	분양권(주택) 전매 시 50% 단일세율 적용(18.1.1.~)			
신축 건물	신축 건물에 환산가액 신고 시(비과세 대상 제외) 5년 이내 매도할 경우 건물분 환산가액의 5%를 양도세에 가산			

2022년 현재, 중과세율은 한시적으로 사라진 상태이고, 향후 완전히 사라질 가능성이 클 것으로 보인다. 단 중과세율이 없다고 해도 소득이 증가함에 따라 세율은 매우 높아진다는 걸 알 수 있다.

료까지 추가로 내야 하는 상황으로 이어질 수 있다. 그야말로 세금 폭탄이 되는 것이다.

따라서 이를 처음 경험하게 된 사람들(대개는 부동산으로 돈을 빨리 번 이들이다)은 엄청난 당혹감에 휩싸인다. 그동안 부동산을 통해 기적같이 돈이 증식하는 걸 체험했는데, 아무리 결과가 좋아도 세금으로 모두 빼앗길 것 같으니 고민에 빠질 수밖에 없다.

이 같은 상황에서 벗어날 수 있는 방법은 없는 걸까? 결론부터 말하자면, 세금을 피할 방법은 없다. 설령 누군가가 세금을 피하는 방법을 알려준다고 해도 불법일 경우 더 큰 폭탄을 안고 살아가는 것이나 마찬가지가 된다. 언젠가 그 폭탄이 터지는 날에는 상상을 초월하는 충격을 받을 수 있으니 아예 시도하지 않는 편이 낫다. 그렇다면 어떻게 해야 할까? 방법은, 그냥 세금을 내는 것이다. 애초에 자산이 늘면 어차피 이익의 절반은 나라의 것이라고 생각하는 것이 가장 마음 편하다.

이것이 현실이다! 그래서 나는 언론이나 유튜브 채널 같은 곳에 나와서 1년 만에 10억 원을 벌었다, 20억 원을 벌었다고 하는 이들을 매우 의심스럽게 여긴다. 10억 원을 벌려면 실제로는 20억 원을 벌어야 한다. 절반은 세금이기 때문이다. 이를 감안하면 그렇게 많은 돈을 버는 건 현실적으로 어렵다. 그 말이 사실이라면, 불법적으로 세금을 포탈했든 세전 금액을 떠벌렸든 한 것이다. 그 정도로 큰돈을 벌면 바로 '세금'에 대한 압박이 얼마나 큰지 피부로 느껴지기에 그렇게 떠벌리고 다니기 힘들다. 그런데도 아무렇지도 않게 10억, 20억 원을 벌었다고 떠벌리고 다니는 건 세금을 내보지 않아서거나 어쩌면 그만큼 돈을 번 것이 아니라 '그만큼 돈을 번 셈이다' 정도를 과장해서 이야기한 것일 가능성이 크다.

결론적으로, 소득이 많아지면 많아질수록, 자산이 커지면 커질수록 세금은 매우 급격하게 늘어나고, 세금 부담의 수준은 소득의 거의 50%에 달한다고 생각해야 한다. 물론, 탈세가 아닌 절세 방법은 있다. 부부 명의를 활용하거나 자녀에게 일찍 증여하는 것이다. 하지만 이러한 절세 방법까지 동원해도 세금 부담비율 50% 선에서 크게 낮아지진 않는다. 이러한 이유로 결국 버는 것의 반은 나라 것이라고 생각하는 게 낫다는 말이다.

그런데 다음의 자산 증식 과정을 살펴보자.

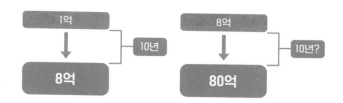

예를 들어, 어떤 사람이 1억 원을 가지고 10년 만에 8억 원을 만들었다고 해보자. 무려 10배나 증식시킨 것이다. 이런 경험이 있다면, 순자산 8억 원을 가지고 다시 10배인 80억 원을 만드는 데도 10년이 걸리리라 예상할 것이다. 그런데 전혀 그렇지 않다. 이 때부터는 세금을 심각하게 고려해야 한다. 세금을 감안해 향후 증식 속도를 계산해 보면 이렇다. 10년 만에 10배로 증가시켰으니, 결국 3.3년마다 순자산을 2배로 증가시킨 셈이다.

3.3년마다 자산이 2배로 증가한다면, 8억 원 이후부터 자산이 증가되는 속도가 다음과 같다.

3.3년마다 2배로 순자산이 늘어나긴 했으나, 세금이 50%이므로 세금을 내고 나면, 8억 원에서 4억 원이 증가한 셈이고, 3.3년 만에 순자산은 12억 원으로 증가한다. 또다시 3.3년이 지나면 12억 원을 벌 수 있으나, 번 돈의 절반인 6억 원을 세금을 내야 하므로, 순자산은 18억 원이 된다. 그리고 다시 3.3년이 지나 세금을 내고 난 순자산의 크기를 보면, 27억 원이 되는 것이다.

결국 계산해 보면 초기 10년 동안은 8배 증가해도 그 이후 10년 동안은 약 3.4배 증가한 것으로, 증가율이 매우 떨어졌다는 걸 알 수 있다.

하지만 자산의 규모가 얼마나 증가했나를 보자.

1억 원으로 8억 원을 만드는 데, 즉 7억 원을 버는 데 10년이 걸렸지만, 그다음 10년 동안은 무려 7억 원의 3배 가까이 되는 19억 원을 벌게 되었다. 세금을 모두 냈음에도 그렇다. 어떤가? 세금을 모두 낸다고 해도 자산의 증식 속도는 빨라진 것이다.

다시 말해, 세금을 50%씩 낸다고 해도 자산을 증식시키는 데는 큰 문제가 없다는 말이다. 아니, 오히려 자산을 증식시키는 속도는 점점 빨라진다. 그럼에도 불구하고 사람들은 이를 받아들이질 못해 머리를 싸매고 고민한다. 인간의 욕심은 끝이 없고, 일단, 자산을 10배로 불리는 데 10년이 걸린 경험 때문에 또 10년 만에 10배를 불리고 싶은 강렬한 욕망에 사로잡히기 때문이다.

현실에서는 이런 부분 때문에 고민하는 사람들이 상당히 많다.

투자를 통해 2억 원을 벌었고, 세금을 10%를 냈다고 해보자. 그러면 순자산은 1억 8,000만 원이 증가한 셈이다. 그렇게 자금을 불려오던 어느 날, 5억 원을 벌 수 있는 투자처가 보인다. 그래서 투자하려고 했는데, 5억 원을 벌어봤자 세금으로 2억 원 정도를 내야 한다는 걸 알게 된다. 바로 여기서 사람들은 크게 망설인다. 심지어 '세금을 이렇게 낼 바에야 하지 않는 게 낫지 않을까?'라는 생각까지 하는 것이다.

그런데 위의 그림에서 숫자상으로 봐도 금방 알 수 있듯, 결국 중요한 것은 순자산의 규모가 늘어나는 것이지 세금을 얼마나 떼느냐가 아니다. 1억 8,000만 원을 벌 기회와 3억 원을 벌 기회가

있다면, 당연히 후자를 택해야 한다. 그런데도 사람들이 망설이는 건 '일단 내 손에 들어온 돈은 모두 내 돈'이라고 여기는 심리적 함정에 빠지기 때문이다. 인간은 본래 원래 손실에 더 강력하게 반응하게 되어 있다. 이러한 손실회피성향 때문에 이익보다는 손실에 훨씬 더 예민하게 반응한다. 번 돈에서 상당 부분을 세금으로 내야 하면 마치 내 것을 빼앗기는 것 같은 고통을 느끼므로, '그러느니 차라리 하지 말자'라는 매우 비합리적인 선택을 하는 것이다. 특히 일반 직장인의 경우에는 세금에 대한 압박을 크게 느껴본 적이 없을 테니 더더욱 그렇다. 사실 직장인들이 세금을 적게 내는 건 결코 아니다. 그런데 직장인들은 급여를 받을 때 아예 세금을 떼고 받는다. 그 액수가 적지 않아 심지어 연말정산 때 너무 많이 낸 세금을 돌려받기도 한다. 그렇다 보니 심리적으로 내 것을 빼앗겼다는 생각을 할 겨를이 없고, 연말정산을 받으면 오히려 보너스를 받았단 느낌까지 드는 것이다. 이런 방식에 익숙한 상황에서 부동산 투자의 세계를 경험하게 되면, 자산이 늘어날수록 매우 심각한 고민과 갈등을 마주하게 된다.

이 같은 심리적 함정에서 반드시 벗어나야 한다. 자산이 늘어날수록 세금도 더 많이 내야 함을 당연하게 생각하면서, 순자산이 늘어나는 비율보다 순자산의 액수가 늘어나는 것에 기뻐하자. 그래야 내 재산을 모래 위에 쌓은 성이 아닌, 반석 위에 세운 성처럼 튼튼하고 안전하게 만들어갈 수 있다.

다시 말하지만, 부동산으로 인한 소득에는 세금이 많다. 일단 부동산 자산이 늘면, 실제 양도해서 소득이 생긴 것이 아닌데도 종부세와 재산세 등 보유세도 점점 늘어난다. 그리고 이러한 세금은 정권에 따라 오르내리기를 반복한다. 다만, 정치권에 따라 세율이 자꾸 변경되더라도 자산이 늘면 세금도 는다는 원칙에는 변함이 없다. 그러니 이런 '부자세'는 당연하게 받아들이는 게 현명하다. 또한 '세금 때문에 부동산 투자를 못 하겠다'라는 함정에 빠지지 말자. 세금을 내고도 이익이 더 남으므로 부동산 투자를 하는 것이다. 물론, 이 말이 세금 걱정을 할 필요 없이 무조건 부동산 투자를 하라는 뜻은 결코 아니다. 세금이 50%가 아니라, 120%가 될 수도 있으니까. 그런 경우라면 당연히 투자를 하지 말아야 한다. 이러한 이유로 자산이 늘면 늘수록 세금 분석은 매우 철저히 해야 한다. 그게 귀찮은가? 그것이 겁나는가? 이는 그처럼 자산이 많이 불어났을 때 고민할 일이니, 벌써부터 고민할 필요는 없다. 다만, 부동산 투자를 하면서 세금이 50%라는 말에 놀라서 돌아서는 일은 없어야 한다는 걸 '투자의 정석'으로 기억하면 좋겠다.

3장

탁월한
투자자의 정석

핵심 부동산 투자로
경제적 자유 얻기

부동산 활황, 생각보다 길지 않다

정말 그렇다. 부동산 활황기는 그리 오래가지 않는다. 앞서 언급했듯 대부분의 사람이 부동산 시장에 관심을 기울이는 시점은 이미 부동산 가격이 한참 오른 후다. 부동산 경기가 좋지 않을 때는 눈길도 주지 않다가 부동산 가격이 많이 오르고 매스컴에서 연일 '부동산 가격이 치솟았다', '청약경쟁률이 몇십 대 일이다', '완판이 되었다', '프리미엄이 얼마에 형성되었다' 등의 보도를 쏟아내면 그때서야 비로소 흘깃 눈을 돌리는 것이다.

이런 사람들이 부동산 투자에 관심을 가지게 되었다고 해서 바로 투자에 돌입하는 건 아니다. 일부 '묻지 마 투자'를 하는 사람도 있긴 하지만, 대부분의 사람은 고민한다. 막상 부동산을 매수하려고 보니 부동산 가격이 그사이 너무 많이 오른 것이다. 그러니 매수하기가 망설여진다. 지금 사도 되는 것인지 너무 늦은 것은 아닌지 고민하고 갈등한다.

지역을 선정하는 것도 마찬가지다. 여기저기 둘러봐야 하는데, 그렇게 하다 보니 시간이 자꾸만 흐른다. 시간을 보내는 사이에도 부동산 가격이 계속 오르는 걸 보며 조급한 마음에 결국, 매수를 결정한다. 그런데 매수를 결정하고 나면 그때가 부동산 가격이 거의 꼭대기이거나 꼭대기 근처다. 이 같은 이유로 실제로 부동산 활황이 생각보다 짧다고 이야기한 것이다.

대한민국 부동산 역사상 가장 긴 기간 상승이 이어진 시기는 2001년부터 2008년까지다. 2004년에 잠시 부동산 침체기를 맞긴 했지만 다시 1년 만에 상승세로 돌아선 후 과거의 고점을 돌파했으므로 2004년 역시 대세상승 기간에 있었다고 봐야 한다. 어찌 됐든 이렇게 긴 기간 동안 부동산 가격이 상승했는데도 놀라운 것은, 실제로 이 기간에 큰 수익을 낸 사람은 극히 일부에 불과하다는 것이다. 대부분의 사람은 그저 평범한 정도의 수익을 올리거나 오히려 하우스 푸어로 전락했다. 부동산 활황이라는 것이 이렇다. 역사적으로 가장 긴 시간 동안 상승세를 보였던 이 시기에 엄청나게 큰돈을 번 사람들이 탄생한 것은 사실이지만, 구체적인 숫자로 따지면 그렇게 많지 않다. 부동산 투자로 성공할 확률이 그렇게 높지 않다는 걸 알 수 있다.

내가 강의 때 이런 이야기를 하면 많은 사람이 이렇게 말한다.

"부동산 불황기에 이런 이야기를 좀 해주시지!" 실제로 부동산 불황기에도 나는 이렇게 말하고 다녔다. 바로 지금 투자해야 한다고 말이다. 문제는 부동산 불황기에는 강의를 들으러 오는 사람들이 매우 적다는 것이다. "그럼 책이라도 좀 내주시지!" 물론 책을 출간하려고도 했다. 그런데 출판사가 책을 내주려고 하질 않는다. 이럴 때 책을 내봐야 팔리지 않기 때문이다.

결국 이런 식이다. 투자는 불황기에 하는 것이 가장 좋은데, 막상 이때 투자할 수 있는 사람들은 적다. 이때 투자하는 사람들을 일컬어 '고수'라고 부른다. 그럼 고수가 아니면 투자할 수 없는 것인가? 그렇지 않다. 최고의 타이밍은 지나갔다고 해도 좋은 투자를 할 수 있는 방법은 얼마든지 있고, 좋은 투자를 하면 긴 시간이 흐른 뒤 상당히 좋은 성적을 거둘 수 있다.

성패의 관건은 핵심이다

중요한 건 핵심 부동산에 집중하는 것이다. 부동산 투자가 지금은 물론 앞으로도 유효하리란 건 틀림없지만, 과거에 비해 부동산 투자 환경이 훨씬 어려워진 건 사실이다. 흔히 말하는 '일단 사두기만 하면 집값이 착착 오르던 시대는 끝났다'라는 말에 나 역시 동의한다. 이는 이제 더는 부동산 시장에서 광범위한 상승이 일어나지는 않을 거란 이야기다.

'전국 주택 가격 상승률'이나 '연도별 부동산 가격 상승률' 같은 지표는 참고만 할 뿐 실전 투자에서는 사실상 거의 의미 없는 자료다. 부동산 가격의 평균이 올라간다고 내가 가진 부동산 가격이 평균만큼 올라가는 것은 아니기 때문이다. 물론 과거에는 이러한 평균 수치가 중요한 의미를 갖기도 했다. 광범위한 상승이 주기적으로 반복되었기 때문이다. 하지만 이제는 그럴 가능성이 점점 더 희박해지고 있다.

핵심 부동산이란 무엇인가? 어떠한 상황이 오더라도 가격이 꼭 오를 수밖에 없는 부동산을 말한다. 핵심 부동산이 도대체 어떤 것들인지, 왜 그렇게 되는지를 더 많이 연구해야 한다. 그러기 위해서 리스크에 강한 부동산이 어떤 것인지 알아야 하고 관련 트렌드도 파악해야 한다. 장기적으로 부동산 시장을 지배할 트렌드는 무엇일까? 사람들이 선호하는 주택이 아파트인지 단독주택인지, 중시하는 게 조망권인지 향인지, 원하는 게 대형인지 소형인지를 파악할 필요가 있다.

무엇보다 우리가 핵심에 집중해야 하는 이유가 또 있다. 우리나라 경제가 과거와 달리 매우 위험한 구간을 지나고 있기 때문이다. 과거에 비해 성장 동력은 약해졌고 외부 의존도는 더 커졌다. 우리나라 경제가 언제든 장기침체에 접어들 수도 있다는 것을 염두에 둬야 한다. 그런 상황이 온다면 부동산 시장에서 살아남을 게 무엇일까? 최소한 장기적으로 은행이자보다는 더 높은 수익을 안겨줄 대상이 어떤 것일지 깊이 생각해야 한다. 그런 의미에서 나는 지금이 시점에서 좀 더 강력하게 외치고 싶다.

"핵심, 핵심에 집중하라!"

핵심 부동산은 우선 리스크에 강하다. 어떤 상황에서도 가격이 덜 무너지고, 설령 무너진다고 해도 빠르게 회복한다. 장기적으로 볼 때도 평균보다 훨씬 높은 상승률을 보인다. 따라서 세월이 지날수록 핵심 부동산과 그렇지 않은 부동산의 가격 격차는 더욱 크게 벌어질 수밖에 없다.

핵심 부동산에 투자해야 하는 또 다른 이유는 이를 통해 내 자산의 전부를 굴릴 수 있기 때문이다. 예를 들어 각각 5억 원을 가지고 있는 A와 B가 다음과 같이 자산을 운영했다고 하자.

A의 투자

연차	투자금	수익률	수익금	자산
1년	2억 원	20%	4,000만 원	5억 4,000만 원
2년	3억 원	30%	9,000만 원	6억 3,000만 원
3년	3억 원	−5%	−1,500만 원	6억 1,500만 원
	2억 원	10%	2,000만 원	6억 3,500만 원
4년	4억 원	3%	1,200만 원	6억 4,700만 원
5년	1억 원	30%	3,000만 원	6억 7,700만 원

투자로 얻은 총 수익금 : 1억 7,700만 원

투자금 대비 수익률 : 35%

5년 후 A의 총 자산 : 6억 7,700만 원

A의 매년 수익률을 보면 놀라울 정도다. 거의 대부분 두 자릿수 이상의 수익률을 거뒀고, 손실을 입은 해는 단 한 해뿐이다. 이 정도 수익률을 올릴 수 있다면 정말 대단한 투자 실력을 갖췄다고 할 수 있다. 이제 B의 투자 결과도 보자.

B의 투자

연차	투자금	연복리	수익금	자산
1~5년	5억 원	9%	2억 6,000만 원	7억 6,000만 원

B는 5억 원으로 부동산을 매입한 것이 전부다. 5년간 이룬 부동산 수익률을 연복리로 따지면 9%인데, A가 올린 두 자릿수 수익률에 비하면 그다지 대단해 보이지도 않는다. A처럼 매년 재미있는 일도 없었다. 그런데 5년 후 총 자산을 계산해 보니 A는 6억 7,700만 원이고, B는 7억 6,000만 원이다. B의 투자 수익이 무려 1억 원가량이 많은 것이다. 도대체 왜 이런 일이 벌어질까?

A 같은 투자 방식으로는 재산 전부를 한꺼번에 굴릴 수 없다. 특성상 분산투자를 해야 하기도 하고, 단기투자를 통해서 자금이 나오면 괜찮은 수익률이 나오는 다음 투자 대상을 고르는 데까지도 시간이 걸리기 때문이다. 따라서 투자자금 전부를 한꺼번에 활용하는 것이 불가능하다. 무엇보다 A는 비교적 성공적인 사례에 해당하지만, 사실 매번 다음 투자를 선택할 때마다 성공을 거둔다는 보장도 없다. A는 3년 차에 고작 -5%의 손실을 입었을 뿐이지

만 사실 그보다 심한 손실이 얼마든지 발생할 수 있다.

그에 비해 B는 좀 바보 같아 보이는 투자를 했다. 하지만 9%라는 그리 높지 않은 수익률을 기록했음에도 5년 후 재산은 A보다 훨씬 많아졌다. 이것이 부동산 투자의 매력이다. 부동산 투자는 자산 전부를 투자할 수 있고, 그 전부를 오랜 기간 굴림으로써 보다 큰 수익을 낼 수 있다는 것이 장점이다.

다만 이러한 성공이 가능하려면, 핵심 부동산에 투자해야 한다. 연복리 9%의 결과가 모든 부동산에 적용되는 건 아니다. '9%쯤이야'라고 생각할지 모르겠지만, 결코 그렇지 않다. 부동산은 금융자산처럼 몇% 확정된 금리를 매년 제공해 주는 자산이 아니다. 자산이 늘어나는 것도 보이지 않는다. 시간이 지난 후에야 얼마나 늘었는지를 체크해 볼 수 있다. 복리로 6% 이상의 수익을 장기간 낸다는 것도 대단한 일인데, 핵심 부동산에 투자하면 복리로 6% 이상 최대 15%까지의 수익을 내는 것도 가능하다. 이것이 우리가 '당장 돈 되는 부동산'보다 '핵심 부동산'에 투자해야 하는 이유다.

그렇다면 답은 분명해진다. 부동산 투자로 큰 수익을 내고 싶다면, 핵심 부동산을 고르는 안목을 키워야 한다. 바로 그 핵심이 무엇인지에 대해 나는 최대한 정확하게 나열하고자 노력했다. 꼼꼼히 살피고 공부한다면, 어떠한 상황에서도 흔들리지 않는 막강한 투자 자산을 만들 수 있을 것이다.

재테크 동호회 친구를 믿지 마라

투자를 성공적으로 해나가려면 당연히 많은 정보를 얻기 위해 노력해야 하고, 그만큼 공부도 해야 하며, 발품도 많이 팔아야 한다. 예전에도 그랬지만 최근 들어 더욱 많은 사람이 이러한 모든 활동을 카페나 블로그 같은 다양한 온라인 사이트에서 하는 것 같다. 실제로 카페나 블로그에 소개되는 정보들 중에는 현장에서 일하는 중개인들이 올리거나 그 일과 직접적으로 관련되어 있는 이들이 써놓은 것들도 많아서 상당히 유용하다.

온라인 카페에서 각종 다양한 소식과 정보를 자주 접하게 된 이들은 한 발 더 나아가 카페 회원으로 가입해 강연을 듣고 추천서들도 읽으며 활발히 활동한다. 이렇게 투자 동지로 만난 다양한 사람들과 사귀면서 각종 도움을 주고받게 되는데, 바로 이때 주의해야 한다.

이렇게 적극적이고 매우 열성적으로 활동하는 사람들은 대체로 열심히 공부하겠다는 의지도 강하지만, 한편으로는 엄청난 부를 쟁취하겠다는 욕망, 그 꿈을 어서 빨리 이루고 싶은 조급증도 가지고 있다. 이것이 양날의 검이 된다. 투자에 대한 열정과 함께 반드시 재산을 늘리고야 말겠다는 강한 욕망이 없다면 공부는 물론 그 어떤 노력도 하지 않을 것이기에 이러한 열정은 칭찬받을 만하다. 문제는 그 이면이다. 뜨거운 열정은 빨리 부자가 되고 싶다는 조급증으로 이어지고, 생각처럼 흘러가지 않는 현실이 갑갑한 이들에겐 불만과 스트레스까지 쌓인다.

이렇게 되면 부정적인 일들이 생기는데, 그중 하나가 재테크 동호회에서 만난 친구를 너무 쉽게 믿어버리게 된다는 것이다. 친구뿐만이 아니다. 중개인, 전문가라고 할 만한 고수들도 마찬가지다. 이들을 너무 쉽게 믿어버리거나 지나치게 의지하게 된다. '빨리' 돈을 벌고 싶기 때문이다. 그들이 하라는 대로 하면 그들이 분석해 놓고 경험한 것에 쉽게 올라 탈 수 있지 않겠나 하는 기대감도 작용한다.

실제로 이들을 믿지 않는 것도 쉽지 않다. 일단 '사람을 만나면서 의심부터 해서야 되겠는가?' 하는 생각도 들고, 믿지 않는 사람과 관계를 지속시키는 것 또한 힘들기 때문이다. 하지만 의심해야 한다. 돈은 냉정하다. 딱 한 번의 실수라도 그 대가가 너무 가혹하다. 일단 그렇게 되면 누구도 책임지지 않는다.

그렇다고 해서 재테크 동호회에 가입하지 말고, 사람들도 사귀지 말라는 이야기가 아니다. 좀 시간을 두고 지켜보며 사귀라는 뜻이다. 우리 회원들 중 대부분은 상당한 기간(최소 5년 이상) 동안 내 강의를 들어왔다. 그렇다 보니 회원들 대부분은 서로 친분이 있다. 종종 모여 함께 밥도 먹고 술도 마시는 사이다. 오랜 기간 관계를 유지하면서 다양한 정보를 교환하고, 서로 약간의 경쟁을 벌이기도 하며, 힘들 때 서로 도움을 주고받기도 한다. 이를 지켜보는 입장에서 매우 흐뭇하다. 그런데 이게 하루아침에 벌어진 일은 아니다.

이렇게 되기까지 꽤 많은 시간이 필요했다. 그사이 반짝 관심을 끌다가 사라진 사람도 많다. 적지 않은 회원들이 그러한 사람의 현란한 말솜씨에 현혹되어 곤경에 빠지기도 했다. 이들은 우선, 자신의 성공담을 떠벌린다. 대개는 이러한 내용들이다.

"나는 알박기를 해요. 알박기를 하는 것도 방법이 있거든요. 성공하면 최소 20배를 번다니까요."

"일단, 그 지역의 빌라를 쫙 사들입니다. 그런 다음에 중개인과 함께 재건축을 한다고 현수막을 걸어요. 그럼 시행업자가 옵니다. 이때 원래 가격

2~3배에 주택을 팔고 빠지는 겁니다."

"우리는 팀이 있어요. 한꺼번에 그 지역에 들어갑니다. 그리고 재개발 동의서를 돌리는 거예요. 금방 가격이 2배로 뜁니다."

"제가 도시계획 위원을 한 명 알거든요. 저는 미리 빼낸 정보로 투자하고 있어요."

"빌라를 사서 주차장으로 만든 다음, 특별 분양권이 나오게 하는 겁니다."

"다가구를 사서, 다세대로 쪼개는 거죠."

"분양권 선수들이 정보를 줘요. 돈 되는 분양 현장이 어디인지. 거기에 가서 뒷돈을 대는 거예요. 직접 찍어서 되팔아요."

"1순위 청약통장을 50개 긁어모으면 1개는 당첨되거든요."

"물딱지는 필지 지정이 되기 전까지는 무조건 계속 올라가요. 상가 물딱지 같은 건 2,000만 원이면 살 수 있어요."

"대박은 섬이에요. 이제 우리나라 국토와 가까운 곳에 있는 섬은 다 육지화됩니다. 지금이 마지막 기회죠."

이 중에는 황당한 이야기도 있지만, 불법이긴 해도 정말로 재산을 불리는 데 효과가 있는 기법도 있다. 이런 성공담에 귀를 기울이지 않을 사람은 아무도 없다. 실제로 성공했다는데, 실제로 엄청나게 수익을 거두었다는데 왜 관심이 가지 않겠는가?

쉽게 돈을 벌었다는 그들은 사람들의 시기와 부러움을 동시에 산다. 이쯤 되면, 한두 명씩 그를 찾아가 부탁하기 시작한다. "나도 그렇게 돈을 벌 수 있는 물건 좀 알려주세요" 혹은 "나도 그런 기회가 생기면 참여시켜주세요" 하는 식이다. 그런데 뭐가 문제란 말일까? 언젠가 딱 한 번 실수를 하게 되면, 딱 한 건의 문제라도 발생하면, 모든 자산을 날리게 되는 것은 물론 그 이상의 심적, 물적 고통을 겪게 될 수 있다는 게 문제다.

이런 일들이 소위 말하는 전문가, 중개인, 파워블로거, 카페지기, 재테크 동호회 친구들을 통해서 일어난다. 사고는 '쉽게 돈을 벌고 싶은 마음'과 '빨리 부자가 되고 싶은 마음'이 만나 벌어진다. 이런 사람들을 모두 믿지 말라거나 이쪽에서는 절대 친구를 사귀지 말라는 이야기가 아니다.

좋은 정보는 결국 사람을 통해 얻게 된다. 훌륭한 전문가의 가르침을 통해 좋은 투자인지 아닌지를 선별하는 법을 배우게 되고, 좋은 중개인을 통해 괜찮은 부동산 정보를 알게 되고, 카페지기나 파워블로거 등을 통해 자칫 실수할 뻔 했던 일을 피하게 될 수도 있다. 좋은 재테크 동호회의 동료들로 인해 자신감과 용기를 얻을 수도 있고, 나태해지고 게을러지는 마음을 다시 추슬러 열정을 회복하게 되기도 한다. 다만 단기간에 많은 돈을 벌고 싶다는 욕심과 조급증을 다스리기 위해서는 스스로를 검증해 보는 시간, 자신의 투자 판단으로 무언가를 결정해 보는 경험도 필요하다. 이런 시간과 기회도 가져보지 않고 무턱대고 다른 사람을 의지하지는 말라는 것이다. 이것이 바로 투자의 기본이다.

따지지 말라고? 따져야 할 건 따져라!

예나 지금이나 부동산 시장의 주역은 '아줌마'들이다. 물론 과거에 비해 남자들이 시장에 많이 참여하고 있는 건 사실이지만, 그래도 전업주부인 여자들을 능가할 수 없다. 부동산의 특성상 반드시 현장에 가봐야 하는데 아무래도 이들이 회사에 얽매인 남자들에 비해 시간적으로 여유롭다는 게 이유가 아닐까 싶다. 여자들은 정보력에 있어서도 남자들보다 상당히 앞서 있다. 여자들끼리 서로 이러한 현장 정보들을 공유하기 때문이다. 반면 그저 탁상머리에 앉아 정보를 얻는 남자들은 그들에 비해 다소 현장감이 떨어지는 이야기를 하게 될 때가 많다.

이러한 이유로 부동산 투자의 주도권은 자연스럽게 여자에게 넘어간다. 문제는 현장 감각이 떨어지는 남자들이 가만히 있지 않는다는 것이다. 비교적 분석적인 남자들은 뭐든 잘 따지고 든다. 그렇다 보니 결정을 망설이다가 좋은 투자 기회를 놓치는 경우가 흔하다. 이처럼 사사건건 따지는 남자들이 부동산 중개소에서 자주 듣게 되는 말이 있다. "그렇게 따지는 사람치고 돈 버는 사람 못 봤어요."

일종의 조롱이고 비난이다. 이런 비아냥을 듣기 싫으면 그만 따지고 빨리 부동산을 매수하라는 의도가 담긴 압박이기도 하다. 이러다 아내로부터 원망을 듣기 십상이다. 괜히 이것저것 따지는 바람에 돈 벌 기회를 놓친 거 아니냐고 말이다.

그러니 이럴 땐 너무 따지지 말아야 하는 걸까? 아내의 감만 믿고 그냥 과감히 투자해야 하는 걸까? 아니다. 따져야 한다. 왜 따지지 말라고 하는가? 인생을 살면서 엄청나게 중요한 투자를 결정해야 하는 순간이 아닌가? 그런데 어떻게 따지지 않을 수 있는가? 따지는 바람에 돈 벌 기회를 놓쳤다고? 맞다. 따지는 바람에 돈 벌 기회를 놓칠 수 있다. 그러나 따지는 바람에 망할 수 있는 위험에서 벗어날 수도 있다. 돈 벌 기회를 놓친 것만 보고, 망할 뻔한 것은 안 보였을 수 있다.

내가 아는 한 남자는 늘 아내에게 구박을 당했다. 그럴 수밖에 없었던 것이 그는 우선 삼성동 아이파크를 놓쳤다. 분양 즉시 프리미엄이 3,000만 원부터 시작해 금세 1억 원까지 치솟은 이 아파트를 말이다. 아내가 프리미엄 1억 원을 주고서라도 매수하자고 하자, 이 남자는 펄쩍 뛰었다. 아내는 지금 시장에서 난리가 난 부동산이니 사야 한다는 논리를 펼쳤고, 남편은 프리미엄을 1억 원씩이나 준다는 게 말이 되느냐는 논리로 맞섰다. 부동산 중개인을 만난 남자는 "지금 강남에 34평 평균 아파트 가격이 6억 원 정도라는데, 아무리 고급 아파트라고 해도 프리미엄만 1억 원을 준다는 것이 타당한지 그 이유를 설명해 달라"고 했다. 중개인도 이를 논리적으로 설명할 수 없었다. 결국 이 부부는 삼성동 아이파크를 매수하지 않았다. 그 후 이 아이파크는 프리미엄이 10억 원대까지 올랐다.

시간이 지난 후 대치동 은마 아파트의 매매가가 6억 원대였던 시기에도 남자는 각종 이유로 따지고 들어 매수를 거부했는데, 이 아파트의 가격도 9억 원이 돼버렸다. 결국 온갖 구박이란 구박은 다 받게 된 남자는 스스로 뭐든지 따지고 드는 습관을 버리기로 마음먹었다. 그리고 어느 날 아내가 가져온 특급 정보, '경의선 전철화'의 최대 수혜지역이라는 탄현역의 K 아파트 38평을 묻지도 따지지도 않고 매수했다. 호재도 확실하고 가격도 저평가되어 있는 데다 대형 평형임에도 불구하고 너무 가격이 싸다는 아내의 설명이 있었다. 매매가는 4억 5,000만 원.

그로부터 10년이 지난 후, K 아파트의 평균 매매가는 3억 2,000만 원이되었다. 매도하지도 못하고 그냥 보유하고 있는 이 남자는 지금까지도 "끝까지 따졌어야 했는데!" 하며 후회하고 있다.

중개인이 비아냥거린다고 넘어가지 말자. 아내가 원망해도 차분히 이해를 구하라. 그건 우리의 몫이 아니었다고 생각하자고.

물론 남자들 중에서 그야말로 '쓸데없는 것'을 따지고 드는 사람도 있다. 따질 때도 좀 상황을 보면서, 중개인의 눈치를 봐가며 할 필요가 있다. 그저 내가 갑이 아니냐며 내가 손님인데 당연히 친절하게 응대해야지 하면서 중개인의 반응도 살피지 않고 무턱대고 질문을 퍼부어대는 사람이 있다. 정말 바보 같은 짓이다.

무엇보다 본인이 아무리 많이 알고 있고 경험이 많은 것처럼 위장한다고 해도, 전문가들은 질문만 들어도 그 사람이 고수인지 아닌지 단번에 눈치챈다. 그러니 초보자들은 어쩔 수 없이 조롱을 당할 수도 있다. 당연한 것이다. 그렇다고 해서 꼼꼼하게 따지는 것을 포기하지는 말자. 초보일 때는 엉뚱한 것을 따져서 망신을 당하기도 하고 기회를 놓치기도 하며 조롱을 당할 수도 있지만, 그런 과정을 모두 거쳐야만 진정한 고수가 된다.

앞에서 부동산 활황 시장의 주역은 아줌마들이라고 했다. 그럼 대한민국 아줌마들은 모두 부자가 되어 있어야 한다. 그러나 현실은 어떤가? 결국 꾸준히 좋은 성적을 내고 큰 자산을 일군 사람은 아줌마나 아저씨, 젊은이 같은 특정 계층이 아니라 투자에 대해 깊이 생각하고 연구하고 경험을 쌓아온 사람이다.

그리고 하나 더 알아두자. 시장에서는 묻지 마 투자로 성공한 사람들의 이야기가 널리 회자되지만, 묻지 마 투자로 망한 사람들의 이야기는 잘 드러나지 않는다는 걸. 또한 이처럼 드러나지 않은 진실이 알려진 사실보다 훨씬 더 많다는 것도 말이다.

핵심 부동산을
매수하기 힘든 현실적인 이유

부동산 투자를 하는 대부분의 사람이 관심을 갖는 건 '돈 되는 부동산'이다. 혹여 나중에 폭탄 돌리기가 된다 하더라도 당장은 이를 통해 돈을 벌면 된다고 생각한다. 어쩌면 나만 폭탄을 피해서 보석 같은 돈을 쥘 수 있다면 무슨 상관이냐고 생각하고 있는지도 모르겠다. 그러나 앞에서 여러 번 강조했듯이, 중요한 것은 핵심 부동산이다. 여기서 핵심 부동산이란 오래 보유하고 있어도 꾸준히 가격이 오르는 대상, 장기적으로 볼 때 무조건 평균보다 높은 상승률을 보이는 대상, 어떠한 위기가 닥쳐도 크게 가격이 폭락하지 않고 빠르게 회복하는 대상을 의미한다. 그런데 왜 사람들은 이러한 핵심 부동산을 매수하지 못하는 걸까?

첫째, 핵심이 무엇인지 모른다

많은 사람이 핵심 부동산을 놓치는 이유는, 우선 그 '핵심'의 개념조차 모르기 때문일 가능성이 크다. 그저 인터넷이나 언론 매체 등에서 나오는 정보들을 무분별하게 받아들이다 보면 핵심 부동산에 대해 더욱 알기 힘들어진다. 그나마 임장을 다니면서 파악하는 게 좀 더 나은 방법인데, 핵심 부동산에 대한 정확한 개념도 파악하지 못한 채 임장을 다니면 그것 또한 위험하다. 임장을 하며 만나게 되는 부동산 중개인들의 관심사는 우리의 재산이 늘어나는 데 있는 게 아니라, 결국 자신의 사업이 잘되는 데 있기 때문이다. 이처럼 그 개념은 물론 핵심 부동산에만 투자해야 하는 이유를 모르다 보니 결국 이처럼 중요한 부동산들을 매수하지 못하게 되는 것이다.

둘째, 핵심 부동산을 매수하기 힘들어 옆의 것을 산다

대다수의 사람이 부동산 투자에 관심을 갖는 시기가 부동산 활황기이다 보니, 막상 핵심 투자 대상이 무엇인지 알게 되었다고 해도, 그러한 부동산을 매수하기 힘들 수 있다. 단적인 예로, 부동산 활황기에 접어들면 소위 말하는 아파트의 로열층, 로열동 물건을 매수하기 힘들어진다. 그런 물건들이 매수 시장에서 빠르게 자취를 감출 뿐만 아니라, 설령 시장에 나와도 너무 비싸게 나오기 때문이다. 이때 흔히 하게 되는 실수가 핵심 부동산 옆에 있는 비교적 매수하기 쉬운 비핵심 부동산을 덜컥 사버리는 것이다.

지역이나 대상도 그렇다. 어찌어찌 공부를 해서 핵심 부동산이 무엇인지 알아냈다고 하자. 이를 매수하겠다는 결단을 내리고 마침내 현장을 찾았다. 그런데 그 물건이 없다. 그때 부동산 중개인이 핵심 부동산의 조건과 크게 다를 게 없고 오히려 더 좋은 조건의 물건이 있다며 다른 대상을 권한다. 공부를 충실히 했거나 좀더 경험이 있는 투자자들은 중개인이 권하는 대상이 핵심적인 것인지 아닌지를 금방 판단한다. 하지만 그렇지 않은 사람들의 눈으로는 구분이 쉽지 않다. 중개인의 말을 듣다 보니 원래 사려고 했던 물건보다 오히려 더 나아보이기까지 한다. 그러다 결국 비핵심 부동산을 매수하는 경우가 흔하다.

2007년에 나는 대형 아파트 투자에 주의 정도가 아니라 '경고'를 날렸다. 사람들이 무조건 "대형, 대형"을 외치던 시절이었다. 사실 대형 아파트의 강세는 2001년부터 시작되었는데 6년 이상 이어지다 보니 '대형이 돈 된다'라는 인식이 신앙처럼 형성되었던 것이다. 그런데 조금만 상식적으로 생각해도 대형 아파트의 가격이 거품일 수밖에 없는 이유들을 발견할 수 있었다. 경제가 획기적으로 나아지지 않았다. 이는 대형을 선호할 만한 이들이 한정적이라는 걸 의미한다. 그런데 대형이 인기 있다 보니 건설사들은 너도나도 대형 아파트만 지어댔다. 당연히 공급이 넘쳐나고 있었다. 과연 이 많은 대형 아파트들을 누가 소화해 낼 것인가? 심히 우려가 됐다. 반대로, 소형 아파트는 인기가 없어 그동안 많이 건설되지 않아 공급이 부족했다. 이에 소형 아파트의 전세가가 상승해서 매매가와 차이가 거의 없는 상황이 되고 있었다. 당연히 역세권의 소형 아파트를 매수하기 대단히 좋은 기회였다.

나는 여러 지역의 역세권 소형 아파트들을 추천했다. 당시 내게 상담하러 온 이들은 대개 분당이나 용인 지역에 관심을 갖고 있었기에 분당 이매역 주변의 소형 아파트, 서현역 주변의 소형 아파트, 용인 풍덕천 주변의 소형 아파트들을 이야기했다. 그중 한 분이 분당의 아파트는 가격이 다소 부담되니 풍덕천 주변의 소형 아파트를 매수하겠다고 해서 그렇게 하시라고 했다.

그런데 얼마 후 그가 다시 상담을 요청했다. 용인에 미분양이 난 52평 아파트가 있는데 이를 지금 사두면 어떻겠느냐고 내게 물은 것이다. 나는 단호하게 안 된다고 답했다. 그런데도 그는 다시 이렇게 말했다.

"계약금으로 5%만 내면 되는데, 그게 3,000만 원이거든요. 중도금이자 후불제라서 입주 때까지 따로 들어가는 돈도 없어요. 주변보다 평당 500만 원 정도 싸게 분양된 건데 얼마 지나면 최소한 주변 아파트 시세는 따라가지 않을까요? 정 안되면 제가 들어가서 살려고요."

분명히 내가 대형 아파트는 투자처로 적합하지 않다고 했는데도 이런 이야기를 하는 것이다. 당시 그가 만났던 부동산 중개인이 그에게 이렇게 말한 것이다.

"소형 아파트들이 많이 지어지지 않는 건 사실이지만, 소형 평형은 아무도 매수하려고 하지 않아요. 그러니 매매가가 올라가질 않습니다. 역시 매매가가 올라가는 건 대형 평형이죠. 지금 잠깐 정부 정책 때문에 주춤하고 있을 뿐이지 곧 회복할 거예요. 성복동 LG자이도 원래는 다 미분양 났던 건데 지금은 프리미엄이 몇 억씩 붙어 있잖아요? 이 아파트는 기존의 대형 평형보다 더 낮은 가격에 분양이 되었으니 일단 사두면 최소한 주변 시세만큼은 올라갑니다. 그럼 5,000만 원은 쉽게 번다는 이야기이지요. 지금 돈 되는 건 대형밖에 없어요!"

어떤가? 이 중개인의 브리핑이 참 멋지지 않은가? 소형 아파트를 매수하러 간 사람의 마음을 흔들어놓기에 충분하지 않은가? 마침내 그는 중개인이 소개한 미분양 대형 아파트를 매입했다. 1년 후 금융위기가 닥쳤고 마이너스 프리미엄이 속출했다. 마이너스 프리미엄이 5,000만 원까지 갔는데도 아파트는 팔리지 않았다. 정 안되면 그 집에 들어가 살겠다던 그는 막상 들어가려니 엄청난 대출을 받아야 하는 게 부담스러워 그러지도 못했다. 결국 그는 계약금을 모두 포기하고 계약을 해지했다.

이런 식이다. 핵심 부동산에 관한 철저한 이해와 확고한 신념이 없으면 핵심 부동산을 사기 위해 현장에 나갔다가도 엉뚱한 물건을 매수하게 된다. 돈 버는 길은 참 험난하다. 쉬운 것 같아 보이지만 가는 길 곳곳에 함정이 있다.

이처럼 핵심 부동산을 매수하기 힘들 때는 어떻게 해야 할까? 당연히 기다려야 한다. 대세 상승이 일어나서 가격이 계속 올라간 다고 해도 적당한 물건이 나타나지 않는다면 기다리겠다고 결단하라. 그게 아니라면 다른 지역을 찾아야 한다. 그런 인내와 수고를 감당할 각오 정도는 해야 한다.

셋째, 핵심 부동산을 과도하게 오른 가격에 매수한다

운이 좋았든 각고의 노력을 기울였든 결국 핵심 부동산을 사기 만 하면 될까? 이러한 노력과 운이 아무 의미 없어지는 경우가 있 다. 핵심 부동산의 가격이 오를 대로 올라버린 시점에 매수하는 것 이다. 그런데 이런 일이 일반 투자자들 사이에서는 종종 벌어진다.

2005년부터 잠실 대세론을 외친 나는 그중에서도 잠실 주공 5단지를 핵심 부동산으로 꼽았다. 핵심 단지로서 자금 여력만 된 다면 꼭 매수해야 할 대상이었다. 문제는 당시 노무현 정부의 8.31 대책이 고작 한 달 효과로 끝나버리고 다시 부동산 가격이 상승하 자, 곧바로 이 아파트 가격이 전 고점을 갱신하고 고공 행진을 시 작했다는 것이었다. 연말이 되었을 무렵, 나는 이제는 가격이 많이 올라서 조금 위험하겠다는 생각을 하고 있었다. 그런데 내 수업을 오랫동안 들어온 회원 중 한 명이 그제야 결심을 굳히고 잠실 주 공5단지를 매수하겠다며 상담을 요청해 온 것이다. 나는 지금은 시기가 좋지 않고 너무 가격이 올랐으니 조금 기다리는 게 좋겠다고 답했다. 그런데도 자꾸만 가격이 오르자 그는 과감히 아파트를 계약하고 돌아와 내게, "잘했죠?"라고 물었다. 당시 36평형의 아파트 가격이 14억 원이었다. 그리고 얼마의 시간이 지났을 무렵, 그가 다시 상담을 신청했다.

"선생님, 집주인으로부터 해약 요청이 들어왔어요."

"네? 계약금으로 1억 원을 걸지 않았어요? 그런데도 해약이 들어왔다고요?"

"네, 집주인이 1억 원을 더 주고서라도 해약하겠대요. 어떻게 해야 해요? 요청을 받아들여야 하는 걸까요, 받지 말아야 할까요?"

아파트 가격이 이미 많이 올랐는데도 이후에 더욱 가격이 뛰자 집주인은 자신이 너무 집을 싸게 매도했구나 싶어져 억울했던 모양이다. 아무리 그래도, 1억 원씩이나? (이런 일은 대개 다른 중개소에서 매도자에게 연락해 더 높은 가격에 살 매수자가 있으니 해약을 하라고 부추기는 경우에 발생한다.) 어찌 됐든 매도자가 1억 원을 주고서라도 해약을 하겠다고 나선 마당이라 그는 이를 어떻게 해야 할지 골치가 아팠다.

고민하고 말 것이 있는 상황인가? 아니, 이런 대박이 또 어디 있는가? 1억 원을 걸고 불과 1개월도 안 된 사이에 다시 1억 원을 벌게 되는데! 매수자가 계약금을 포기하면서 계약을 파기하겠다고 한 적은 있어도, 이렇게 매도자가 위약금을 물어가면서 계약을 파기하겠다고 하는 일은 정말 드물다. 당연히 1억 정도라면 제안을 받아들여야 하지 않나? 그런데 그게 생각처럼 그렇게 간단한 사안이 아니었다.

나도 대단히 고민스러웠다. 매도자가 1억 원씩이나 더 주면서 해약하겠다고 나선 건, 그 아파트 가격이 훨씬 더 많이 오를 것이라고 판단했기 때문이 아니겠는가. 그러니 매수자는 고민스러울 수밖에 없다. 나는 상담을 마친 후 고심 끝에, 일단은 1억 원을 받고 해약하는 것이 좋겠다고 대답했다.

과연 우리 회원은 어떤 결정을 내렸을까? 내 이야기를 들었을까, 안 들었을까?

그는 원래 계약한 금액에서 매도자에게 5,000만 원을 더 올려주고 계약을 유지하는 것으로 결정했다. 정리하자면, 36평 아파트를 14억 5,000만 원에 매수한 것이다. 아파트 가격이 훨씬 더 뛰어오를 것이라는 기대감에 1억 원이라는 행운을 받아들이지 못한 것이다.

그 결정 하나로 매도자와 매수자는 천국과 지옥행 열차를 따로 타는 결과를 얻었다. 이후 매매가가 약간 더 오르던 주공5단지의 상승세가 어느 순간 확 꺾이더니 점차 하락했다. 그리고 10년이 지난 2016년에 이르러서야 겨우 매매가가 당시 가격 수준으로 회복했다. 결과적으로는 가격이 회복되었지만 소유자 입장에서는 그동안 감당한 대출이자까지 고려해야 하니 실제적인 가격 회복은 완전히 이뤄지지 않은 상황이었다.

잠실 주공5단지

시기	평형	매매가격
2005년 4분기	119㎡	14억 5,000만 원
2016년 2분기		14억 원

대치동 은마 아파트

시기	평형	매매가격
2006년	101㎡	9억~ 9억 5,000만 원
	115㎡	11억~ 12억 원
2016년	101㎡	11억~ 11억 5,000만 원
	115㎡	12억~ 12억 5,000만 원

여러 사례에서 보듯 핵심 부동산이 무엇인지 알게 되었다고 해도, 너무 비싸게 오른 시점에서 매수하면 핵심으로서의 가치는 전혀 없게 된다.

넷째, 결국 대중을 따른다

대중의 힘이라는 건 참 무섭다. 핵심 부동산에 관해 공부하고 왜 핵심 부동산에 투자해야 하는지 알게 되었다고 해도 사람들은 대중에게 흔들린다. 이때 기억해야 할 것은 장기적인 안목을 가져야 한다는 것이다. 여기서 말하는 장기적인 안목이란 그저 사람들이 "길게 보면 좋아~"라고 표현하는 수준을 말하는 게 아니다. 장기간을 두고 볼 때 다른 어떤 부동산보다 탁월한 성적을 내는 대상을 볼 줄 아는 눈이다.

이러한 이유에서라도 당연히 핵심 부동산에 투자해야 한다. 그러나 전세 레버리지 투자는 당장 성과가 보이질 않기 때문에 망설이게 된다. 이때 여기저기에서 이런 투자를 해서 돈을 벌었다, 저런 투자를 해서 돈을 벌었다는 말이 들리니 결심이 이내 흔들리게 된다. 심지어 이렇게 다른 투자 방식으로 돈을 벌었다는 사람들이 한둘이 아니라면? 결국 사람들은 대중과 같은 결정을 하게 되고, 대중과 같은 고통을 겪게 된다.

이 책이 처음 출간됐던 2007년 초만 해도 부동산 시장에 투자 여력이 있었다. 그러나 2007년 말부터 부동산 가격이 급격히 상승하기 시작했다. 이때 나는 특히 빌라 투자나 재개발을 기대하는 투자만큼은 절대 해서는 안 된다고 말하고 다녔다. 당시가 투자하기에 좋은 시기는 아니지만 그래도 굳이 투자하겠다면 대치, 대청 아파트를 비롯한 소형 아파트에 하라고 권했다. 이들은 핵심 부동산이기에 혹시 문제가 생긴다 해도 가격이 대폭으로 하락할 일이 없고, 또 임대수요가 탄탄하게 받치고 있어 리스크가 적을 거라 판단했기 때문이다.

원칙은 변하지 않는다. 시장이 어디쯤에 와 있는지 모르겠고 가격에 거품이 있는지 아직도 상승 여력이 남아 있는지 헷갈린다면, 이런 때일수록 핵심 부동산에 투자해야 한다는 원칙을 더욱 지켜야 한다.

부동산 투자의 정석

그런데 이러한 조언을 얼마나 많은 사람이 받아들였을까? 실제로는 상당히 많은 사람이 이를 간과했다. 당시 재개발 시장이 매우 뜨거웠기 때문이다. 약간의 분석 도구만 가지고 따져도 형성된 가격에 지나치게 큰 미래 가치가 반영되어 있다는 걸 알 수 있는 상황이었지만, 시장은 이런 분석을 완전히 무시하고 있었다. 그저 3,000만~5,000만 원 정도만 투자해도 운 좋으면 2~3개월 만에 1,000만~2,000만 원을 버는 일이 생겼다. 재개발은 아무리 빨리 진행돼도 7~8년이 걸리는 일인데, 7~8년 후 아파트가 지어졌을 때 얼마의 이익이 남을지 알고 그 이익금을 지금의 빌라에 붙여 파는 것일까? 그러나 상관없었다. 누군가가 이익이 더 날 것이라고 말하면 이를 믿는 이가 나타나 500만 원, 1,000만 원을 더 주고 사는 상황이었다. 중개인들도 처음에는 "좀 더 신중히 생각해 본 후에 결정하세요"라고 말하더니 가격이 계속 오르자 하나 같이 "빨리 사셔야 해요. 다음 주가 되면 가격이 또 오릅니다"라고 말했다. 분석은 포기한 지 오래였다. 반면 대치, 대청 아파트 같은 물건들은 한 번의 가격 상승 이후에 변화가 거의 없었다. 그러니 아무리 핵심, 핵심을 외쳐도 대중이 열광하는 것에 눈길이 갈 수밖에.

그 끝이 어떻게 되었는가? 지인 중 한 명은 빌라 투자로 재미를 좀 보더니 나중에는 대출을 최대한으로 끌어와 허름한 빌라를 10채가량 매수했다. 2008년에 들어서면서 빌라가 잘 팔리지 않게 되었는데 처음에는 그다지 심각하게 생각하지 않았다. 그러나 결국 금융위기에 빌라 가격이 폭락하고 말았다. 아니 폭락이라고 할 수도 없었다. 순식간에 매수세가 완전히 실종되는 사태가 벌어진 것이다. 이는 시장에 가격이 아예 없다는 뜻이다. 중개소에 물으면 모두들 같은 말만 되풀이했다. "매수를 문의하는 사람이 하나도 없습니다. 그러니 가격이 얼마라고 말할 수가 없지요." 그는 절망했다. 그런 상황에서도 대출이자를 꼬박꼬박 갚아야 했기에 그나마 현금화할 수 있는 유일한 자산이었던 자신의 집을 헐값에 팔아버리고, 투자용으로 매수한 재개발 지역의 반지하 빌라로 들어갔다. 얼마 후 그의 이혼 소식이 들렸다.

이러한 끔찍한 사례가 한두 건이 아니다. 2008년부터 2014년까지 나는 그야말로 고통으로 얼룩진 사람들을 상담하며 시간을 보냈다. 상담 내용은 모두 같았다. "이거 안 팔리는데, 어떻게 해야 하나요?" 그때 이런 말이 목구멍까지 올라왔지만 참았다. "그러니깐 내가 사라는 거 사고 말리는 건 하지 말지, 왜 그랬어요?"

하여간 이런 상담은 정말 괴롭기 짝이 없다. 나라고 무슨 해결책을 내줄 수 있는 것도 아니기 때문이다. 상담을 신청한 사람도 이 사실을 알고 있었을 것이다. 그럼에도 지푸라기라도 잡는 심정으로 나를 찾아온 것일 게다. 2008년보다 2009년, 2009년보다 2010년 상황은 더욱 악화됐다. 정말 공포였다. 이자 부담으로 인해 삶은 피폐해질 대로 피폐해지고, 그러한 어려움이 계속되자 사람들은 지칠 대로 지쳐갔다. 그 어떤 노력에도 부동산이 팔리지 않았다. 이 모두가 핵심 부동산에 투자해야 한다는 원칙을 버리고 대중에 휩쓸리고, 욕심에 끌린 탓에 벌어진 일이다. 다만 그 형벌은 대단히 가혹했다.

다시 한번 말한다. 핵심에 집중하라. 대중을 따라가고 싶은 마음을 억누르라. 핵심 부동산에 집중하면, 설사 좋지 않은 시점에 매수했다 치더라도 세월이 지난 후 최소한 보상이라도 얻을 수 있다.

개포동 대청 아파트

시기	면적	매매가격
2007년	40㎡	4억~4억 1,000만 원
2016년		5억~5억 1,000만 원

여전히 비핵심에 몰두하는 대중들

이번 2022년 개정판을 위해 다시 글을 읽다 보니, 예전 책에 썼던 이야기들이 하나도 틀리지 않았다는 사실에 안도감을 느끼는 한편, 투자의 정석에 대한 확신이 더해졌다.

몇 년간 부동산 가격이 가파르게 오르면서 여기저기에서 돈을 벌었다는 사람들이 대단히 많이 등장했다. 덕분에 대중들의 부동산 투자에 대한 관심도 덩달아 커졌다. 부동산 투자를 공부하는 사람이 많아졌다는 건 매우 좋은 일이지만, 이미 부동산 가격이 많이 올랐다 보니 투자하고 싶은 부동산은 모두 그림의 떡이 된 상태라는 것이 문제다. 하지만 대중들은 이미 공부를 시작했고, 돈을 벌고 싶은 마음은 더없이 크다. 그러니 어떻게 되겠는가?

본인의 투자금에 맞는 대상을 고르는 일을 벌이게 된다. 제대로 이해하길 바란다. 내 투자금에 맞는 '투자 대상'을 고르는 것이 아니라, 그저 내 투자금에 맞는 '대상'을 고르고 있다는 뜻이다. 그 부동산이 투자 대상으로 적합한지 아닌지에 대한 면밀한 검토도 없이 그냥 본인의 자금 규모에 맞는 것을 고르기에 바쁘다는 말이다.

왜 그럴까? 두 가지 이유가 있다. 하나는 일단, 좀 괜찮은 것 같은 대상은 가격이 크게 올라서 투자금이 많이 필요한데, 그에 비해 가진 돈이 적어서다. 특히나 어렵게 마음 잡고 공부해서 투자하겠다는 사람들은 종잣돈이 적은 경우가 많다. 그렇다 보니 투자할 대상을 좀처럼 찾지 못하는 것이다. 두 번째는, 공부를 시작해서다. 인간은 노력을 기울여서 어떤 것을 성취하는 데 익숙하다. 기술을 익히면 숙련된 기술자가 되고, 공부를 하면 그 분야의 전문가가 된다. 이처럼 노력을 기울여 결과물을 얻는 데 익숙하다 보니, '돈 공부'를 했으니 돈을 버는 것이 당연하다고 생각하는 것이다.

하지만 돈은 결코 그런 공식을 따르지 않는다. 기본적으로, 투자로 돈을 번다는 것은 나의 노력으로 버는 게 아닌 시장이 벌어주는 것이다. 공부는 그 흐름을 잘 읽고 기다리다가 때를 알아보기 위해 하는 것이다. 그런데 많은 사람이 시장이 한창 달아올랐을 때 처음 공부를 하다 보니, 어떤 것을 사더라도 가격이 '오르는' 경험을 하게 된다. 그래서 '내가 공부해서' 얻은 것으로 착각하기 쉽고, 또 이러한 착각은 우리의 오랜 경험과 삶의 방식과 일치하기에 확신으로 굳어진다. 과정이야 어떻든 운이 좋아서 돈을 번 사람들은 괜찮다. 문제는 이러한 상승장의 후반기에 접어들었을 때 벌어진다. 이때도 부동산 가격은 오르지만, 적당한 금액으로 투자할 대상이 없다. 공부를 해두었으니 당장 이에 대한 성과물을 얻고 싶은 마음은 똑같은 데다, 이미 투자로 돈을 벌었다는 주변 사례들이 넘쳐나는 상황이다. 돈을 벌고 싶다는 마음과 공부를 했으니 남들처럼 성과를 내고 싶다는 간절함이 한껏 커지다 보면, 투자처로 적합한 대상이 아닌 것을 투자 대상이라고 '우기는' 상황이 발생한다.

2022년 10월 현시점, 가장 큰 문제로 보이는 것이 지방 부동산 갭 투자와 서울 수도권 빌라 갭 투자다. 여기서 말하는 지방 부동산 갭 투자는 단순히 전세를 끼고 물건을 매수하는 것을 말하는 게 아니다. 그야말로 전세가와 매매가 차이가 거의 없는 지방 소도시의 오래된 아파트를 매수하는 것을 말한다.

상식적으로 생각해 봐야 한다. 부동산 가격은 왜 오르는가? 두 가지다. 하나는, 그 부동산을 '소유'하고 싶어 하는 사람이 많아서다. 또 하나는, '이용 가치'가 있어서다. 소유하고 싶은 사람이 많을 때 가격이 오르는 건 당연한 것이고, 부동산을 소유하고 싶진 않아도 이를 이용하려는 사람이 많을 때도 가격이 오른다. 그것은 그만큼 주택의 공급이 용이하지 않기 때문이다. 그래서 전세 물건을 찾는 수요가 많아질 때 매매가가 저절로 오르는 것이다. 소유 가치가 있는 것은 서울 강남의 아파트 같은 것이다. 희소하기도 하고 강남의 아파트를 가지고 있다는 상징적인 의미가 꽤 크다. '아, 저 사람은 부자구나, 부럽다' 같은 느낌을 주는 것이다. 그런 대상이 많지 않다 보니, 강남 아파트를 이용해야 할 필요성이 전혀 없어도 강남의 아파트를 사고 싶어지는 것이다. 이러한 이유로 강남의 아파트는 가격이 지속적으로 오르고, 이용 가치에 비해서도 더 많이 오른다. 그런데 두 번째 이용 가치는 어떤가? 소유하고 싶은 사람은 많지 않은데도 가격이 오른다. 그러다가 이용 가치가 떨어지거나 이용하려는 사람이 줄어들면 어떻게 되겠는가? '소유'는 물론 '활용'의 측면에서도 외면받게 된다. 따라서 이용 가치가 있는 부동산일 경우, 이를 '이용하고자 하는 사람들'이 장기적으로 계속 있을 거란 확신이 들 때만 투자할 수 있는 것이다.

그런데 지금 인구가 30만 명도 안 되는 소규모 지방 도시에, 향후 도시 자체의 크나큰 발전을 기대할 수도 없는 상황인 지역의 오래된 아파트가 있다고 하자. 이런 조건의 아파트가 두 조건 중 어디에 해당하겠는가? 어디에도 해당되지 않는다. 그저 이를 매수하는 데 돈만 적게 들어갈 뿐이다. 많은 사람이 이를 투자로 착각하는 것이고.

사실 이러한 행태는 과거부터 지금까지 반복되고 있다. 물론, 지방 소도시의 낡은 아파트를 샀어도 가격이 금방 오르는 경우도 있고, 이를 통해 짧은 기간에 큰 수익을 냈다는 사람이 없는 것도 아니다. 하지만 그것이 지속해서 이어질 흐름일지, 일시적인 현상일지를 잘 살펴봐야 한다. 투자는 그렇게 어쩌다 될 수 있는 일을 기대하고 하는 일이 아니기 때문이다.

서울이나 수도권의 빌라도 마찬가지다. 여기서 말하는 빌라 갭 투자 역시 실수요자들이 꺼릴 만한 오래되고 낡은 빌라이거나, 신축 빌라이긴 하지만 지나치게 전세가율이 낮은 빌라를 대상으로 삼는 것을 뜻한다. 전자의 경우 투자금이 적게 들고 언젠가 재개발을 하게 되면, 큰 수익을 낼 수 있을 거란 기대감으로 투자한다. 그러나 생각해 보라. 언젠가 재개발? 잠실 주공5단지의 재건축 이야기가 나온 지 15년이 넘었지만, 관리처분인가도 되지 않았다. 은마아파트의 재건축 이야기는 20년 전에 나왔지만, 구역지정조차 되지 않았다. 그런데 빌라가?

물론 그렇게 지정되는 지역이 없는 건 아니다. 그러나 이런 사례들을 봤을 때 알아둬야 할 것은 개발은 원래 빨리 진행되지 않는 게 원칙이라는 것이다. 개발이 쉽게 진행되지 않는 낡은 빌라를 가지고 있다? 다시 말해 실수요자들이 선호하지도 않고 시간이 지나면서 더욱 낡아질 텐데 개발은 언제 될지도 모르는 빌라를 가지고 있으면 어떻게 되겠는가? 낡은 빌라를 수리하느라 정신을 못 차릴 수도 있고, 점차 낮아지는 전세 보증금 때문에 새로운 세입자를 구하거나 떨어진 보증금만큼의 돈을 더 마련하느라 곤혹을 겪을 수도 있다.

그렇다면 '핵심 지역의 신축 빌라는 괜찮지 않을까'라는 생각이 들 것이다. 그래서 실제로 많은 사람이 여기에 투자하고 있다. 예를 들면, 강남, 용산, 마포 같은 곳이다. 이런 곳에 투자하는 이들은 강남에 투자하는 것보다 '상대적으로 가격이 싸기에' 하는 것이다.

하지만 상대적으로 가격이 싼 것이 투자수익을 보장하는 건 아니다. 그 가치에 적절한 가격이 형성되어 있어야 한다는 것이 전제조건이다. 쉽게 말해, 이렇게 생각하면 된다. "같은 돈으로 아파트에 갈래, 빌라에 갈래?"라고 묻는다면 누가 빌라에 가겠는가? 그렇다면, 질문을 이렇게 해야 한다. 같은 돈이 아니라, "아파트 가격보다 얼마나 싸면 빌라에 갈래?"라고 말이다. 이에 대한 대답이 빌라의 가치인 것이다. 만약 같은 지역의 아파트가 아닌 빌라일 경우 대다수의 사람이 절반 가격이면 살겠다고 생각하는데 빌라의 가격이 그 정도라면, 그것은 싼 게 아니라 적절한 가치인 셈이다. 이때는 심지어 빌라의 가격이 아파트의 70% 수준이라고 해도 그것은 비싼 것이다.

그런데 부동산의 이러한 적절한 가치는 시장에서 쉽게 판단되지 않는다. 이때 시장에서 부동산의 적정가치를 판단하는 중요한 바로미터는 '전세가율'이다. 예를 들어, 지금 아파트의 전세가율이 50%라면, 빌라의 전세가율은 70%는 되어야 한다. 그런데 아파트와 똑같이 전세가율이 50%라면, 아파트만큼의 가격을 주고 사는 셈이다. 따라서 이런 빌라를 매수하면, 개발은 앞서 설명한 대로 요원한 상태인데, 신축 빌라일 경우 전세가는 오르겠지만 아파트만큼 가격 상승이 일어나지는 않으니, 결국 투자성이 없는 상황이 된다. 말 그대로 내 돈 넣어두고 10여 년 뒤에 다시 내 돈 그대로를 찾는 꼴이 되는 것이다. 이것이 투자성이 있다고 할 수 있을까?

이렇듯, 부동산 가격이 올랐을 때는 '그저 돈을 벌고 싶다'는 욕망에 사로잡혀 이 부동산이 투자 가치가 있는지 없는지에 대한 깊이 있는 분석을 하지 못하게 되는 것은 물론, 적합한 투자 대상이 나타날 때까지 기다리는 것도 더욱 못 하는 상황이 벌어진다.

그렇다고 해서 부동산 가격이 올랐을 때 투자 대상이 전혀 없다는 뜻은 아니다. 여전히 존재한다. 그러나 과거보다 더 공부하고, 더 많이 기다려야 찾을 수 있다. 몇 년 전에 돈을 번 사람이 이렇게 저렇게 해서 돈을 벌었다는 이야기만 듣고 그대로 따라 하면 돈을 벌 수 있을 거라 생각하면서 '내 자금'에 맞는 '대상'만 고르는 건 정말 큰 문제를 만들 수 있다는 걸 기억하라.

세월이 흐르고 상황이 달라진다 해도, 결국 시장에서 적용되는 부동산의 원칙과 대중의 심리는 늘 같다는 걸 다시 느끼고 있는 요즘이다.

김사부의 투자 Tip

지방에도 핵심 부동산이 있나요?

먼저, 핵심 부동산에 대한 오해를 좀 풀어야 할 것 같다. 핵심 부동산이라고 하면, 강남에 있는 부동산 혹은 누구나 살고 싶어 하는 워너비 부동산 정도로 생각하는 이가 많다. 전혀 그렇지 않다. 투자에 있어 핵심 부동산이란 '수요가 꾸준하면서도 딱히 대체재를 만들기 쉽지 않은 부동산'을 의미한다.

또한 이 말에는 수요와 공급의 의미가 함께 담겨 있다. 부동산 가격이 오르는 이유는 수요와 공급의 불균형에 있고, 이는 개인의 노력만으로 해결할 수 없는 부분이므로 그 불균형을 잘 파악하는 것이 성공적인 투자의 핵심이다.

예를 들어, 서울과 수도권의 역세권 대단지 아파트를 보자. 전철 노선이 자꾸 많아지고 있긴 하지만, 그렇다고 해도 역세권 부동산은 전체 부동산 수와 비교하면 희소하다. 대단지도 마찬가지다. 1,000세대가 넘는 대단지가 널려 있는 것처럼 보이지만, 전체 숫자에 비하면 역시 희소하다. 향후에도 이러한 대단지 조성은 드물게 일어날 수밖에 없다.

서울과 수도권이라는 지역은 어떨까? 정부는 국토 균형 발전을 위해 전국적으로 기업 이전에 대한 당근을 제시하고 있지만, 기업의 입장에서는 인프라도 문제이지만, 결정적으로 인재를 구하기 힘들다는 이유로 지방 이전을 꺼린다. 결국 서울과 수도권은 인구가 계속 모여들거나 이동이 많은 곳이라는 뜻이고, 그에 비해 택지로 개발할 수 있는 지역은 한정적이다 보니, 그 핵심성이 더욱 부각될 수밖에 없다.

자, 그렇다면 지방은 어떨까? 지방은 이대로 몰락하는 것일까? 그리고 지방에는 핵심 부동산이 없는 것일까? 전혀 그렇지 않다. 다시 한번 본질에 대해 이해해야 한다. 핵심 부동산의 본질은 결국 수요와 공급이다. 지방이라 하더라도 수요는 많고 그에 비해 공급이 적을 수밖에 없는 곳은 어디일지 생각해 보면 된다.

우선, 이 이야기를 하기 전에 좀 더 근원적인 부분부터 살펴보자. 향후 대한민국에서 지방 부동산에 미래가 있을까? 이대로 계속 모든 것이 수도권에만 집중되고, 지방은 버려지게 될까? 전혀 그렇게 되지 않을 것이다. 향후 지방 부동산의 미래엔 두 가지 트렌드가 예견된다.

부동산 투자의 정석

첫째, 지방 도시끼리의 연합

현재 우리나라의 지방 산업도시는 바다를 중심으로 형성되어 있다. 이는 우리나라만의 특징이 아니라 전 세계가 그렇다. 향후 이런 현상이 변할까? 변할 가능성은 없다고 봐야 한다. 전 세계적으로도 바다를 중심으로 도시가 생기는 것은 입지적인 유리함 때문에 그럴 뿐만 아니라, 특히 삼면이 바다인 우리나라가 이 같은 이점을 살리지 않을 이유가 없기 때문이다. 또한 무역을 통한 개방경제를 유지하면서 여러 나라와 좀 더 원활하게 소통하는 것이 더 나은 국가로 도약하는 길이기에 해양도시들이 급속히 쇠퇴할 가능성은 없을 것이다.

다만, 산업 생태계의 변화와 경쟁력 있는 산업들이 달라지면서 산업계의 지각변동이 일어날 가능성이 매우 크다. 이러한 상황에서 살아남는 방법은 구조조정과 효율성을 추구하는 쪽으로의 변신이다. 따라서 행정상의 편의성과 효율성 등을 고려해 지방도시끼리의 연합이 급격하게 추진될 가능성이 있다.

사실, 지방 도시들이 연합해야 한다는 데엔 이론의 여지가 없지만, 여러 이권들이 개입되어 있어서 신속하게 진행되지 않는 것뿐이다. 그러나 점점 이러한 노력이 성과를 맺을 가능성이 크기에 보다 효율적이고 경쟁력 있는 도시로 변모할 것이다.

둘째 소비 및 체험 도시로의 변화

향후 지방 도시들은 소비와 체험의 도시로 변화하게 될 것이다. 과거 지방도 수도권처럼 '잘살아 보자'라는 생각에 그저 논을 갈아엎어 택지나 산업용지를 만들면 탁월한 도시로 변모할 것으로 기대되던 때가 있었다. 하지만 그러한 '도시 흉내 내기'는 모두 실패로 끝났고, 지금도 그 실패의 흔적들이 곳곳에 남아 있는 상황이다.

미래의 지방은 서울과 수도권과는 다른 모습이 되어야 한다. 바로, 대도시에서는 경험할 수 없는 체험의 장, 또 대도시에서는 누릴 수 없는 것들에 대한 소비의 장으로 변모해야 한다. 이제는 이를 가능케 하는 두 가지 전제 조건이 빠르게 만들어지고 있다. 하나는 주 4일제 또는 연차 확대 같은 휴식하는 삶이 일상화되어가고 있다는 것이고, 다른 하나는 IT 기술의 발달로 비대면으로 업무가 충분히 가능한 세상이 왔다는 것이다.

이러한 이유로 앞으로 더 많은 사람이 지방을 찾게 될 것이고, 각 지방은 그들만의 특성을 살려 도시에서 경험할 수 없는 체험과 휴식을 제공하기 위해 노력하게 될 것이다.

이것이 향후 예상되는 우리나라 지방 도시에 다가올 미래 모습이다. 자, 어떤가? 부동산과 어떤 연관이 있어 보이는가? 결론부터 말하자면, 지방은 이대로 그저 쇠퇴하지는 않을 것이기에, 지방에 거주하는 사람들이 선호할 지역은 여전히 존재한다는 것이다.

지방이 연합체를 구성하면서 산업이 효율적으로 거듭나고 지방이 독특한 체험과 즐거운 소비가 가능한 도시가 된다는 것은, 그 일에 종사해야 할 사람들이 계속 필요하다는 의미다. 즉, 이렇게 생각하면 된다. 지방에 인구가 늘지 않는다고 해도 지방에 소득이 늘어난다고 말이다. 어떻게 되겠는가? 소득이 늘어난 지방의 부자들은 좀 더 좋은 주거지, 즉 교육과 편의시설, 교통, 쾌적함 등을 모두 갖춘 지역의 부동산을 찾으려고 하지 않을까? 그런데 그 정도의 조건을 모두 갖춘 곳은 아무리 땅이 넓은 지방이라고 해도 제한적일 수밖에 없다. 좋은 주거지라는 것은 단순히 잘 지어진 아파트만을 의미하는 게 아니라, 주변 기반시설까지를 포함하는 개념임을 이해하면 된다.

게다가 지방의 핵심 부동산의 경우, 서울이나 수도권과 비교할 때 일반적으로 월세 수익이 더 높은 편이다. 다소 아이러니한 부분인데, 매매수요보다는 임대수요가 더 많기 때문이다. 그렇다고 해서 매매가가 오르지 않는 것도 아니다. 따라서 충분한 임대수익을 매달 거두면서 향후 차익까지 발생하는, 오히려 더 좋은 결과를 가져오는 경우도 대단히 많다.

규제 측면에서 상대적으로 혜택을 입는 경우도 많다. 지방 도시의 3억 원이하 주택은 양도세 및 종부세 대상에서 제외된다든지 하는 식으로 말이다. 이런 대상 모두가 투자 가치가 있는 것은 아니지만, 이러한 대상 중에 핵심적인 지방 부동산이 끼어 있는 경우는 상당히 많다.

결국 지방에도 핵심 부동산이 있을 수밖에 없고, 이러한 부동산은 지속적으로 가치가 상승할 것이다. 다만, 지방의 핵심 부동산은 서울과 수도권에 비해서는 조금 더 변화에 주의를 기울일 필요가 있다. 서울과 수도권은 물리적으로 토지의 공급이 거의 불가능하므로 이미 알려진 핵심 부동산의 지위가 흔들릴 가능성이 거의 없지만, 지방의 경우 대규모의 신규지역이 조성될 가능성이 상대적으로 크기에 기존의 핵심 부동산의 지위가 흔들릴 가능성이 존재하기 때문이다.

하지만 이런 부분을 그다지 심각하게 염려할 필요는 없다. 혹 그렇다고 해도 부동산의 이러한 변화가 하루아침에 이뤄지는 것은 아니기 때문이다. 대부분은 매우 긴 시간에 걸쳐서 이뤄지기에 그런 변화가 엿보이면, 투자 포트폴리오를 변경하면 된다.

정리해 보자. 지방에도 핵심 부동산은 존재한다. 그 핵심 부동산에 잘 투자하면 서울과 수도권 못지않은 수익이 발생하고, 심지어 지방은 일시적인 저평가가 좀 더 자주 이뤄지기에 오히려 훨씬 높은 수익률까지 기대할 수 있다.

부동산 시장 향후 20년을 좌우할 다섯 가지 핵심 키워드

New

부동산 시장의 영원한 인기 테마 중 하나는 '새것'이다. 시장이 아무리 변화를 거듭한다고 해도 새 아파트를 싫어할 사람이 있을까? 오래되고 낡은 아파트에 살면서 익숙하고 편해서 좋다는 이들도 있긴 하지만, 일단 새 아파트를 보고 나면 마음이 달라질 수 있다. 새 아파트는 그동안 많은 사람이 생활하면서 불편하게 여겨왔던 것을 조금이라도 개선해 완성한 최신형 상품이다. 그야말로 모든 것이 깨끗하고 보다 편리해져서 좋을 수밖에 없다.

투자 가치가 있다는 건 그만큼 많은 사람이 선호한다는 것이고 게다가 이러한 선호도가 장기적으로 바뀌지 않을 것이라면, 투자에 있어 대단히 중요한 고려 사항이라는 걸 명심하자.

따라서 '신규 아파트', '새 주거시설'이라는 키워드는 늘 염두에 둬야 한다. 자, 그럼 이 키워드를 토대로 구체적으로 무엇을 살펴봐야 할까?

우선, 대표적으로 재건축을 봐야 한다. 재건축이야말로 새 아파트를 얻을 수 있는 보증수표이기 때문이다. 재개발 역시 새 아파트가 되는 과정이긴 하지만, 재개발보다는 재건축이 좀 더 리스크가 작다. 재개발은 해당 지역 주민들의 자산 가치가 각각 다르게 형성되어 있다 보니 합의와 사업 진행 과정에 매우 오랜 시간이 소요되는 게 다반사다. 또 이를 정확히 예측할 수 없다는 것도 리스크다. 그에 비해 재건축은 아무리 복잡해도 아파트의 평형이 열 가지를 넘지 않고, 동과 향, 층에 따라 평가가 다르긴 해도 그것 역시 이미 형성된 시세와 크게 다르지 않으므로 비교적 진행이 빠르다. 투자자 입장에서도 사업의 진행 과정을 어느 정도 예측할 수 있고, 재개발에 비해 재건축은 규격화되어 있는 평형을 토대로 계산을 쉽게 할 수 있으므로 거래도 훨씬 쉽게 이뤄진다. 거래가 잘 된다는 건 환금성이 있다는 의미이므로 이는 가격 상승에도 긍정적인 영향을 미친다. 따라서 재건축에 대해서는 반드시 관심을 갖자. 다만, 투자 가치 있는 재건축 물건을 고르려면 시기, 본질적 가치, 가격을 반드시 고려해야 한다.

분양권도 방법이다. 분양권이야말로 신규 아파트를 사는 가장 기본적인 방법이다. 여기에도 늘 관심을 가져야 한다. 물론 어느 시기에 나온 분양권인지에 따라 투자 가치가 있는 것도 있고 아닌 것도 있으니 이를 잘 살펴야 한다. 분양권이 반드시 신규 아파트만 의미하는 것은 아니다. 신규 오피스텔과 신축 상가 등에도 관심을 가질 필요가 있다.

역세권

역세권 부동산은 그 자체만으로도 매우 희소가치가 있다. 전철 노선이 추가되거나 연장되고는 있지만, 그렇다고 해도 역세권에 해당될 부동산은 한정적일 수밖에 없으므로 그 가치는 꾸준히 유지될 것이다.

인류의 미래는 '편리한 생활'이라는 측면에 포인트를 두고 발전할 가능성이 크다. 여기서 말하는 편리한 생활이란 쾌적한 생활과는 대치되는 개념이다. 즉, 공간, 일조권, 통풍, 조망 등은 약간 양보하더라도, 출퇴근 교통, 방범, 청소, 세탁, 운동, 교육, 식사 등의 생활 관련 편의 등을 더욱 중시하는 세대들이 늘어날 것이다. 그렇게 된다면 역세권 부동산의 가치는 더욱 올라갈 수밖에 없다.

또한 향후 주거문제 개선을 위한 공공개발 역시 역세권에 집중될 가능성이 크다. 좁은 땅덩어리의 효율적인 이용을 위해서라도 역세권의 개발을 더욱 가속화할 가능성도 있다. 이러저러한 이유로 역세권 부동산의 인기는 세월이 지날수록 더욱더 커질 것이다.

소형

일부 전문가들은 대형 부동산에 대한 선호도가 다시 올라갈 것이라고 주장한다. 이런 이야기들을 뒷받침할 만한 신호가 감지되기도 한다. 어떤 분야에서든 지나치게 수요가 쏠리면 반대급부가 발생하곤 하는데, 워낙 대형 부동산의 공급이 없다 보니 이에 대한 수요가 증가할 거라는 이야기다. 이런 일이 발생할 수는 있다. 다만 일시적인 현상이 될 것이다. 장기적 추세로 볼 때 대세는 소형 부동산이 될 것이고, 개인적으로는 오히려 현재보다 더 작은 사이즈 혹은 더욱 다양한 형태의 소형 부동산이 늘어나리라 생각한다.

이렇게 주장하는 데는 몇 가지 이유가 있다. 향후 10년 이내에 세계 경제가 획기적으로 나아질 가능성이 별로 없다. 세계 경제가 획기적으로 좋아지지 않는 한 소규모 개방경제의 구조를 갖춘 우리나라 역시 눈에 띄는 성장을 하기 힘들다. 따라서 소득이 크게 늘어나지 않는 상황에서 더욱 큰 사이즈의 주거 공간을 원하는 이들이 늘어날 것으로 기대하기는 힘들다.

또한 고령인구가 증가함에 따라 자산의 대부분이 몰려 있는 중대형 주택을 처분하고 소형 주택으로 옮겨갈 인구 역시 늘어날 것이다. 선진국의 사례에서 보듯, 의료혜택을 보다 쉽게 받을 수 있다는 점에서 노인인구의 도심 집중화 현상은 더욱 가속화될 것이며, 가구의 분화 역시 소형 부동산 수요를 늘리는 원인이 될 것이다. 또 맞벌이의 보편화 등으로 직주근접의 필요성이 갈수록 커짐에 따라 소형 부동산을 찾는 수요는 계속해서 늘어나리라 본다.

여기에 기술의 발전도 한몫 거들 것이다. 미래에는 건축 및 인테리어 기술 등이 첨단화되면서 작은 공간이라도 전혀 좁게 느껴지지 않게 만드는 공간 활용기술 또한 크게 발달할 것 같다. 요즘 나오는 24평형의 아파트가 과거 34평형의 아파트만큼이나 크게 느껴지는 것도 이 때문이다. 그러니 향후에는 24평보다 더 작고 지금의 오피스텔 원룸보다는 좀 더 큰 형태의 다양한 사이즈의 소형 아파트 혹은 주거시설들이 등장해 대세를 이루게 되리라 본다. 결론적으로, 핵심 지역에 있는 소형 부동산의 가치는 계속 올라갈 것이다.

여기서 이런 질문을 하고 싶을지 모르겠다. 교통의 발달로 서울과 수도권이 더욱 가까워진다는데? 그렇게 된다면 굳이 도심의 소형 부동산에 거주할 필요가 있을까? 그때는 수도권의 중형 부동산들이 주목받게 되지 않을까?

향후 교통의 획기적인 발달로 서울의 지형도는 점점 넓어질 것이다. 즉, 과거에는 멀게만 느껴졌던 수도권이 서울권과 별반 다를게 없다 싶을 정도로 가깝게 느껴진다는 의미다. 지금만 해도 광역버스나 수도권 전철로 인해 서울과의 접근성이 과거에 비해 매우 좋아졌다. 그러니 미래에는 더욱 다양한 교통수단이 생기고 한층 진화된 교통기술로 서울 접근이 훨씬 쉬워질 것이라 예측할 수 있다. 하지만 교통이 아무리 발달하고 그 수단이 대단히 다양해진다고 해도, 수도권이 서울권과 같을 수는 없다. 불편한 것은 여전히 있다. 서울의 확장이 하나의 현상이 될 수는 있지만, 도심 집중과 소형 부동산 선호 현상은 좀 더 강력한 대세로 자리 잡을 것이라 본다.

김사부의 투자 Tip

소형보다는 대형 부동산 가격이 더 오르던데요?

근래 몇 년간의 부동산 가격 흐름을 보면, 소형보다는 대형 부동산의 가격이 훨씬 더 많이 오른 것을 알 수 있다. 전혀 오르지 않을 것 같았던 수도권의 대형, 심지어 지방의 대형 부동산까지 상당한 가격 상승이 있었다. 이런 현상을 보며 '역시 부동산은 대형을 사야 해'라고 생각했다면 매우 큰 오산이다. 나는 오히려 '어떻게 이렇게 과거와 똑같은 현상이 되풀이될까?' 하는 생각이 들어 소름이 돋을 정도였다.

부동산 시장의 상황들을 볼 때 늘 주의해야 할 것은 '이것이 일시적인 현상일까, 향후 지속되는 트렌드일까'를 판단하는 것이다. 둘의 구분은 수요가 어떻게 변화하는지를 자세히 살펴보는 데서 시작된다.

이제 누구나 아는 이야기가 되었지만, 우리나라의 1, 2인 가구가 전체 인구의 60%를 넘었다.

1인 가구 증가 현황

(단위: 만 가구(전체 대비 비중 %))

	1인 가구	2인	3인	4인 가구 이상	전체 가구 수
2011	667.0(33.3)	391.3	369.9	575.1	2003.3
2021	946.2(40.3)	561.4(23.9)	561.4(23.9)	439.9(18.7)	2347.3

자료원: 행정안전부(2021년 기준)

중요한 것은, 이것이 일시적인 현상이 아니라는 것이다. 이러한 현상은 더욱 가속화될 가능성이 크다. 그런데도 부동산 투자는 소형보다는 대형이라고 생각할 수 있을까? 그런데 최근에 대형 부동산의 가격이 더 많이 오른 것은 왜일까? 세 가지 측면을 생각해 볼 수 있다.

첫 번째는, 그동안 전혀 오르지 않아서다. 소위 말하는 기저효과다. 요 몇 년 동안의 가격 움직임을 주시해 온 사람은 알겠지만, 대형 부동산은 중소형의 가격이 먼저 올라가고 한참 뒤에서나 오르기 시작했다.

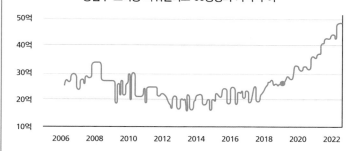

강남구 도곡동 타워팰리스 66평형의 가격 추이

서울 강남 아파트들의 가격이 2015년도부터 본격 상승한 데 비해, 타워팰리스 같은 대형 평형 아파트는 2019년도부터 본격 상승했음을 알 수 있다.

자료원: 국토교통부

다만, 이전 하락기에 훨씬 더 많이 떨어졌기 때문에 상승 시 그 폭이 크고, 대형은 투자금이 많이 들어가기에 그 액수만 보면 당연히 더 많이 오른 것처럼 보일 수 있다.

두 번째는 최근 몇 년간 부동산 강세장이 이어져왔기 때문이다. 강세장이라는 것이 무엇인지 쉽게 설명해 보자. 부동산을 구입하려고 하는 세력은 딱 둘뿐이다. 실수요자와 투자자. 여기서 말하는 투자자란 어떤 뛰어난 안목을 가진 사람을 의미하는 것이 아니다. 부동산을 '미리 사두겠다'라는 생각으로 매수하면 모두 투자자이다. 당장 활용할 이유가 없는 부동산을 먼저 사두려고 하는 이유가 무엇이겠는가? 그건 '가격이 더 오르리라' 생각해서다. 이렇게 가격이 더 오를 것이라고 생각하는 사람이 많은 시장, 그게 바로 강세장이다.

약세장은 그 반대다. '앞으로는 가격이 더 오르지 않으리라' 생각하는 이가 많은 시장이다. 이러한 시장에서 부동산을 구입하려고 하는 매수 세력은 누구이겠는가? 실수요자뿐이다. 즉, 미리 사두겠다는 사람이 많이 없어지는 시장이 약세장인 것이다.

그럼 강세장에서, 즉 미리 사두고 싶은 사람과 앞으로 가격이 더 오르리라 생각하는 사람이 많은 상황을 생각해 보라. 이들은 어떻게 해야 돈을 더 많이 벌 수 있다고 여길까? 단순하다. 돈을 많이 넣으면 많이 번다. 대형 아파트의 경우 기저효과와 함께 실제 금액적으로도 가격이 더 많이 오른다. 그렇게 되면 사람들이 우르르 따라 들어오고, 대중들 사이에 어느새 '대형 부동산이 가격이 더 많이 오른다'라는 확신이 생기는 것이다.

세 번째는, 대형 평형은 호가가 더 높게 형성되기 때문이다. 부동산 가격에는 실거래가가 있고, 호가가 있다. 실거래가가 진짜 가격이라고 볼 수는 없다. 막상 아파트를 사려는 매수자 입장에서는 결국 매도자가 부르는 '호가'로 매수하게 되는 것이지, 이전에 거래된 '실거래가'로 살 수 있는 건 아니기 때문이다. 따라서 부동산 강세장에서는 실거래가가 아닌, 호가가 시세가 된다. 그런데 대형 평형은 어떨까? 특성상 거래가 많을 수 없다. 그런데 한두 채라도 거래가 되었는데 그것이 이전 가격보다 더 높은 가격에 팔렸다면, 다음 호가는 그보다 훨씬 더 높은 금액에 나오고, 이 금액은 중소형 평형의 매도자들이 내놓는 호가보다도 훨씬 높은 경향이 있다. 어차피 대형 평형은 아무리 강세장이라고 해도 거래가 많이 되진 않기에 매도자들이 이를 어느 정도 감안하는 것이다. 거래가 잘 되지 않으리란 걸 알고 있기에, '기다릴 마음은 있으니, 거래가 되면 그 정도 가격은 받아야 해'라는 식으로 생각해 가격을 더 높게 부르는 것이다. 앞서 말하지 않았는가, 강세장에서는 호가가 시세라고. 이 때문에 대형 부동산 가격이 더 많이 오른 것 같은 착각을 불러일으킨다.

이러한 현상을 세밀하게 살펴보지 않으면, 그야말로 대형을 사두기만 하면 금세 팔자를 고칠 것 같은 기분까지 드는 것이다. 대형 평형이 거래가 잘 되지 않는다는 건 변함 없는 사실이다. 게다가 이제 수요자들도 급격히 줄어든 상황이다. 강세장이 계속 이어지지 않는다면 어떻게 되겠는가? 몇 년이고 호가에 거래가 성립되지 않는 일이 벌어진다. 그러던 어느 날, 약세장이 온다. 그렇게 되면 대형 평형을 소유한 이들이 아무리 여유가 있다고 해도 그중에 돈이 급한 사람은 생기게 마련이고, 더욱이 오랫동안 거래가 되지 않으면 그런 사람이 더욱 많아질 수 있다. 그런 경우 결국 거래를 위해 매우 낮은 금액에 매도하게 되고, 이를 외부에서는 '폭락했다'고 보는 것이다.

즉, 대형 부동산은 현시점 거래가격과 호가가 지속되리라 보기 힘들다. 대형의 가격은 매우 취약한 구조로 이뤄져 있다. 수요가 많지 않다는 상식에 근거한다.

물론, 강남의 대형 아파트는 약간 예외적이다(물론 이것도 투자 대상으로는 추천하지 않는다). 강남의 대형 아파트는 우선 실수요자가 적다. 그만큼 희소성이 있고 독보적인 부의 상징성을 갖고 있어서. 수년에 걸쳐 '똑똑한 1채'가 유리하게끔 제도가 만들어지면서 이러한 현상을 더욱 부추긴 탓도 있다. 단, 이를 투자 대상으로는 그다지 권하지 않는 건, 강세장에서는 그 가치에 비해 호가가 지나치게 오르기 때문이다.

그렇다면 향후 대형 아파트는 어떻게 될까? 강남의 대형을 제외하고는 거의 제값을 하기 힘들 것이다. 아니, 최소한 투자성은 없다고 본다. 투자의 성패는 늘 상식에 근거하고, 일시적인 현상이 아닌 향후 트렌드에 좌우된다는 점을 명심해야 한다.

강남권

서울의 지도를 펼쳐놓고 그 한 가운데를 짚어보라. 광화문이나 종로쯤이 될 것이다. 실제로도 서울의 중심은 광화문 일대다. 그런데 부동산의 중심은 광화문이 아니라 강남이다. 이러한 경향은 향후에도 크게 달라지지 않을 것이다. 강남이 부동산의 중심인 이유는 다음과 같다. 부동산 중에서도 가장 민감하게 시세가 움직이는 건 주거시설이고, 주거시설 중에서도 아파트다. 그런데 가장 핵심적인 아파트, 즉 가장 많은 사람이 선호하는 아파트 단지가 강남에 모두 몰려 있다. 기반시설이 좋아서 강남에 좋은 아파트 단지들이 많은 건지, 좋은 아파트 단지들이 많으니 기반시설이 더 좋아지는 것인지는 따질 필요도 없다. 하여간 이미 이는 굳건히 자리 잡은 형국이고, 앞으로도 크게 변화될 가능성은 없어 보인다.

그렇기 때문에 부동산 투자를 위해 우리나라 지도를 펼치면 일단 강남을 중심으로 놓고 봐야 한다. 강남과의 연계성이 그 지역의 가치를 결정한다고 봐도 틀린 말이 아니다. 그리고 강남권은 점점 더 확장되는 경향을 보이고 있다.

과거엔 강남이라고 하면 압구정동만을 의미했다. 그랬던 것이 삼성동과 도곡동까지를 의미하게 되었고, 지금은 사람들이 잠실과 송파까지 강남으로 여긴다. 미래엔 어떻게 될까? 시간이 많이 흐른 뒤에는 강동까지 강남으로 여기게 될 것이고, 그 힘은 미사까지 뻗어나갈 것 같다.

2005년부터 나는 잠실의 부동산 가격이 강남 부동산 가격의 최소한 90% 선까지는 오를 것이라고 이야기했다. 강남권이 확장되고 있는 가운데 그 수혜를 잠실이 받게 되리라 봤기 때문이다. 당시 잠실의 부동산 가격은 강남권의 80% 선이었다. 그런데 강남권 부동산 가격 역시 고정되어 있는 게 아니라 장기적으로 상승 추세에 있다. 잠실 부동산 가격이 강남권처럼 상승세를 유지하면서 점차 그 격차를 줄여나간다면, 당연히 상승의 폭도 커질 것이다. 나의 이러한 전망은 현실에서 증명되고 있다. 이러한 현상은 앞으로도 계속 진행될 것이다. 따라서 강남권에서 다시 주목받을 만한 지역이 어디인지 눈여겨보라. 또 강남권이 확장됨에 따라 수혜를 입을 만한 지역이 어디일지도 함께 고민해 볼 필요가 있겠다.

임대료

부동산 가격의 상승이 단지 실수요자가 주택을 매수하느냐 하지 않느냐에 달려 있는 건 아니다. 부동산 시장에서 좀처럼 드러나지 않는 손이 있는데, 그건 바로 임대업자의 수요다. 사실 등록된 임대업자의 수 역시 점차 늘어나고 있지만, 이미 우리나라에는 등록되지 않은 임대업자들이 상당수 존재한다. 미래에는 공공기관이 상당 부분 임대를 담당하겠지만, 그렇게 된다고 해도 전체적인 비율에서 보자면 미미한 수준일 것이다.

핵심적인 지역의 경우 추가적으로 공급이 늘어나기는 힘들다. 또 그러한 지역의 핵심 부동산을 소유하고 있거나 임대하고 있는 사람이라면 웬만하면 그러한 부동산을 매물로 내놓으려고도 하지 않을 것이다. 그러니 공급이 부족한 현상이 지속될 게 빤하다.

따라서 부동산의 핵심을 이해한다면 '임대료가 지속적으로 상승하는 곳', '임대료가 지속적으로 상승할 수 있는 곳'이라는 원칙을 염두에 두고 부동산을 살피는 것이 바람직하다. 임차인의 입장에서 봐도 금방 이해할 수 있을 것이다. 임차인은 거주하는 부동산의 투자 가치 따위엔 신경 쓸 필요가 없다. 그저 거주하는 데 불편함이 없고 살기 좋으면 된다. 그런데 그렇게 살기 편하고 좋은 지역의 부동산이 한정적이라면 어떻게 되겠는가?

방법은 둘 중 하나다. 불편을 좀 감수해야 하는 곳으로 이동하거나, 좀 더 가격을 올려주고라도 편한 곳을 계약하거나. 따라서 핵심을 제대로 보고 싶다면 이렇듯 실제 임차인들이 선호할 지역과 대상이 어디인지를 알아보는 노력을 기울여야 한다. 이는 그저 부동산을 '매매가가 오른다'는 개념에서 보는 것과는 다르다. 부동산의 매매가가 오른다는 건 당장 이 물건을 매수하고 싶어 하는 사람들이 나타난다는 개념이다. 그래야만 부동산의 매매가가 오른다. 그러나 임대료의 개념은 이와 다르다. '조금 비싼 가격에 임대료를 책정해도 임차인들이 들어오려고 하는가?'라는 개념에서 접근해야 한다. 이러한 수요가 즉각적으로 부동산 매매가에 반영되는 것은 아니지만, 지속적으로 매매가를 올리는 역할을 하게 될 것은 분명하다.

정리해 보자. New, 역세권, 소형, 강남권, 임대료 이 다섯 가지 키워드가 향후 20년 부동산 시장을 좌지우지할 핵심 키워드다. 이를 염두에 둔 채 구체적으로 어떻게 접근해야 하는지는 다음 장에서 살펴보자.

부동산 투자의 정석

4장

투자 고수의
정석

2년 만에 평생 열매 맺는
머니트리 만들기

부동산 투자계에서 고수란 어떤 이들일까? 한마디로 '먹고 들어가는 투자'를 하는 사람들이다. 이들은 이미 이익을 확보한 상태에서 투자하거나 원금을 빠른 시간 내에 회수한다. 잘 풀리면 대박, 안 풀려도 본전이다. 결코 잃지 않는 투자를 한다는 말이다.

누구나 이런 투자를 하고 싶을 것이다. 그런데 세상에 공짜란 없다. 부동산 투자의 고수가 하루아침에 될 수 있는 건 아니다. 운동 종목 하나를 배워도 선수처럼 할 정도가 되려면 엄청난 과정과 그에 따른 시간이 필요하지 않은가.

다만 투자 세계에서 고수가 되는 길이 그렇게 험난한 것만은 아니다. 다음 두 가지만 하면 된다. 첫째, 시간을 기다려야 한다. 둘째, 계속해서 열심히 물건을 찾아야 한다(여기서 공부는 너무 당연한 것이라 뺐다). 지극히 단순해 보이는 이 두 가지를 하지 않으면 결코 고수가 될 수 없다.

다른 분야에서 고수가 되는 것과 투자 세계에서 고수가 되는 것 사이에는 상당한 차이가 있다. 여기에 많은 오해가 있는 것 같다. 우선, 다른 분야에서 고수가 되는 필수 조건은 엄청난 양의 공부를 하는 것이다. 남들보다 열심히 공부하고, 남들보다 더 많이 배우고, 남들보다 더 강도 높게 훈련해야 한다.

그런데 투자 분야에서 고수가 되는 방법은 이와 다르다. 물론 열심히 공부하고, 배우고, 훈련하는 것도 중요하다. 하지만 그보다 더 중요한 것이 있다. 바로, '인내하는 것'이다. 시장의 흐름이 좋지 않을 때 참을 줄 알아야 하고, 어떤 투자 대상 물건이 100% 맘에 들지 않는다면 버릴 줄도 알아야 하며, 버린 물건이 혹여 이후 대박이 난다 해도 차분히 다음 기회를 기다릴 줄 알아야 한다. 투자란 시간과의 싸움인 것이다. 문제는 대부분의 사람들이 바로 이 함정을 극복하지 못하고, 시간과의 싸움에서 번번이 패하고 만다는 것이다. 아이러니한 사실이 하나 있다면, 열정적인 사람일수록 시간과의 싸움에서 지기 쉽다는 것이다. 그래서 이들은 좀처럼 투자의 고수가 되지 못한다.

반면, 희망을 가질 필요도 있다. 고수가 되는 필수 조건을 바꿔 말하면, 그저 꾸준히 노력하고 모든 상황에서 타이밍을 위해 인내할 수만 있다면 고수가 될 수 있다는 말이기 때문이다. 실제로 지난 20여 년간 강의를 해오며 만난 사람들 중 이 두 가지를 지켜나간 평범한 수강생들이 고수의 반열에 오르는 걸 보며, 나는 이를 확신하게 되었다.

그럼, 이제부터 고수가 된 사람들을 한번 분석해 보자. 그들이 어떻게 그 자리에 오를 수 있었는지, 그들은 무엇에 관심을 두고 어떻게 투자하는지 구체적으로 살펴보자.

부동산 투자,
때를 알면 이미 고수다

부동산 활황기에는 웬만한 부동산은 모두 가격이 오른다. 물론 자세히 들여다보면 개별 부동산의 가격 상승에도 시차가 있고 상승 폭의 차이가 있다. 그러나 중요한 것은 차이가 아니라, 부동산 시장 전체가 활황으로 진입하느냐 하지 않느냐이다.

고수들은 바로 이때를 적절하게 이용한다. 바로 이때가 일시적으로 큰 수익을 낼 수 있는 때이기 때문이다. 전설적인 투자자들은 모두 이때를 이용해서 큰 부를 일궈냈다. 많은 사람이 관심을 갖는 건 전설적인 투자자들의 '투자법'이다. 하지만 투자법보다 더 중요한 것은 '때'다. 투자 고수들의 투자법을 정확히 익혀서 써먹는다고 해도 같은 결과를 얻기는 대단히 어렵다. 왜일까? 때가 달라졌기 때문이다.

고수가 되고 싶다면 바로 때를 기다려야 하고, 이 때가 도래했다면 절대 놓쳐선 안 된다. 때를 잡으려면 우선 시장의 움직임을 주의 깊게 살피고 있어야 하는데, 이게 하루 이틀로 끝나는 게 아니라 몇 년을 두고 변화를 거듭하기에 오랜 기간 지속적으로 관심을 가질 필요가 있다. 따라서 일단은 몇 년간, 최소한 4년 이상을 지속적으로 관심을 가지겠다는 각오를 해야 한다.

투자의 때는 불황의 끝자락쯤이다. 아무리 시장을 열심히 관찰한다고 해도 언제 상승이 올지를 정확히 예측하기는 힘들다. 설령 상승이 시작되는 때를 알았다고 해도 이때는 좋은 물건을 잡기가 대단히 힘들다. 시장의 분위기가 바뀌면 모든 게 순식간에 바뀌기 때문이다. 가격도 순식간에 오르기 십상이다. 기억하자. 투자란 반드시 불황의 끝자락에서 해야 한다. 활황이 시작됐을 때 투자하겠다는 건 이미 늦은 것이다.

그다음 중요한 건 이때 자금이 있어야 한다는 것이다. 일반적인 투자자들은 때를 기다리지 못하고 그저 빨리 돈을 벌고 싶다는 욕심 때문에 부동산 활황장에서 돈을 다 써버려 자금이 없다. 자금이 없으면 투자의 성패를 가르는 결정적인 순간을 알게 되었다고 해도 아무 소용이 없다. 불황에서 활황으로 넘어가는 결정적인 순간, 투자할 수 있는 자금을 반드시 준비하라.

이 두 가지만 제대로 해도 1년 혹은 2년 내에 실제 투자금 대비 2배의 수익을 얻는 건 그리 어렵지 않다. 이 책에서도 이렇게 성공한 고수들의 수많은 사연을 접하게 될 것이다. 그들의 투자법이 대단히 대단한 것도 아니다. 어찌 보면 너무 평범해서 실망스러울 정도다. 그런데 왜 그 정도의 성공을 이뤄낸 사람들이 이 세상에 그리 많지 않은 것일까? 앞서 이야기한 조건을 갖춰야만 성공적인 결과물을 얻을 수 있기 때문이다. 그렇다면 이 '때'를 어떻게 알아볼 수 있는지부터 살펴보자.

투자의 때를 알려주는 신호들

투자의 고수들은 어떻게 투자해야 할 때를 정확히 알아보는 것일까? 투자의 적기가 왔음을 알려주는 신호들이 등장하기 때문이다. 몇 년간 부동산 시장을 꾸준히 주시하고 있다가 다음과 같은 일들이 벌어진다면 이렇게 해석하라. 부동산 가격이 거의 바닥이고 멀지 않아 상승으로 돌아설 것이라고. 그리고 비로소 때가 왔다고.

부동산 불황기가 3년 이상 지났다

오해하지 마라. 부동산 경기가 나빠진 지 3년 정도가 지나면 불황이 끝난다는 의미가 아니다. 불황이 언제까지 지속될지 정확히 예측할 수 있는 사람은 없다. 다만 부동산 불황기가 3년간 지속되면 웬만한 투자자들은 모두 나가떨어진다. 또 웬만큼 버티던 매도자들 역시 지칠 대로 지친다. 이렇게 되면 매도자들은 결국 가격을 낮춰서라도 물건을 내놓을 수밖에 없다.

미분양 물량이 사상 최대로 증가한다

미분양은 악성 미분양과 비악성 미분양으로 나뉜다. 악성 미분양 물건이란 사람들이 입주한 뒤에도 여전히 분양되지 않고 남아 있는 부동산을 의미하며, 비악성 미분양 물건은 분양 당시에만 미분양된 물건을 뜻한다. 다만 시장의 흐름을 판단할 때는 이 둘을 굳이 구분할 필요가 없다. 부동산 미분양 물량이 최대로 증가했다는 것은 곧 반전의 상황이 올 거라는 신호로 봐야 한다.

분양 물량이 역대 최저가 된다

실시간으로 부동산 시장 상황을 체크하며 예의주시하고 있는 이들이 투자자만은 아니다. 고액의 비용을 아까워 하지 않고 수많은 인력을 활용하여 이를 체크하는 이가 또 있으니, 바로 건설사다. 왜일까? 분양 실패가 곧 회사의 엄청난 손실을 의미하기 때문이다. 따라서 건설사들이 주택을 분양하지 않는다는 건 그만큼 부동산 시장이 죽어 있다는 뜻이고, 이 물량이 역대 최저를 기록할 때는 부동산 가격이 바닥이라고 봐도 무방하다.

경매 낙찰가율이 사상 최저 수준이 된다

부동산의 감정가 대비 낙찰가의 비율을 뜻하는 경매 낙찰가율은 부동산 경기가 활황이냐 불황이냐를 가늠하는 바로미터다. 과거 우리나라 경매 시장의 역사를 토대로 낙찰가율 흐름을 정리하고 그 수준을 비교해 보라. 만약 낙찰가율이 역대 최저치에 접근한다면 그건 부동산 가격이 바닥이라고 봐야 한다.

전세가율이 사상 최고치에 근접한다

전세가율이란 부동산의 매매가 대비 전세가 비율을 의미한다. 이 전세가율이 사상 최고치에 근접했다는 건 무슨 의미일까? 일단 사람들이 전세로는 살아도 주택을 매매하지는 않는다는 것이기에 시장이 불황임을 알 수 있다. 다만 주택을 임대해서 거주하는 사람들은 결국 그 부동산의 실수요자다. 이들은 주택의 전세가가 매매가에 근접하게 올라도 집주인에게 그 정도의 임대료를 지급하면서까지 거주할 용의가 있다는 것이다. 따라서 전세가율이 높은 부동산은 비정상적으로 매매가가 낮다는 것을 의미하며, 이는 곧 상황이 반전될 것이라는 신호다.

폐업하는 중개소가 속출한다

항상 그렇듯이 모든 투자 자산의 상승은 거래량 상승을 동반한다. 반대로 불황이 되면 거래량도 함께 줄어든다. 부동산 거래량이 없어지면 부동산 중개소는 문을 닫을 수밖에 없다. 거래량이 어느 정도 줄어드는 것은 견딜 수 있지만, 그 양이 대폭으로 줄어들어 없다시피 되면 부동산 중개소가 존립할 수 없게 된다. 부동산 거래량이 바닥을 치면 가격이 바닥이고, 불황의 끝이 얼마 남지 않았다는 걸 인지해야 한다.

정부의 부동산 활성화 대책이 등장한다

앞에서도 말했지만, 부동산 카드는 정부가 꽉 쥐고 있는 경기부양 카드다. 따라서 정부가 부동산 활성화 대책을 내놓기 시작했다는 건, 실제로 경기가 활성화되기까지 정부가 경기부양을 위해 노력할 것임을 의미한다. 그러니 머지않아 부동산 경기 역시 돌아설 것으로 짐작할 수 있다.

꿃

탁월한 투자자들은 이와 같은 '때'를 제대로 이용한다. 이때에 핵심적인 부동산에 투자하는 것이다. 다만 부동산 투자계의 진정한 고수는 여기서 한 발 더 나아간다. 그들은 바로 이때 '완벽하게 먹고 들어가는' 투자를 한다. 이를 가능하게 하는 물건은 따로 있다. 이런 때 고수들이 찾는 물건은 어떤 것일까?

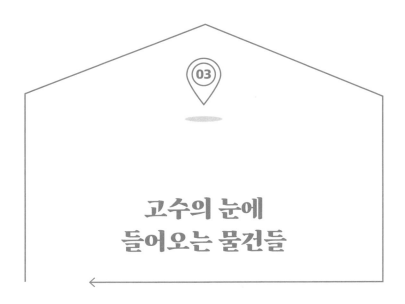

고수의 눈에
들어오는 물건들

투자의 적기가 도래했을 때, 고수들은 일반 투자자와 다른 시각으로 투자할 대상들을 살핀다. 그들이 어떤 부동산 물건을 주시하고 찾는지 찬찬히 살펴보자.

전세가율이 90~95% 선에 육박한 주거용 부동산

이런 물건이 있을까? 있다. 이런 물건들이 넘쳐나는 때도 있고, 설령 넘칠 정도는 아닌 때라도 찾으려는 노력만 조금 기울인다면 찾는 게 그리 어렵지도 않다. 이러한 물건에 투자하는 것이 매력적인 이유는 최대 2년만 기다려도 전세 보증금 상승분으로 투자 원금을 모조리 회수할 수 있고, 그다음부터는 이 물건이 평생 돈이라는 열매를 맺는 나무가 되어주기 때문이다.

현명한 투자자의 정석에서 소개했듯이, 관건은 시간이다. 앞에서는 매년 3,000만 원을 투자해서 매수한 부동산의 전세 보증금이 2년에 2,000만 원씩 상승한다고 가정했다. 결국 자금 회수 측면에서 보면 4년 만에 원금을 회수하는 셈이다. 그런데 고수는 2년, 빠르면 1년 또는 몇 개월 안에도 자금을 회수할 수 있는 물건을 찾아내는 것이다.

전세 보증금 상승분으로 원금을 회수한다는 건 부동산의 매매가도 상승한다는 뜻이지만, 사실 고수들은 이는 신경도 쓰지 않는다. 당장의 매매가 상승보다는 그 부동산이 평생 돈을 열매 맺는 나무가 될 것이냐 아니냐가 더 중요하기 때문이다.

투자 원금 회수 기간은 빠를수록 좋다. 회수가 빨리 되어야 그 자금으로 다시 투자할 수 있기 때문이다. 단, 여기서 중요한 것이 있다. 전세가율이 90~95% 선에 육박하는 부동산이라고 무조건 좋은 투자처로 봐서는 안 된다는 것이다. 평생에 걸쳐 내게 돈이라는 열매를 가져다주려면, 반드시 이 나무에 '성장성'이 있어야 한다. 즉, 이 부동산이 꾸준히 전세 보증금 상승이 일어날 가능성이 있는 물건인지 살펴야 한다. 고수는 이를 보는 눈이 있다.

이런 물건들이 있을까? 불황기에는 이런 물건들을 비교적 쉽게 찾을 수 있으나 시장 활황기에는 이를 찾기가 대단히 어렵다. 다만 활황기에도 다음과 같은 물건엔 관심을 가져볼 만하다.

대학가 근처의 원룸이다. 일반적으로 원룸이라고 하면 대부분 한 건물에 속해 있는 경우가 많다. 다가구의 형태인 것이다. 그러나 간혹 원룸이 단독으로 되어 있는 물건들이 있다. 즉 다세대로 구성된 것. 이런 물건들은 건축업자들이 소액 투자자들에게 쉽게 팔려는 의도로 일부러 다세대로 구성한 경우가 많다. 1채당 7,000만~1억 2,000만 원 선에 가격이 형성된다.

저렴하다는 점에 혹해서 이런 물건을 매수한 소유자들은 몇 년간 임대를 놓은 후엔 임대수익률이 괜찮긴 하지만 어쩐지 원룸을 소유하고 있다는 것이 불안하게 느껴진다. 한마디로 이런 물건들은 부동산 같지 않아서 이를 팔고 싶어진다. 그런데 이런 물건들이 잘 팔릴 리가 없다. 우선 노출이 되질 않는다. 심지어 부동산 사이트에도 이런 물건들은 매물로 올라오지 않는다. '원룸'이란 카테고리가 있긴 하지만 임대가 목적이기에 매매 물건들은 별로 없다. 또 혹여 있다고 해도 그건 통 물건, 즉 한 건물 전체에 대한 매매이지 이처럼 단 1채에 대한 매매가 아니다. 상황이 이렇다 보니 당연히 매매가 잘 이뤄지지 않는다. 매수자가 없으면 소유자의 마음이 급해지게 마련이다. 결국 얼마 가지 않아 이들은 가격을 아주 싸게 내려서 물건을 내놓는다. 이런 경우가 종종 발생한다. 몇 년 전 한 회원이 내게 상담을 신청했다.

"역세권 빌라에 지은 지 4년밖에 되지 않은 원룸이 매매가 9,500만 원에 나와 있는데요. 현재 전세 7,500만 원에 세입자가 거주하고 있는 상황이고 내년 1월에 계약이 끝난다고 해요. 그런데 현재 이 원룸의 전세 시세가 1억 원이랍니다. 이런 물건은 사도 되지 않나요?"

직접 중개소를 통해 주변 시세를 알아보았더니 실제로 전세 보증금 1억 원은 무난히 받을 수 있는 원룸이었다. 게다가 지역도 계속 상권이 확대되고 있는 홍대와 합정 지역의 수혜를 입을 가능성이 있고, 대학가 근처인 데다 망원역에서도 가까워서 꾸준한 임대 수요가 있을 만한 곳이었다. 그래서 나는 회원에게 과감하게 매수하라고 권했다.

많은 사람이 이렇게 생각할 것이다. '원룸을 사서 뭐 하겠어?', '나중에 매도하기 어렵지 않나?', '임대 놓기 힘들지 않나?' 이러한 불안감을 가지는 건 당연하다. 이것이 바로 원룸에 대한 일반적인 인식이다. 그래서 이런 물건들이 나오는 것이다. 다만 이 회원의 전략은 이 원룸을 매수해서 몇 개월 만에 전세 보증금으로 원금을 모두 회수한 후 그다음에는 평생 돈 나오는 나무로 가져가는 것이었다. 물론, 전세가 1억 원짜리 원룸이 2년이 지났다고 전세 보증금이 얼마나 오르겠는가? 별로 오르지 않을 것이다. 그래서 매도자 역시 '그까짓 거' 하면서 팔아치운 것이다. 그러나 단돈 몇백만 원이 나온다고 해도 이런 물건이 1채가 아니라, 여러 채라면 어떨까? 2년 만에 500만 원이 나오는 물건 10채를 가지고 있다면 5,000만 원이고, 20채를 가지고 있다면 1억 원이다. 내 돈 한 푼 들이지 않았는데도 2년마다 1억 원씩 열매를 맺는다면 어마어마한 이익이 아닌가?

이처럼 기가 막힌 '머니트리'를 매도자는 자잘한 이익이라는 이유로 내던져버렸을 것이다. 만약 이런 투자를 평균 4개월에 걸쳐서 1건씩 진행해 4년이 지났다고 해보자(자본금이 회수되는 시점을 4개월로 잡아서 재투자). 처음에 자본금 2,000만 원을 들여 4년 동안 12채를 구입한다면(1년에 3채씩 4년), 4년 후부터는 2년에 한 번씩 6,000만 원(500만 원×2채)의 현금흐름이 발생한다. 자본금 2,000만 원으로 기적을 만들었다. 그는 고수가 된 것이다.

경매로 전세가 수준에 낙찰받을 수 있는 아파트나 빌라

앞의 물건과 비슷한 개념이다. 사실 이런 물건은 보통 사람들이 말하는 '좋은 부동산'이 아닌 경우가 많다. 그러나 여기서도 좋은 부동산을 찾아야 한다. 남들이 매매 물건으로서 선호하는 건 아니라고 해도 적어도 임대료만큼은 꾸준히 강세로 갈 수 있는 아파트나 빌라가 그 대상이다. 굳이 경매로 낙찰받지 않아도 일반 매매를 통해서 이런 기회를 잡을 수 있다. 이런 물건에 투자하면 늦어도 1년 내에 원금을 회수하게 된다. 그다음부터는 신경 쓸 필요도 없다. 얼마가 되었든 그 부동산이 평생 돈이라는 열매를 맺는 나무가 되어주기만 하면 된다. 보통 이런 물건은 역세권에 위치한 나홀로 아파트나 소규모 단지의 아파트 등인데, 다음과 같은 사례도 눈여겨볼 필요가 있다.

투자를 할 만한 경매 물건을 검색하던 중 한 부동산이 내 눈에 띄었다. 마침 회원 한 명이 컨설팅을 요청해 와서 이를 추천했다. 당시 이 부동산의 매력적인 장점은 계속 주목받고 있는 강서구 9호선 라인에 있고 무엇보다도 한강 조망권을 가지고 있다는 것이었다. 게다가 로열동, 로열층에 해당되는 아파트라 경매로 나온 물건치고는 좀처럼 드문 사례였다. 다만 세대수가 많지 않고 44평이라는 대형 평형이라는 점이 다소 부담스러웠다. 그런데 이러한 점 때문에 오히려 경쟁률이 크게 떨어질 수도 있기에 적극적으로 시도해 볼 필요가 있었다. 당시 이 부동산의 전세 시세가 4억 6,000만 원 선이었으니, 이에 근접한 수준으로 낙찰을 노려보자는 것이 내 전략이었다. 나는 4억 8,000만 원 정도면 충분히 승산이 있겠다 싶어 이를 권했다. 4억 8,000만 원에 낙찰받는다면 4억 6,000만 원 선에 전세 세입자를 구하는 것이 가능하고, 조금 더 운이 좋다면 4억 7,000만 원에도 세입자를 받을 수 있지 않을까 싶었던 것이다. 그렇게만 된다면 각종 비용을 포함해도 투자 비용이 3,000만 원 이내라, 2년 후 재계약 시점에는 원금을 모두 회수할 수 있을 거란 예상이었다.

게다가 나는 이 정도의 물건이라면 당시 청담동에 있는 청담 래미안로이뷰, 청담 아이파크처럼 변신하는 것도 가능할 것 같았다. 이 아파트들도 나홀로 아파트였지만 탁월한 조망권 덕분에 리모델링이 되었고, 리모델링 이후 가격이 7억 원이나 급등했기 때문이다(실제 청담 래미안로이뷰의 매매가는 7억 원이었으나 추가분담금 2억 5,000만 원으로 리모델링을 진행한 후 가격이 14억 원으로 뛰었다. 그 후 지속적인 상승세를 타고 2022년 현시점 이 아파트의 매매가는 최고가 38억 원까지 기록했다).

드디어 당일. 내 조언에 따라 4억 8,000만 원 언저리의 어떤 가격이 좋을까 고민하던 회원은 입찰용지 가격란에 4억 8,250만 원이라고 기재했다. 그러나 아무래도 이 정도 가격에 낙찰받아서는 큰 수익을 얻지 못할 것 같다는 생각이 들었는지, 그는 다시 입찰용지를 가져와 4억 7,250만 원이라고 적었다.

결과가 어떻게 되었을까? 놀랍게도 낙찰가격은 4억 7,883만 원이었다. 나는 4억 8,000만 원 이상에 낙찰될 거라고 생각했는데 그보다 싼 가격에 낙찰되는 것에 놀랐고, 회원의 이름이 호명되지 않아서 더 놀랐다. 결국 2위도 되지 못한 이 회원은 차순위매수신고도 하지 못한 채 쓸쓸히 법정을 나왔다.

경매라는 게 원래 물건을 기가 막히게 분석했다고 무조건 낙찰받을 수 있는 게 아니다. 그러니 그렇게 안타깝게 생각할 것도 없다. 하지만 이 아파트의 경우 13명이 달려들었음에도 불구하고 아주 낮은 가격에 낙찰된 이례적인 사례라 더욱 아쉬웠다.

최종 낙찰자가 나와 같은 전략과 마음으로 접근했는지 아닌지는 모르겠지만, 낙찰받은 금액대로 봐서는 아마 비슷한 전략을 생각하지 않았을까 싶다. 그렇다면 등기비용과 명도비용, 수리비까지 포함해 약 5억 원가량이 들 것이고, 약 4억 7,000만 원에 전세 세입자를 구했을 것이다. 과거 평균적인 전세 보증금 상승 수준으로 보면, 2년 후에 그는 원금을 회수하고도 1,000만~2,000만 원 정도는 추가로 받게 될 것이다.

이처럼 초역세권의 소형 아파트가 아니라고 해도 조망권 같이 탁월한 장점을 가지고 있는 물건을 전세가 수준으로 낙찰받을 수 있다면, 아주 빠른 시간 내에 탁월한 수익을 얻는 것도 가능하다.

분양가가 주변 시세와 거의 비슷한 아파트 분양권

이 방법은 아주 안전하면서도 쉽게 고수가 될 수 있는 지름길이다. 앞에서 밝힌 바와 같이 대한민국 미래 부동산 시장의 핵심 키워드 중 하나는 'New'다. 이에 대한 수요는 변하지 않는다. 따라서 신규 아파트의 경우 항상 주변에 비해 20% 정도 가격이 비싼 것이 일반적이다. 이것이 상식적이다. 정부의 특별 공급인 경우를 제외하면 말이다.

그런데 시장 상황상 예외적인 일도 생긴다. 아니, 상식적인 가격대에 분양했는데 미분양이 되는 바람에 할인하게 되는 경우가 대부분이다. 만약 이에 해당한다면 레버리지 효과까지 감안할 때 2년 안에 분양권 가격이 2배로 뛸 가능성이 대단히 크다. 물론, 주거시설로서의 기본적인 장점들을 모두 갖춘 단지여야 한다는 게 전제 조건이다. 2년 안에 안전하게 재산을 2배로 증식하고 싶다면 이런 물건을 눈여겨보는 게 좋겠다. 이와 관련된 사례들은 뒤에서 더 다루겠다.

임대수익률이 20~30%에 육박하는 수익형 부동산

연수익률 20~30%는 꿈의 수익률이다. 이 정도 수익률이라면 3~5년 내에 수익금만으로도 원금을 모조리 회수할 수 있기 때문이다. 역시 그다음부터는 크게 신경 쓸 것이 없다. 이런 수익률이 어떻게 가능할까? 원리는 단순하다. 수익형 부동산은 원래 거래가 잘 되지 않는다. 주거용 부동산은 생활하는 데 반드시 있어야 할 필수 상품이지만, 수익형 부동산은 돈을 벌기 위한 수단으로 사용되는 상품이기 때문이다. 수익형 부동산을 반드시 사야 하는 건 아니라는 말이다. 따라서 불황이 오면, 아무리 좋은 수익률을 내는 수익형 부동산이라도 매수자를 구하기 힘들어진다. 바로 이 점을 노려야 한다. 지방 또는 변두리의 소규모 아파트, 상권이 약간 침체된 상가, 주변 신규 오피스텔 입주로 매수세가 없어진 오피스텔 등이 이에 해당한다. 충분히 낮은 가격에 매수해 3~5년 동안만 수익금을 잘 관리하면 된다.

2016년 6월, 한 분이 임대수익률이 12% 정도 되는 오피스텔을 매수하면 어떨까 문의를 해왔다. 지역은 경기도 부천의 중동으로 당시 오피스텔의 연식은 약 15년 정도 된 것이었다. 신규 오피스텔들의 분양으로 물량이 늘어나고 있는 시점이었다. 15년 만에 처음으로 새로운 오피스텔들이 들어서는 상황이었기에 이 신규 오피스텔에 주변 사람들의 이목도 집중되고 있었다.

신규 오피스텔 분양도 상당히 잘됐다. 오피스텔을 매수하는 사람 중 대다수는 이미 그 지역에서 기존 오피스텔로 오랫동안 임대를 해왔거나 그런 사람을 잘 알고 있는 이들이었다. 대략 15년이라는 기간 동안 경험이 쌓인 이들이었기에 그 지역이 임대수요가 상당히 안정적이고 매년 임대료도 꾸준히 증가했다는 걸 알았고, 이에 대한 만족도도 상당히 높았다. 그렇게 십수 년이 흐른 시점에 신규 오피스텔이 분양하자 그들은 기존의 낡고 오래된 오피스텔은 처분하고 다시 새로운 오피스텔로 향후 10년 이상을 임대해야겠다고 생각한 것이다.

이들의 생각이 옳은 것일까? 옳다. 오피스텔의 경우 10년이 지나면 시설의 노후도가 심해지므로 매도를 고려하는 것이 좋다. 이러한 일반적인 투자 마인드에 따라 이들은 그동안 임대해 왔던 오피스텔들을 시장에 내놓았다. 그런데 이 물건들 즉, 이들이 내놓은 오래된 구형 오피스텔들이 수익률이 꽤 좋은 것이다. 이 오피스텔들을 투자용으로 매수하는 건 어떨까?

경기도 부천 중동의 구형 오피스텔

매매가격	보증금	월세	수익률
8,000만 원	500만 원	45만 원	7.2%

이런 물건을 대출받아서 투자할 경우 투자금은 적은데 수익률은 상당히 높다.

경기도 부천 중동의 구형 오피스텔 대출을 활용한 투자

매매가격	대출	대출이자	보증금	월세	투자 금액	수익률
8,000만 원	4,000만 원(50%)	3%	500만 원	45만 원	3,500만 원	12%

이렇게 임대수익률이 높은 오피스텔을 매수하는 게 어떻겠냐는 그의 질문에, 나는 좋지 않은 방법이라고 답했다. 중동 신도시는 이미 도시가 완성된 곳이다. 각종 편의시설과 기반시설이 잘 갖춰져 있으므로 안정적인 수요는 가능하다. 그러나 지금으로서는 추가적인 상승 여지가 별로 없다. 더욱이 십수 년 만에 신규 오피스텔들이 등장하고 있다면, 기존 오피스텔들은 당장은 몰라도 향후 10년 정도 임대나 추후 매도에 문제가 생길 수 있다. 오히려 지금까지 꽤 높은 수익률로 임대를 해오던 이들이 구형 오피스텔들을 던지고 신규 오피스텔로 갈아타는 것이 좋은 전략이라는 말도 덧붙였다. 그런데 며칠 뒤 다시 그로부터 연락이 왔다.

"선생님, 매매가 5,000만 원짜리 오피스텔이 나왔는데. 이 정도면 잡아도 되지 않나요?"

내용인즉, 매도자가 상속받은 물건인데 지금 외국에서 거주하고 있는 탓에 한국에 있는 부동산을 관리하기 힘들어 급매로 오피스텔을 내놨다는 것이다. 이렇게 가격이 싼데 매수해도 되지 않을까? 나는 그에게 당장 매수하라고 했다. 매매가가 5,000만 원이라면 대출을 받아 운영할 경우 무려 23%의 수익을 얻을 수 있다. 또 약간 높은 이자를 주더라도 대출비율을 60%까지 올리면 수익률이 무려 30%다. 이 정도의 수익률이 나온다면, 3년이면 원금을 회수할 수 있다.

이러한 물건의 전략은 이렇다. 우선 3년 동안은 이익을 잘 보관해 둬야 한다. 이익이라고 여기지 말고 원금을 조금씩 회수하는 것이라고 생각하면서 이를 잘 보관한다. 그리고 원금이 회수된 시점부터는 그냥 마음 놓고 이익을 취하면 된다. 오래된 오피스텔이므로 공실이나 임대료 하락 등이 가장 큰 리스크인데, 이렇게 접근하면 리스크도 사라지고 수익률은 무한대가 된다. 또한 공실이나 임대료 하락, 수리비 같은 걱정도 이미 잘 개발된 택지개발지구에 위치할 경우 실제로는 일어나지 않을 가능성이 더 크다. 그렇게 된다면 3년 후부터는 투자금 하나 없이 평생 계속해서 돈을 맺는 나무가 한 그루 생기는 것이다.

바로, 이런 투자가 고수들이 하는 투자다. 하루아침에 고수가 될 순 없다. 이런 물건들은 대개 '함정'을 가지고 있는 경우가 많기 때문이다. 성공 사례들만 늘어놓으니 쉬워 보이겠지만 현실에서 이런 물건들을 찾기란 결코 쉬운 일이 아니다. 아니, 물건을 찾는 것 자체가 어려운 것이 아니라 그중에서 정말 괜찮은 물건을 골라내는 것이 어렵다. 현시점 경매 사이트에만 들어가도 이런 물건들이 널려 있다. '전세가율 높은 아파트'라는 문장으로 검색만 해도 전세가율이 90~95%에 육박하는 아파트도 꽤 많다. 그런데 이런 물건들 모두가 투자할 만한 대상이 되는 건 아니다. 쭉정이들을 쳐 내고 알맹이만 골라내는 능력을 키우는 것, 그것이 고수가 되는 길 이다. 하지만 희망은 있다. 앞에서 말했듯 몇 가지만 지킨다면, 몇 년이 지난다고 해도 누구나 고수가 될 수 있으니까!

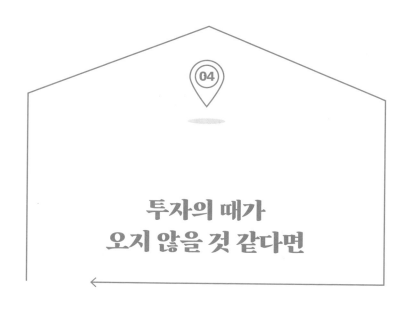

투자의 때가
오지 않을 것 같다면

앞서 말한 투자의 때를 알려주는 신호가 고수가 투자하는 시점이라는 사실에는 변함이 없다. 그런데 2022년 현시점에서 보면, 격세지감을 느낄 것이다. '과연 앞으로 그런 때가 오기는 할까?' 싶을 수도 있고, '그런 때가 빨리 왔으면 좋겠다. 그러면 아주 큰돈을 벌 수 있을 텐데' 하는 마음이 들 수도 있다.

다만 이러한 생각들도 그야말로 부동산 활황장 속에 있을 때나 할 수 있는 것이다. 단언컨대, 현재 이렇게 생각하더라도 앞서 말한 것과 같은 때가 오면 대다수는 매수를 실행하지 못할 것이다. 대중이 부동산 투자를 꺼리는 때라는 건 실제로 부동산 거래가 끊기고 무엇보다 매스컴이 '부동산 폭락', '부동산, 빛은 안 보이나?',

'집이 있어 우울한 사람들', '부동산 찾는 사람은 없고 매물만 쌓여', '부동산으로 돈 버는 시대는 끝났다' 같은 제목의 기사를 연일 쏟아내는 시기라는 뜻이다. 인간은 사회적 동물이라는 이 빤한 문구의 의미를 깊이 생각해 볼 필요가 있다. 모름지기 인간은 본인의 생각을 고수하면서, 뜻한 바를 끝까지 밀고 나갈 것 같지만, 전혀 그렇지 않다. 결국 대중 속에 있는 걸 좋아하고, 대중과 다른 길을 가는 걸 매우 불안하게 여기는 존재가 바로 인간이다. 그래서 앞서 말한 결정적인 기회가 와도 이를 기회로 생각하기보다 대중과 똑같이 '공포'와 '절망'으로 생각하기 쉽고, 결국 그 기회를 이용할 수 있는 용기 있는 사람은 극소수에 불과하게 된다. 지금 이 글을 읽는 독자들은 그 시기가 왔을 때 책을 읽으며 결심한 것을 반드시 행동으로 옮겨 큰 수익을 내길 바란다.

문제는, 지금 상황이다. 이미 부동산 가격은 많이 올라와 있고 최적의 타이밍을 기다리려고 하니, 1~2년이 아니라 10년은 기다려야 할 것 같은 분위기이기 때문이다. 이런 때는 투자를 하지 말고 쉬어야 하는 것일까?

이번 개정판을 쓰면서 서두에서 밝혔듯이, 나는 '부동산 투자의 정석'이 말 그대로 정석답게 세월이 지나도 그 빛을 발한다는 것에 감사한 한편 놀라기도 했다. 다만 모든 것이 하나도 변하지 않은 건 아니다. 과거 10년 정도와 비교하면, 부동산 시장을 흔들고 있는 매우 큰 변화가 하나 있다. 그것은 바로 '정보의 대중화'이다.

과거 부동산 투자는 일부 부자들만 할 수 있는 것이었다. 일단 정보가 많지 않고, 세부적인 정보를 얻을 수 있는 곳이 부동산 중개소밖에 없었기 때문이다. 그래서 중개소에 들락날락할 수 있는 사람들, 즉 돈이 있어서 부동산 거래를 많이 할 수 있는 사람들만 부동산 정보라는 걸 이용할 수 있었다.

그러다 인터넷 시대가 도래함에 따라 부동산 정보가 대중의 손에도 들어가게 되었고, 그렇게 부동산 투자의 대중화 시대가 열렸다. 그것이 지금으로부터 거의 20년 전인 2003년즈음이다. 부동산 정보가 인터넷의 발달로 일부 특정 계층에서 대중으로 전파된 것이다. 단 당시의 정보 전달은 그저 누구나 관심만 있으면 정보를 얻을 수 있는 정도였다. 즉 도서관이 대중에게 개방된 것 같은 혁명이었다. 과거엔 일부 계층만 들어갈 수 있는 도서관에 이제는 누구나 들어갈 수 있게 된 것이나 다름없었다. 그러니 누구나 그 도서관에 가서 다양한 책을 찾아보면서 자신이 원하는 정보를 찾아볼 수 있는 혁명이었던 것이다. 다만 그렇게 되었다 해도 본인이 일일이 찾아봐야 하기에 수고와 시간이 요구됐다. 일단 도서관에 가야 하고, 내가 원하는 정보가 어디 있는지 알기 위해 많은 시간을 쏟아야 하는데, 정보를 찾는 루트 또한 복잡해서 과연 이 길로 가면 원하는 정보를 얻을 수 있는지에 대한 확신이 없는 경우도 허다했다. 이러한 이유로 도서관이 개방되었다고는 하나, 정작 그 정보를 활용하는 것은 일부 부지런하고 머리가 빨리 트인 사람들에게만 국한되었다고 할 수 있다.

이러한 변화에 또 한 번의 혁명이 일어났는데, 바로 스마트폰 혁명이다. 이는 도서관이 손안으로 들어온 것이나 다름없었다. 결정적인 변화는, 원하는 정보를 얻기 위해 길을 찾는 수고와 시간을 낭비할 필요가 사라졌다는 것이다. 그저 몇 개의 키워드만 넣어도 바로 원하는 정보를 정확하고 쉽게 알 수 있게 되었으니 그야말로 대단한 혁명이었다. 이 같은 혁명이 일어난 게 지금으로부터 약 7년 전인, 2015년이다.

쉬운 예로, 예전에는 어느 지역의 주택 입주 물량을 알려면 이전부터 나왔던 분양 정보들을 하나씩 체크했다가 그렇게 취합한 분양 정보들을 모아서 입주 물량을 계산해야 했다. 그리고 계산한 입주 물량을 국토부 자료와 비교하면서 빠진 게 없는지 하나씩 파악했다. 그런데 지금은 어떤가? 그냥 버튼 하나만 누르면 그 지역의 입주 물량이 나오고 어떤 아파트가 몇 월에 입주하고, 각 아파트의 세대수가 얼마인지까지 정확하게 나온다. 게다가 이 모든 정보를 얻는 것이 공짜다! 이제 누구든지 약간의 노력도 아닌, 그저 관심만 가져도 원하는 모든 정보를 알 수 있는 시대가 된 것이다. 이에 따라 부동산 시장에도 매우 큰 변화가 일어났는데, 그 변화들을 정리하면 다음과 같다.

하나, '눈먼 물건'이 없어졌다

과거에 잘나가는 부동산 중개인들은 사실 중개로 돈을 번 게 아니다. 그야말로 '눈먼 물건(매도자가 시세를 몰라서 터무니없는 가격에 내놓는 물건)'을 매수해 큰돈을 번 경우가 많았다. 그런데 지금은 그런 물건들이 아예 없어졌다고 해도 과언이 아닐 정도다. 좀 더 특정 지어서 이야기하면, 인터넷에 시세가 공개되는 아파트라면 눈먼 물건 같은 건 아예 없다고 봐야 한다.

그렇다. 이제는 누구나 너무 쉽게 자신의 부동산 가치가 얼마인지 알게 되었다. 과거처럼 매도자가 시세를 몰라도 너무 몰라서 싸게 내놓는 물건 같은 건 없어졌다. 그러니 그런 물건을 찾을 생각이라면 마음을 접는 게 낫다. 향후에는 아파트뿐 아니라 빌라와 상가, 토지까지 모조리 시세 파악이 가능한 시대가 될 것이다. 눈먼 물건은 사라질 거라는 이야기다.

둘, 투자가 대중화되었다

세분해서 설명하자면, 인터넷의 혁명으로 인한 부동산 시장의 변화가 일어난 2003년경에는 부동산의 정보가 대중화되었다. 그런데 2015년경부터는 대중이 그러한 정보를 쉽게 활용해 투자를 할 수 있는 수준이 되었다. 이에 따라 결국 투자의 대중화가 일어난 것이다. 그렇다면 요근래 일었던 부동산 투자에 대한 열기가 일시적인 현상에 그칠 것이 아니란 걸 예측할 수 있다. 물론, 언제나 대중들이 부동산에 열광하는 건 아니다. 다만 최소한 지금과 같은 상황은 일시적 현상이기보다 아예 시대가 변화한 것으로 보는 게 올바른 분석이다.

이제 내 집 마련을 하더라도 '투자성'을 따져서 내 집 마련을 하는 시대가 되었다. 과거엔 내가 살 집은 그저 생활하기에 편하면 된다 정도로 생각했다면, 지금은 '이 집을 사면 향후 가격이 오를까?'라는 개념을 가지고 내 집을 마련하는 시대가 되었단 말이다.

이 역시 정보의 대중화로 벌어진 일이다. 돈을 싫어하는 사람이 있겠는가? 같은 물건을 사도 어떤 것은 나중에 1억 원을 붙여서 팔 수 있고, 어떤 것은 나중에도 같은 가격에 팔 수 있다면, 그리고 이러한 사실을 누구나 다 알게 되었다면 누가 후자를 택하겠는가? 뉴스에서 보다시피 지금도 많은 사람이 명품 매장 앞에서 줄을 선다. 심지어 매일, 새벽부터 줄을 서는 사람도 있다. 명품을 너무 갖고 싶어서라기보다 명품이 향후 돈이 된다는 게 알려졌기 때문이다. 따라서 부동산을 투자 가치 있는 대상으로 보는 현상은 이제 고착화될 가능성이 크다.

셋, 저평가 투자 자산을 찾기 힘들어졌다

정보가 대단히 많아지고, 누구나 원하는 정보를 쉽게 얻을 수 있는 세상이 되었다. 그렇다면 투자하기 쉬운 세상이 된 것일까? 변화 초기에는 이를 눈치채고 빨리 활용할 수 있는 사람들에게 쉬운 일이었을 것이다. 그러나 지금은 전혀 그렇지 않다. 정보를 얻기 쉬워진 만큼 저평가 자산을 찾기가 힘들어졌다. 모두가 자신의 부동산 가치를 아는 세상이 되었으니 이를 싸게 팔려는 사람이 없고, 호재가 있는 지역이라면 향후 가격이 오르리란 걸 모두가 알고 있으니 그만큼 미래의 호재를 가격에 반영해 가치 대비 저렴한 부동산을 찾기 어려운 세상이 되었다. 정보가 많아졌으나 역설적이게도 저평가 투자 자산을 더욱 찾기 어려운 시대가 된 것이다.

그렇다면 한번 비교해 보자. 저평가 자산은 널려 있으나 이를 찾으려면 상당한 발품과 시간이 필요한 세상과 저평가 자산은 널려 있지만 정작 저평가인지 아닌지를 파악하는 것은 대단히 힘든 세상. 둘 중 어떤 세상이 수익을 내는 데 유리할까? 그렇다. 둘 다 어렵다. 결국 투자의 수익을 내는 측면에서는 달라진 것이 없는 셈이다. 예전이나 지금이나 어려움의 성질만 달라진 것이지, 적당한 수준으로 어렵다는 건 달라지지 않았다. 사실 우리에게 선택권이 있는 것도 아니다.

넷, 장기불황이 사라질 가능성이 생겼다

사실은 결국 이 이야기를 하기 위해 부동산 시장의 변화를 길게 살펴보았다. 지금 말하는 이 네 번째 요소는 앞서 말한 세 가지와는 좀 다른 성격을 가지고 있다. 앞서 말한 세 가지는 정보의 대중화와 함께 이미 이루어진 현상이다. 향후 고착될 것인가 아닌가 하는 정도만 파악하면 되는 일인데, 그것도 그다지 어려운 예측은 아니다. 좀 더 강화되면 강화되었지 이전으로 돌아갈 가능성은 희박해 보이기 때문이다. 그런데 네 번째는 좀 다르다. 지금의 현상이 아닌 미래를 예측하는 측면이기에, 보다 중요한 의미가 있다.

자, 그럼 한번 생각해 보자. 이렇게 정보의 대중화가 이루어진 덕분에 모든 사람이 부동산의 자산 가치를 잘 아는 세상이 되었다. 그리고 부동산을 투자 자산으로 보는 시각도 대중화되었다. 그렇다면, 우선 투자 가치가 있는 부동산을, 한마디로 돈 되는 부동산을 아주 싼값에 내던지는 사람은 거의 없으리란 걸 예측할 수 있다. 물론, 일시적으로 어떤 충격이나 공포에 의해서 싼값에 내던지는 때가 있을 수는 있겠지만, 그 기간이 매우 길어질 가능성은 거의 없다는 것이다. 가치에 대한 판단을 좀더 분명하게 할 수 있는 시대가 되었기 때문이다.

게다가 대중들의 경험치까지 쌓이면서 이를 공유하는 세상이 되었다. 사람들이 투자에 있어서는 더욱 영리해질 수밖에 없는 상황이 된 것이다. 그런데도 투자 가치 있는 부동산이 장기적으로 방치될 가능성이 있을까? 구체적으로 말하자면, 투자 가치 있는 부동산의 전세가율이 90~95%에 육박하게 되고, 전세가격 수준으로 낙찰받을 수 있는 빌라와 아파트가 널려 있고, 신규 아파트가 주변 시세와 비슷하게 분양하는데 미분양이 나고, 임대수익률이 20~30% 육박하는 수익형 부동산을 찾을 수 있는 시대가 올까?

물론 세상일은 알 수가 없고, 역사상 그런 일이 반복되어 왔으니 다시는 그런 일이 벌어지지 않으리라 단언할 수도 없다. 정보가 대중화된 지금 상황에서 그런 시대만을 기다렸다가는 큰 낭패를 볼 수도 있지만, 그런 시대도 대비하는 것이 맞는 일이다. 우연히 그런 불황의 상황이 온다면 용기를 내서 그 불황을 활용하여 큰 수익을 낼 준비를 해야 한다. 어쩌면 영원히, 아니면 최소한 10년 내에는 그런 상황이 오지 않을 수도 있으므로 그런 상황까지 염두에 두는 것이 진정한 투자자의 자세다.

다만 시대가 달라졌다는 걸 고려할 때, 부동산이 장기적인 불황의 늪으로 빠질 가능성이 매우 희박해졌다는 것만은 분명하다. 그럼 앞으로 10년 동안 투자의 베스트 타이밍이 오지 않을 것이라고 가정한다면, 고수들은 어떻게 투자할까? 이제부터 소개할 고수의 투자법을 엿본다면, 이미 부동산 가격이 오른 상황 그리고 장기불황이 오지 않을 것 같은 상황에서도 최적의 투자법이 무엇인지 알 수 있을 것이다.

고수는 장기 트렌드에 베팅한다

쉽게 이해하려면, 미국의 주식 시장을 떠올려 보면 된다. 미국의 주식 시장은 장기적으로 우상향해 왔다. 실제로 대다수의 미국인이 주식 자산을 많이 가지고 있는데, 덕분에 성공적인 결과를 얻었다. 미국의 주식 가격이 폭락하는 때가 있긴 해도 결과적으로는 우상향했고, 폭락하더라도 매우 긴 시간 폭락의 늪에서 헤맨 적이 없어서다. 어떻게 이것이 가능했을까? 그건 미국이 전 세계 1등 국가이고, 경제적 헤게모니를 장악하고 있기 때문이다.

쉽게 말해, 미국은 경제가 어려워지면 조금 시간이 걸리더라도 이런저런 비상 수단을 동원해서라도 국가의 경제를 다시 살릴 방법을 갖고 있다는 말이다. 또 결정적인 이유가 있다. 미국 경제의 이런 '구조'가 전 세계 투자자들을 끌어모으는 역할을 했다는 점이다. 미국 주식 시장에는 전 세계의 날고 기는 투자자들이 모두 참여하고 있고, 그 시장에 주목하고 있는 것이다.

이러한 이유로 미국 주식 시장에서는 '가치투자'가 가능했고, 워런 버핏 같은 걸출한 투자가가 나올 수 있었다. 많은 사람이 알고 있겠지만, 아직까지 한국의 주식 시장에서는 워런 버핏 같은 가치와 성장을 보는 투자가 성공한 사례가 거의 없다. 원인은 여러 가지이겠지만, 역시 가장 중요한 것은 가치 있는 주식이라고 하더라도 끝도 없이 저평가 상태로 머물러 있으면서 시장에서 대접을 받지 못하게 된다든지, 성장성이 있는 주식이라고 해도 시장의 변화

다우존스 산업 평균지수(1896~2016년)

자료원: Market Watch

미국 주식 시장의 약 120년간의 그래프다. 장기적으로 꾸준히 우상향했다는 걸 알 수 있고, 조정기가 갈수록 짧아지는 것이 보인다. 즉, 긴 시간의 상승과 짧은 시간의 조정 패턴이 점점 가속화되었는데, 이는 좀 더 현명하게 경제 환경을 조정할 수 있게 된 인간의 능력에도 기인하지만, 정보의 대중화로 인한 영향도 매우 크다고 볼 수 있다.

로 인해 순식간에 그 경쟁력을 잃고 무너지게 된다든지 하는 경우가 많았기 때문일 것이다.

　미국 주식 시장의 상황을 한국 부동산 시장에 대입해서 생각해 보자. 미국 주식 시장엔 미국 기업뿐 아니라, 거의 전 세계 유명 기업들이 모두 상장되어 있다. 전 세계인이 시장 참여자인 셈이다. 그런데 이 같은 시장을 미국 정부는 어느 정도 통제할 능력이 있다. 화폐 발행 권리를 가지고 있기 때문이다. 그러니 우리나라의 부동산 시장과 비교해 볼 만하다. 대한민국은 작지만 개방된 국가이기에 모든 경제 활동에 있어 전 세계의 영향을 받지만, 부동산만큼은 우리나라 소비자들과 정부의 통제만으로 만들어지는 시장이기 때문이다. 기업은 물론이요, 세계 경제 상황이나 코로나19와 같은 세계적 위기 상황도 부동산 시장에 영향을 미치는 것은 사실이지만, 아주 결정적인 영향을 미치지는 않는다. 결국 가장 큰 변수는 개인과 대한민국 정부다.

　그런데 이제 개인이 자각하기 시작했다. 이 때문에 절대적인 저평가 상태로 오래 남아 있을 최고의 자산이 존재하기 어려운 상황이 되었다. 또한 정부는 언제나 그렇듯, 시장 활성화의 가장 중요한 수단으로 부동산 경기를 활용할 것이다. 가끔 정부가 개인 투자자들을 투기꾼으로 몰면서 부동산 투자를 나쁜 행태로 몰아가는 경우가 있긴 하지만, 그 어떤 정부라도 부동산 가격이 하락하는 걸 원하지 않는다. 부동산 가격이 하락하면, 일단 정부의 세수가 급격하게 줄어들기 때문이다.

생각해 보라. 개인 입장에서 어떤 세금을 가장 많이 냈는지를. 고소득자일 경우 소득세도 많이 내겠지만, 대부분은 결국 부동산 관련 세금일 것이다. 재산세와 종부세, 취득세, 양도세 등 엄청난 세금을 이미 냈고, 내고 있다. 이러한 세금 모두가 '부동산 가격'에 기초한다. 그런데 부동산 가격이 떨어진다면 어떻게 되겠는가? 세수가 적게 걷히니 좋다고 할 정부가 있을까?

진보당이 정권을 잡으면 겉으로는 시장을 억압하면서 특정 부동산 가격을 올려놓고, 보수당이 정권을 잡으면 누구나 돈을 벌 수 있을 것처럼 하면서 특정 부동산 가격을 올리는 것이다. 무엇을 표방하느냐가 다르고 이런 변화를 통해 이득을 보는 사람들만 달라지는 것뿐이지, 부동산 가격이 올라간다는 점에서는 똑같다.

자, 그럼 정리해 보자. 개인은 똑똑해졌고 정부는 부동산 가격이 오랫동안 하락하길 원하지 않는다. 또한 외부의 충격이나 그 외 외적 요인이 우리나라 부동산 시장에 미치는 영향은 그다지 크지 않는 상황이다. 어떻게 되겠는가? 장기적으로 부동산 가격은 우상향할 가능성이 크다고 봐야 한다.

부동산 투자도 딱 워런 버핏처럼 해야 한다는 뜻이다. 버핏이 코카콜라를 결코 싸지 않은 시점에 매수해서 그 이후로도 추가적으로 계속 매수하고, 수십 년간 보유하고 있다는 사실은 잘 알려진 이야기다. 그가 코카콜라를 대거 매수했을 때만 해도 모두들 버핏이 너무 비싼 가격에 매수했다고 생각했다. 그러나 워런 버핏은 코카콜라처럼 전 세계적으로 확실한 브랜드 가치를 가진 회사라면

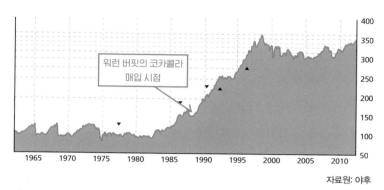

자료원: 야후

워런 버핏이 코카콜라를 매입한 시점은 당시로 봐서는 거의 최고가 수준에서 약간 떨어졌을 때였다. 그렇지만 이후의 상승은 그 이전의 상승과는 비교할 수 없을 정도로 컸다.

지속해서 성장할 것으로 믿었고, 그 성장할 미래를 가늠했을 때 자신이 매수한 금액은 결코 비싼 것이 아니라고 말했다.

대한민국 부동산 시장도 이제 이러한 투자를 할 만한 때가 되었다. '이미 많이 올랐다', '너무 비싸다'의 개념이 아니라, 미래를 내다보는 것이다. 미래에도 꾸준히 성장할 대상에 베팅해야 한다. 향후 지속적으로 성장할 코카콜라 같은 부동산은 무엇일지 찾아봐야하는 시점이 되었다는 말이다.

이제는 저평가 부동산을 찾는 것을 넘어, 해당 부동산이 장기적인 트렌드가 될 것인지, 얼마나 오랜 기간 성장할 수 있을지, 다소비싸 보여도 장기적 성장에 비해 오히려 싼 것은 아닌지 등을 따져야 한다. 이를 찾으려는 노력도 하지 않고 최고의 타이밍만 기다리면 정말 크게 성장할 투자 대상을 놓치는 우를 범할 수 있고, 언젠가 한없이 올라간 가격을 보며 '그때 샀어야 했는데'라며 후회할 수 있다. 성장성이 큰 부동산이라면 혹여 장기불황이 와서 부동산 가격이 최고점 대비 많이 떨어진다고 해도, 지금의 가격보다는 훨씬 높은 가격을 형성하고 있을 가능성이 크다.

코카콜라는 워런 버핏이 주식을 매수했다는 사실이 알려진 후에도 꾸준히 성장했고 그 과정에서 매우 심각한 하락을 겪기도 했으나, 결국 보통 사람 중에 코카콜라를 매수해서 워런 버핏 같은 수익을 낸 사람은 거의 없었다는 사실을 기억할 필요가 있다. 대한민국의 부동산은 미래의 성장성을 알아볼 수 있느냐 없느냐의 문제가 되었다. 그리고 고수들은 이미 이에 눈을 뜨고 미래를 대비하고 있다.

고수는 소외된 절대 가치의 부동산을 찾아낸다

그렇다면 저평가 부동산은 없어진 것일까? 투자의 주체가 인간이고 대상을 평가하는 것도 인간인 이상, 저평가된 자산은 영원히 존재한다. 다만, 이전과 같이 시장 전체가 저평가되거나 저평가된 상태로 수년이 지나거나 저평가된 부동산이 시장에 널려 있거나 하는 상황이 벌어질 가능성은 작아졌다는 말이다.

따라서 고수들이 저평가 부동산을 찾아내는 일은 계속될 것이다. 그럼 어떻게 저평가된 절대 가치의 부동산을 찾을 수 있을까? 의외로 쉬운 방법이 있다. 조건이 비슷한 다른 지역 또는 대상과의 비교를 통해 판단하는 것이다. 당연한 말 같지만, 이때 중요한 건 적절한 비교 대상을 고르는 것이다. 그다음 파악해야 하는 건 '조건이 비슷한데 저평가가 된 이유'가 무엇인지다. 부동산이 저평가되는 데는 반드시 원인이 있다. 원인을 찾아내는 것도 쉬운 일은 아니다. 엉뚱한 것을 원인으로 파악하면 진짜 엉뚱한 결론이 도출될 수 있다.

원인을 찾을 때 활용할 수 있는 아주 중요한 팁을 하나 알려주자면, 다양한 원인을 찾을 것이 아니라 매우 결정적인 원인 한두 개를 찾는 데 집중해야 한다는 것이다. 우리는 정보가 엄청나게 많은 시대에 살고 있다. 정보를 찾다 보면 지나치게 많은 정보가 '원인'으로 나온다. 그 원인 모두가 나름의 논리를 갖추고 있다. 그래서 그런 원인에 관한 정보를 찾다 보면, 그냥 '그래, 이유가 있으니깐 결과가 있는 거지'라는 생각밖에 들지 않는다. 그런 식으로 원인을 찾아서는 안 되고, 결정적인 원인은 오직 한두 개라는 생각으로 찾아보라. 그렇게 하면 결과에 영향을 미친 매우 중요한 원인이 무엇인지 파악할 수 있다.

이렇게 하는 건 '변화하는 그 시점'을 잡아내기 위해서다. 생각해 보라. 아무리 절대적으로 저평가 상태에 놓인 투자 자산을 찾아냈다고 해도, 그것이 영원히 저평가되거나 향후 10년쯤 지나서야 제대로 된 평가를 받을 수 있다면 무슨 의미가 있겠는가? 투자자에게 중요한 것은 저평가에서 이제 정상평가로 돌아설 그 시점을 찾아내는 것이다. 이 시점을 찾아낼 수 있는 안목은, 저평가의 주요 원인을 정확하게 파악하는 데서 시작한다.

이해를 돕기 위해 과거의 사례를 살펴보자. 2019년 초, 대전은 절대적인 저평가 상태에 놓여 있었다. 핵심 학군 근처의 구축 아파트이긴 해도 대단지 아파트의 전세가율이 90%에 육박하는 상황이었다. 준신축 아파트의 경우에도 투자금 5,000만~7,000만 원만 있으면 투자가 가능했다.

우선 저평가 여부는 절대적인 기준, 즉 아파트의 전세가율로도 가늠할 수 있지만, 앞서 말한 것처럼 저평가 상태가 지속될 수도 있기에 이 기준만으로 투자를 결정하기엔 부족하다. 그럼 비교해 보자. 대전과 비교할 수 있는 도시는 어디일까? 대전은 우리나라 5대 광역시 중 하나이기에 광역시끼리 비교할 수 있다. 같은 광역시라도 가격 수준이 모두 같을 순 없으니 그럼 경제 수준과 인구도 함께 비교해 보자. 대전과 비교하기 좋은 곳은 광주광역시다. 인구수가 비슷하고 울산이나 부산처럼 특화된 산업단지가 없다는 점과 1인당 소득도 거의 유사하기 때문이다. 그렇다면 적절한 비교 대상을 선정한 셈이다.

그럼 가격을 보자. 이때도 적절한 비교 대상을 골라야 한다. 아파트는 입지와 연수, 세대수가 중요하고, 지방의 경우 학군이 중요하므로 최대한 조건이 동일한 것을 찾아 비교하면 된다.

2019년도 초, 광주와 대전을 비교해 보면 다음의 표와 같았다.

학군 측면에서 볼 때 광주광역시에서는 봉선동이 좋고, 대전에서는 둔산동이 가장 우수하다. 하지만 둔산동의 경우 오래된 구축

지역	광주 봉선동	대전 문화동
아파트	포스코더샵	센트럴파크
타입	84㎡	84㎡
준공	2004년 12월	2007년 2월
세대수	1,140세대	1,089세대
비교시점	2019년 2월	2019년 2월
매매	7억 원	5억 원
디스카운트율		71%

아파트가 많아서 단순 비교가 힘들기에 둔산동 정도의 교육 수준과 쾌적함을 조건으로 문화동의 센트럴파크 아파트를 대상군으로 삼아 비교했다.

어떤가? 대전의 아파트가 광주의 아파트보다 무려 30%나 낮은 가격을 형성하고 있었다. 부동산 투자 가치 측면에서 광주가 나은지 대전이 나은지를 두고 설전을 벌이자면 끝도 없을 것이고, 성장성까지 이야기하자면 더 그럴 것이다. 그런데 아무리 그렇다고 해도, 대전이 30%나 가격이 낮다는 것은 말이 되지 않는다.

그렇다면 대전의 부동산이 확실한 저평가 상태라고 확신할 수 있게 된다. 그다음 해야 할 것이 바로, 저평가가 된 주요한 이유를 파악하는 것이다. 당시 원인으로 지목되었던 것들을 생각나는 대로 나열해 보면 다음과 같다.

- 대전은 신규 아파트가 없어서 사람들의 선호도가 떨어진다.
- 수도권 집중 현상이 더욱 가속화되면서 지방 도시에 대한 선호도가 떨

어진다.

- KTX의 발달로 오히려 서울과 수도권으로 상권이 이동하게 되었다.

- 대전에는 이렇다 할 만한 뚜렷한 산업단지가 존재하지 않는다.

- 대전에는 산업시설 유치나 기업 이전, 전철역 개통 같은 호재가 없다.

- 대전은 물량 공급이 충분해 부동산의 초과 수요가 존재하지 않는다.

- 대전 사람들은 충청도 기질이 많아 부동산 가격도 느릿느릿 오른다.

- 대전은 학군이 강한 대장 아파트 단지들이 너무 낡아서 가격 상승을 주도하지 못한다.

- 대전은 세종시 건설로 '빨대효과'가 일어나, 충청권의 모든 수요를 세종이 빨아들여서 대전에 대한 수요가 사라졌다.

생각나는 대로만 적어도 이 정도의 원인이 있었다. 모두 타당성이 있는 원인이다. 그런데 '주요 원인은 1~2개다'라는 조건을 염두에 두고 이들을 들여다보라. 좀 더 분명해 보이는 것이 있지 않은가? 그렇다. 처음부터 나열된 원인은 광주와 비교해도 모두 있는 것들이다. 광주라고 해서 이 같은 원인이 없는 게 아니었다. 그런데 왜 유독 대전만 저평가 상태라는 것인가?

그렇다면, 이제 아주 주요한 원인이 남는다. 바로, '세종시의 빨대효과'다. 세종시에 계속 공급이 이뤄지고 또 낮은 가격에 공급되다 보니, 세종이 충청권 일대의 거의 모든 수요를 빨아들인 것이다. 세종시 아파트에 당첨되기 위해서 무주택이나 1주택자를 유지하는 사람들이 많은 데다 세종시 아파트에 당첨되어서 수억 원을 벌었다는 소문이 돌면서, 모든 예비 수요자가 세종만 기다리는 그런 현상이 지속되어 왔다. 이러한 이유로 광주광역시와 비슷한 조건과 체력을 갖추고 있던 대전이 부동산 가격 상승에서만 소외된 현상이 벌어졌던 것이다.

자, 이제 주요 원인을 찾았다. 그렇다면 마지막으로 주요 원인이 사라질 시점이 되었는지 안 되었는지만 따져보면 된다. 2019년부터 세종시의 분양은 급감했다. 더는 빨대효과를 내려고 해도 낼 수 없는 상황이 된 것이다. 게다가 다른 광역시와 비교할 때 대전의 부동산은 30% 정도 저평가되어 있다. 이제 어떻게 되겠는가?

대전광역시의 부동산은 2019년부터 급등하기 시작해 1년 정도 지나자 광주광역시의 부동산과 거의 비슷한 금액대가 되었고, 이후부터는 완만한 상승을 하게 되었다.

이것이 바로, 절대적인 저평가 부동산을 찾는 고수의 기법이다 (이는 지역에 대한 예시이지만, 지역뿐 아니라 특정 대상에 대한 저평가도 존재한다. 특정 대상에 대한 저평가도 거의 동일한 과정을 거쳐 찾을 수 있다). 이 같은 일이 그저 과거의 전설로 끝날 것처럼 보이는가? 그렇지 않다. 여전히 똑같은 원칙에 따라 어딘가에서 저평가 대상이 탄생하고, 또 언젠가 그 저평가의 원인이 사라져 정상평가로 돌아서는 시점이 온다. 고수들은 언제나 그런 것들이 있다는 걸 알기에 투자 대상을 찾는 노력을 게을리하지 않는다.

고수는 먹고 들어가는 투자를 한다

이렇게 생각해 보라. 어떤 아파트의 전세가가 5억 원, 매매가는 10억 원 수준이다. 그런데 매매가 7억 원짜리 아파트가 매물로 나왔다. 그러면 이것은 기회일까 아닐까? 당연히 기회다. 이런 물건을 만나면, 최소한 1억 원 이상의 이익은 먹고 들어가는 셈이고, 시세대로 매도해도 3억 원의 이익을 볼 수 있다.

이러한 물건이 시장에 존재할까? 만약 평범한 시장에서 이런 물건이 나왔다면, 급매가 아니라 이상한 물건이다. 반드시 의심을 품고 상황을 파악해 볼 필요가 있다. 일반적으로 급매 물건이라고 하면 시세의 10% 정도 저렴한 물건이다. 그 이하로 물건이 나왔다면, 큰 하자가 있든지 사기성 물건일 가능성이 크다. 덥석 물어서는 안 되는 물건인 셈이다.

그런데 만약 이런 상황이라면 어떨까? 이제 곧 아파트 입주 물량이 쏟아지려고 한다. 원래 시세대로라면 신규 아파트 프리미엄까지 인정되어서 6억 원에 전세를 놓을 수 있는데, 물량이 너무 많다 보니 전세가가 4억 원까지 내려가게 생겼다. 아무리 떨어져도 전세는 5억 원엔 맞출 수 있으리라 기대한 사람들에게 1억 원의 자금이 더 필요하게 된 것이다. 이러한 이유로 시세보다 1억 원이 낮은 9억 원짜리 급매 물건이 쏟아진다. 그래서 시장에 이런 급매 물건이 존재하는 것이다(재개발 입주권의 상황).

부동산 투자의 정석

그림에서 보듯, 초기 투자금 5억 원만 있으면 부동산을 매수할 수 있고, 이후에는 들어갈 자금이 없다. 물론, 전세금은 예상 금액이기에 가격이 더 낮게 형성된다면 투자금이 조금 더 들 수 있고, 설령 맞춰진다고 해도 물량이 많으면 세입자를 구하는 게 힘들기에 고생할 수도 있다. 따라서 1억 원이나 저렴한 급매물이 나오는 것이다. 고수들은 바로 이때를 노린다. 입주 물량에 대한 공포감 그리고 입주 물량 때문에 일시적으로 전세가가 낮아져서 투자금이 더 들어가는 상황이 되면 급매가 나올 수밖에 없다. 이때 이런 급매물을 매수하면 안정적으로 1억 원의 수익을 내는 셈이니까.

또 이런 물건도 존재한다. 초기 투자금이 무려 8억 원이다. 일반적인 매물의 경우 초기 투자금이 5억 원 선에서 왔다 갔다 하는 걸 고려하면, 독보적으로 높은 금액이다. 투자자 입장에서는 이런 물건이 매력적일 수 없다. 어차피 같은 물건을 갖게 되는데, 굳이 초기 투자금이 많이 들어가는 물건을 매수할 이유가 무엇인가. 단, 이 매물은 향후 1억 원의 환급금이 발생하는 물건이다. 결국 전체 매매가가 7억 원이란 말이다. 그렇다면 시세보다 무려 3억 원이나 저렴한 매물이다!

초기
투자금
8억

−

환급금
1억

=

최종
매입가 7억
(시세 10억)

물론, 웬만한 사람들이 선호하지 않는 부동산일 경우 30%가 아니라 그보다 더 저렴한 가격으로도 물건이 나올 수 있다. 그런 매물이라면 싸다고 덥석 물 게 아니다. '좋지 않은 물건'은 아무리 싸도 달라질 게 없고 매수해 봤자 오히려 고생만 하게 되니 결과적으로 투자성이 없는 경우가 대부분이다. 그래서 무조건 싼 게 중요한 것이 아니라, 좋은 물건이 싸게 나오는 것이 중요하다. 그런 물건을 잡으면 싸게 매입한 만큼이 바로 이익이 되기에 그렇다.

따라서 정상 시세보다 30%나 저렴하게 나온 물건이 있다면 얼른 매수하는 것이 좋다. 매수하자마자 3억 원의 이익은 챙기고 시작하는 셈이니까. 이미 짐작했겠지만, 초기 투자금으로 2배에 육박하는 금액이 들어가기에 망설여질 수밖에 없다. 시세보다 3억 원이나 싸게 내놓아도 살만한 사람이 쉽게 나타날 상황이 아니라는 뜻이다.

고수는 바로 이 같은 매물을 노린다. 어차피 추가로 들어갈 자금도 없고, 심지어 입주 시점엔 환급금 1억 원이 발생하는 데다 낮은 금액, 즉 4억 원에 전세가를 맞춘다 해도 투자금의 절반을 회수할 수 있기 때문이다.

이것이 바로 말도 안 되는 가격에 급매 물건이 나오는 과정이자 상황이다. 고수들은 이렇게 매수하는 순간 이익이 확정되는 물건들을 고른다. 어떤가, 당장이라도 이런 물건을 매수해야겠다는 생각이 들지 않는가?

그런데 참 이상하지 않은가? 이렇게 분명하게 이익이 확정적이고, 확실히 그럴 만한 이유가 있어서 이처럼 가격이 저렴하다는 게 이해되는 물건이 아닌가? 그렇다면 이런 물건들만 골라서 매수하면 매우 큰 이익을 얻을 것이 분명하지 않은가? 그러나 놀랍게도, 보통 사람의 눈에는 이런 물건들이 보이질 않는다. 오직 고수의 눈에만 보일 뿐이다. 왜 그럴까?

자금의 규모 때문이다. 고수들에게 자금이 더 많다는 의미가 아니다. 사람들은 언제나 자신의 자금의 규모보다 더 높은 급의 투자 자산을 사려고 한다. 즉 2억 원이 있으면 어떻게 하면 3억 원짜리를 살 수 있을까 고민하고, 5억 원이 있으면 어떻게 하면 10억 원짜리를 살 수 있을까 생각한다. 인간의 마음은 언제나 이렇게 위를 향하기에 항상 자신의 투자자금으로 겨우 투자할 수 있는 곳을 찾아가게 되어 있다.

즉, 5억 원을 가지고 있는 사람이 2억 원으로 투자할 수 있는 곳은 쳐다보지도 않는다는 말이다. 이것이 함정이다. 만약 어떤 지역에 투자하려는데 투자금으로 5억 원이 필요하다면, 이 지역에 관심을 가지고 찾아오는 사람들은 대개 겨우겨우 5억 원을 마련해 가지고 있는 사람들이다. 그러니 간신히 5억 원을 마련한 사람이 대부분인 상황에서 투자금이 3억 원이나 더 들어가는 물건을 만나봤자 매수할 수 없게 되는 것이다. 이 때문에 고수들의 눈에만 들어오는 물건이 되는 것이다.

고수들은 '상대적으로 우월한 자금력'을 활용할 줄 안다. 가진 돈이 1억 원뿐이어도 투자금으로 3,000만 원이 필요한 지역에서는 상대적으로 우월한 자금력을 가지고 있는 셈이다. 그런가 하면, 10억 원이 있어도 투자금 20억 원이 필요한 지역에서는 상대적으로 초라한 자금력을 갖추고 있는 셈이다. 고수들은 바로 이 같은 자금력의 상대성을 잘 활용하는 능력을 가지고 있다.

한 가지 더. 앞선 사례에서 이런 물건들이 나오는 시점은 대개 입주를 1년 또는 2년 정도 앞둔 경우가 많다. 그런 시점쯤 되어야 매도자 입장에서도 '1~2년을 더 견디기는 힘들다'라는 생각으로 물건을 내놓지, 입주가 임박한 시점이 되면 조금만 버텨서 전세 세입자만 맞추면 바로 자금을 회수할 수 있다는 생각이 들어 물건을 내놓을 리 없기 때문이다.

매수자 입장에서 필요한 것은 무엇인가? '먹고 들어가는 투자'에 대한 개념을 정확히 이해하고, 상대적으로 우월한 자금력을 활용할 줄 알면서, 1~2년 정도는 기다릴 줄도 아는 자세다. 매수하는 순간 이익이 확정되는 셈이지만 결국 그 이익을 피부로 느끼는 것은 1~2년 후가 될 것이기에, 자금력을 활용하는 테크닉과 함께 '인내'는 필수적으로 갖춰야 할 요건인 것이다.

한 가지 예를 더 들어보자. 과거와 달리 부동산 투자가 한층 일반화되고 대중화되다 보니, 부동산의 전세가와 매매가 차이를 이용한 갭 투자가 널리 알려졌다. 그래서 많은 이가 자신의 투자금에 맞는 갭을 찾아 전국의 부동산을 뒤지기도 한다.

이러한 방법으로 투자 가치가 있는 대상을 찾았다고 치자. 해당 물건의 매매가는 3억 원, 전세가는 2억 3,000만 원이다. 7,000만 원만 있으면 투자가 가능하다. 고수들이 먹고 들어가는 투자를 한다는 것을 아는 사람은 계속 매물을 기다리겠지만, 3억 원에서 10% 떨어진 2억 7,000만 원짜리 매물은 좀처럼 나올 기미가 보이지 않을 것이다. 그도 그럴 것이 앞선 사례는 '입주장'이라는 큰 이벤트가 있기에 전반적으로 급매가 많이 나올 수 있는 상황이지만, 일반적인 지역에서는 급매가 그렇게 자주 나오지 않기 때문이다.

만약 시세보다 3,000만 원 정도 저렴한 물건을 매수할 수 있다면 당장 그 금액 자체가 크다고 느껴지지 않을진 모르지만, 투자금 대비 수익을 생각하면 엄청난 금액임을 알 수 있다. 전세를 2억 3,000만 원에 맞출 수 있으면 실제 투자금으로 4,000만 원밖에 들지 않는데, 바로 3,000만 원의 이익을 확정한 셈이니 대단한 투자인 것이다.

문제는 이런 물건이 나오질 않는다는 것이다. 이것은 너무 빤하게 매수자에게 수익을 가져다주는 일이기도 해서, 최악의 불황이 장기화되지 않는 한 그런 물건이 쉽게 나오질 않는다. 게다가 사례로 든 물건의 경우, 전세가율도 높기에 매도자 입장에서는 매도를 하든지 전세를 놓든지 별 차이가 없으므로 그런 낮은 가격의 급매는 웬만해서는 나오질 않는다.

그런데 어느 날, 거짓말같이 2억 7,000만 원짜리 물건이 나왔다고 하자. 단, 다음과 같은 조건이다.

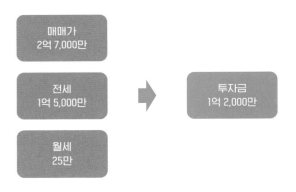

월세가 끼어 있어서 전세 보증금이 낮다 보니, 결국 투자금이 많이 들어가는 상황이다.

어떤가, 매수하고 싶은 마음이 드는가? 자세히 내용을 들여다보니, 기존 세입자가 이미 갱신권을 한 번 사용한 상태이고, 앞으로 1년 6개월 뒤에는 퇴거할 예정이다. 그러면 이후에는 전세 보증금 2억 3,000만 원을 받을 수 있고, 1년 6개월 후 전세가가 2억 5,000만 원까지 상승하는 것도 가능해 보인다. 그렇게 되면, 결국 1억

2,000만 원이라는 돈을 1년 6개월간 묶어두었다가 그중 8,000만 원 혹은 운이 좋으면 1억 원까지도 회수할 수 있게 된다. 최종 투자금이 4,000만 원 또는 2,000만 원이 되는 것이다. 게다가 시세보다 3,000만 원 싸게 샀으니 수익금 3,000만 원은 매수하는 순간 확보된다.

요즘 급매는 이런 식으로 나온다. 당장은 투자금이 많이 들어가는 물건이거나 투자금을 회수하는 데 1~2년을 기다려야 하는 것들이다. 주변 동일한 물건에 비해 투자금이 월등히 많이 들어가는 것들이 이러한 기회를 만들어준다. 어때 보이는가?

이런 물건을 잡으려면, 앞서 말한 것처럼 심리적인 함정을 극복하고 기본적으로 1~2년은 기다려야 한다는 마음을 가져야 한다. 그렇게 할 수만 있으면 이익은 계속 확정적으로 쌓인다. 어떤가, 고수가 할 법한 투자가 아닌가?

고수는 자신의 자금 형편에서 최상의 물건을 고른다

A, B, C, D, E, F라는 6개의 물건이 있다고 하자. 대다수의 투자자는 대중들이 선호하고 매스컴에 많이 오르내리는 대상을 갖기 위해 밤잠을 설치고 모든 수단을 동원해서라도 이를 매수하려 할 것이다.

선호도가 높다는 것은 무슨 뜻인가? 모든 조건이 잘 갖춰져 있다는 의미다. 투자는 어떨까? 선호도가 높은 걸 선택하는 것이 맞을까? 그렇지 않다. 투자는 미래의 성장성을 보고 하는 것이다. 즉, 앞으로 얼마나 더 많이 성장할 것인지를 보는 것이고, 그 성장성이라는 것은 결국 투자수익률이기에 투자금 대비 얼마나 성장하느냐가 대단히 중요하다.

다시 말해, 1억 원만큼 성장했다고 해도 투입 비용이 10억 원이라면 10% 성장한 것이지만, 5,000만 원만큼 성장했다고 해도 투입 비용이 500만 원이라면 1,000% 성장한 것이다. 투자라는 건 미래를 보는 일이다. 현재의 선호도보다 미래의 성장성을 보고 베팅해야 그것이 우리의 미래를 바꾼다. 그런데 이것이 생각처럼 쉬운 일은 아니다.

일단 대다수의 사람이 머릿속에 이 같은 개념을 갖고 있지 않다는 게 문제다. 부동산은 그저 지금 좋은 것을 사야 하는 것이라고 생각할 뿐, '성장성' 같은 걸 따져서 사야 한다고 생각하지 않는다. 부동산 투자를 여전히 '내 집 마련' 정도로 생각하거나 부동산 투자를 그저 '투기'로 모는 정부의 공작(?)에 넘어갔거나 전 세계에서 부동산이 투자 대상이 아닌 곳은 없다는 가장 평범한 경제 상식을 모르고 있기 때문일 것이다.

따라서 부동산에 투자할 때는 미래의 성장성에 투자해야 한다는 개념을 머릿속에 넣는 것이 우선되어야 한다. 그다음으로 중요한 것은 미래의 성장성을 따져보는 일이다. 앞서 말했듯 부동산의 미래 성장성은 비교적 높은 적중률로 예측이 가능하다. 토지를 기반으로 하고 있고, 이러한 기반시설이 몇 년 내에 변할 가능성은 크지 않은 데다, 어떤 개발이든 수년에 걸쳐서 차근차근 진행되고, 또 이러한 일은 글로벌 경제 여건의 영향을 비교적 덜 받기 때문이다. 그러니 부동산의 미래 성장성을 알아보는 일을 지레 겁먹고 포기할 필요는 전혀 없다.

그럼 이제 우리는 미래의 성장성이 큰 투자 자산에 베팅하기만 하면 된다. 단, 여기에서 두 가지 문제가 발생한다. 다음 표를 보자.

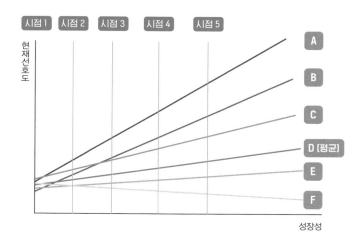

첫 번째 문제는, 대중의 선호도에 대한 유혹을 떨쳐버리기 매우 어렵다는 것이다. 표의 결과를 보면 우리가 투자해야 할 물건은 A 다. 그러나 시점 1에서 A는 C보다 선호도가 떨어진다. 그런 상황에서 가장 선호도가 높은 C를 두고 그보다 선호도가 낮은 A를 선택하는 것은 대단히 힘들다. B의 경우는 더욱 극적이다. 시점 1에서 선호도가 가장 낮다. 따라서 선뜻 손이 가질 않는다. 투자하고 싶은 마음이 전혀 들지 않는다는 말이다. 설령 이를 무릅쓰고 투자했다고 해도, 주변 사람들에게 지지를 받을 리 만무하다. 지지를 받지 못하는 정도가 아니라, 본인을 '불쌍하게' 바라보는 시선까지 견뎌야 할 수도 있다. 이 같은 대중의 압박을 견뎌낸다는 건 결코 쉬운 일이 아니다.

그럼에도 불구하고, 대중의 압박과 대중을 따라가고 싶은 유혹을 반드시 이겨내야 한다. 그래서 A 같은 물건이나 B와 같은 결과를 가져오는 물건을 골라야 한다. 이는 우리가 현재의 선호도가 아닌 미래의 성장성을 보고 베팅해야 한다는 개념을 가지고 있을 때 할 수 있는 일이다.

두 번째 문제는, 성장성에 대한 개념도 이해하고 대중의 압박도 견뎌낼 준비가 되어 있지만, 그런 대상을 살 만한 자금이 없다는 것이다. 부동산은 결국 주식처럼 쪼개서 살 수 있는 것이 아니므로 아무리 성장성 높은 것을 발견했다고 해도 본인의 자금 사정상 매수가 불가능한 경우가 많다. 그럴 때는 포기하고 돌아서야 할까? 아니면 다른 전략을 취해야 할까?

시점 3을 한번 보자. 시점 1과는 달리, 가격과 미래 성장성이 거의 동일하게 자리를 잡은 상황이다. 이 시점쯤 되면 누구나 A를 사고 싶어 하기에 대중의 압박 같은 걸 견딜 필요가 없다. 대중도 좋아하고 대중이 좋아하는 물건이 투자성도 있는 상황이기에, 이때

'투자란 무조건 대중과 다른 길을 가야 하는 것'이라는 생각으로 E 나 F를 선택한다면, 그 용기는 칭찬받을 만하나 결과는 매우 참담하게 될 것이다. 이런 시점에서 E나 F를 선택하는 사람은 세 가지 유형 중 하나에 속할 것이다. 아주 생각이 없거나, 원래 남들이 하라는 건 죽기보다 하기 싫어하는 청개구리 스타일이거나, 투자를 책으로만 배운 유형 말이다. 투자의 현실에는 때로는 이렇게 가격과 성장성이 일치하는 경우도 있는데, 지나치게 자극적인 성공 사례가 담긴 책들만 읽고 투자를 배우면, 무조건 대중과 다른 길을 가고 고난을 겪어야만 큰 수익을 낼 수 있다고 착각하기 쉽다.

하여간 이런 시점에는 부동산 가격이 많이 올랐다고 해도, A를 사야 한다. 문제는 그럴 만한 자금이 없다는 것일 테다. 그럼 A급 물건을 사기 위해 계속 자금을 모아야 할까? 이것이야말로 가장 미련한 방법이다. A급 물건은 성장성이 크다. 미래로 갈수록 더 커진다. 이런 상황에서 현금으로 그 성장성을 따라잡을 수 있을까? 오히려 시간이 흐를수록 그 격차는 더욱더 커지기만 할 것이다. 이럴 때 고수는 어떻게 할까? 바로, B를 산다. 그것 역시 마련할 여건이 안 되면 C를 산다. A가 좋다는 건 알지만 A를 살 수 없다고 포기하는 게 아니라, 자신의 자금 형편상 가장 최상의 성장성이 있는 물건을 '일단' 사둔다는 말이다.

그렇게 A의 성장을 근접하게라도 따라가야 한다. 그래야 언젠가 기회가 오면 A로 갈아탈 수 있다. 물론, 갈아타는 건 쉽지 않다. 단지 자금만 필요한 게 아니라, 본인이 갖고 있던 B나 C가 매도되어야 하기 때문이다. 아파트가 환금성이 좋다고는 해도, 언제나 매도가 잘 되는 건 아니다. 그러니 매도가 가능한 시점에 반드시 매도해야 할 뿐만 아니라, 그 시점에 추가적인 자금도 있어야만 A로 이동할 수 있다. 쉬운 일은 분명 아니지만, 그 타이밍을 보고 때를 기다리는 인내심을 지닌 사람이 고수다. 그리고 이들은 오랜 기다림 끝에 기회가 왔을 때 과감하고 신속하게 행동한다.

결국 중요한 것은, 본인의 자금 형편에 맞지 않는 A만 바라보면서 한숨만 내쉬는 게 아니라, B 혹은 C처럼 내 자금 형편에 맞는 최상의 것을 사둔 후 오랜 기간 최적의 타이밍을 기다리면서 인내하는 것이라고 할 수 있다.

김사부의 투자 Tip

장기불황의 가능성이 희박해진 또 하나의 이유

2022년 10월 현재, 전 세계의 경제 상황이 매우 심각하다. 우리나라의 경제도 마찬가지로 좋지 않다. 이런 시기에는 온갖 부정적인 이야기가 쏟아져 나온다.

본론으로 들어가기 전, '부정적인 이야기'부터 먼저 살펴보자. 나는 매주 월요일마다 유튜브 영상을 올리는데, 썸네일 제목을 무엇으로 할지를 두고 엄청나게 고민한다. 사람들의 관심을 끌어야만 하기 때문이다. 썸네일 제목은 긍정적으로 잡아야 조회 수가 많을까, 부정적으로 잡아야 많을까?

부동산 투자의 정석

잘 모르겠다면 다음과 같이 두 가지 썸네일을 제시해 보겠다. 당신은 어떤 제목에 마음이 더 끌리는가?

1번: 지금부터 10년! 부자가 될 수 있는 최고의 기회가 온다!
2번: 당장 다 팔아라!! 지금보다 80% 더 떨어진다!

시장 상황이 어떤지에 따라 약간 다르겠지만, 아마도 2번을 클릭하고 싶은 사람이 훨씬 많을 것이다. 실제로 내가 운영하는 '부동산김사부TV'의 조회 수를 봐도 아주 명확하게 드러난다. 긍정적인 제목의 썸네일에 비해 부정적인 제목의 썸네일 조회 수가 거의 2배 정도 높다. 부동산 유튜브 전체를 봐도 마찬가지다. 폭락, 대혼돈, 빨리 도망쳐라, 거지 된다, 암담한

부정적인 제목의 콘텐츠가 긍정적인 제목의 콘텐츠보다 2배 이상의 조회 수를 기록하고 있다.

미래 등의 제목이 붙은 영상들이 언제나 조회 수 상위를 차지하고 있다. 이러한 결과가 나오는 건 인간의 심리 때문이다. 언뜻 생각하면 인간이란 본래 이익을 얻는 쪽으로 마음이 향할 것 같지만, 실제로는 가지고 있는 것을 잃을 수 있다는 공포에 훨씬 더 강하게 움직인다. 부정적인 전망 혹은 공포심을 자극하는 타이틀이 최소 2배 이상의 관심을 끄는 것이다. 이를 가장 잘 알고 있고 잘 써먹는 곳이 매스컴이다. 매스컴은 결국 대중의 관심을 끌어야 한다. 기사의 클릭 수가 돈이 되고 많은 사람이 기사를 읽을 수록 광고 수입을 올릴 수 있다. 그래서 좀 더 자극적이고 공포감을 조성하는 쪽으로 기사를 쓰는 경우가 많다. 거기에 이제는 유튜브까지 가세한 것이다. 유튜브의 썸네일 제목을 뽑는 방향도 기사의 제목을 뽑는 것과 거의 유사하므로 온통 관심 끌기 전쟁을 벌이고 있는 셈이다. 이러한 이유로, '생애 한 번도 보지 못한', '최악의', '폭망', '10년 내 희망 안 보여', '어두운 터널' 같은 단어와 표현들이 등장한다. 여기에 무언가 실제로 현실 경제가 더 나빠지는 상황이 오면 이런 이야기가 더욱 넘치게 되고, 대중이 더욱 강력하게 반응하게 되는 것이다.

이는 과거와는 달라진 또 하나의 사회 현상이다. 정보가 신속하게 전달되고 정보가 닿지 않는 곳이 없다 보니, 조금만 상황이 나빠지면 대중들의 걱정은 예전에 비해서 더 빠르고 더 깊게 가중된다.

그러나! 이런 상황에서 긍정적인 일도 하나 발생했다. 신속한 정보의 전달이 위기를 타개해 나가야 할 주체인 정부나 기업 입장에서는 유리한 상황이 된 것이다. 수많은 정보를 빠르고 정확하게 알 수 있게 된 정부와 기업이 다가올 위기에 좀 더 빠르게 대응할 수 있는 여건을 갖추었다는 말이다. 과거에는 정부나 기업 역시 정보 부족에 시달릴 수밖에 없었다. 외국에서 들어오는 정보가 정확한지, 설령 정확하다 해도 상당한 시차를 반영하고 있는 건 아닌지, 대중들의 반응은 어떤지, 대중들은 진정으로 어떤 것을 원하는지, 소비자들의 심리는 어떻게 변하고 있는지, 주 소비층은 어떤 사람들인지 등을 정확히 알 수 없었다. 하지만 이제는 이 모든 것이 가능하다 보니 신속히 대책을 강구함으로써 예상되는 위기를 피할 수 있게 된 것이다.

이는 태풍에도 비유할 수 있다. 태풍은 매년 찾아오며, 이로 인한 피해도 매년 발생한다. 다만 일기예보는 점점 정확해진다. 그래서 결과가 어떤가? 태풍이 오는 것을 막을 수는 없지만, 피해는 많이 줄일 수 있게 되었다. 예보가 정확해진 만큼 충분히 대응할 수 있게 되어서다.

경제 상황도 이와 비슷하다. 즉, 대중의 걱정은 매우 늘어났지만, 실제로 사람들이 걱정하는 일은 벌어지지 않을 가능성이 커진 세상이 되었다는 말이다. 설령 위기가 온다고 해도 과거에 비해 아주 짧게 끝나는 일이 많아질 것이다.

물론, 코로나19 같은 사태도 있다. 아무도 예상하지 못한 위기가 닥치는 경우 말이다. 이런 경우라면 대비하는 것 자체가 불가능하므로 긴 시간 고통이 이어질 수 있다. 상당한 자영업자들이 충격을 받고, 특히 여행업 같은 경우는 폐업하는 수준에 이르렀다. 그러나 이런 최악의 상황에서도 경제 전체를 보면 어떤가? 사실 복원이 불가능할 정도의 심각한 후퇴를 경험했다고 볼 수는 없다. 특히 부동산처럼 필수적이고 내수경기에 영향을 받는 대상은 비교적 타격을 덜 받았다.

또 한 가지 다른 측면도 생각해 볼 필요가 있다. 전 세계 경제의 연결고리가 과거에 비해 매우 강력해지면서 전 세계의 위기 대응 능력 수준도 더욱 올라갔다는 점이다. 그동안의 위기에 대한 경험치가 쌓였기 때문이다. 과거 20년을 돌아보라. 세계 경제도 완전히 새로운 패러다임에 직면한 20년이었다고 볼 수 있다. 인터넷 혁명의 시대를 지나왔기 때문이다. 예전에도 지구촌은 하나라며 전 세계가 연결되었다고 했지만, 지금의 연결과 비교하면 정말 약한 수준이었다. 현재는 어떤가? 미국에서 무슨 일이 벌어지면, 다음날도 아닌, 20~30분 만에 우리나라에도 영향이 닿는 수준이 되었다.

다만 이 같은 혁명을 처음 겪다 보니 인류가 미처 대비하지 못한 것이 있는데, 위기 역시 매우 빠르게 전파되어 경제 규모가 매우 작은 나라의 위기까지도 전 세계에 영향을 미치는 상황이 되었다는 점이다. 전 세계가 경험한 2007년 서브프라임 모기지 사건, 2008년 금융위기, 2010년 그리스 경제위기, 2013년 유럽 재정위기, 2016년 브렉시트 사태들이 그런 사례다. 이런 위기가 터져나올 때마다 전 세계의 경제가 흔들리는 경험을 모두 하게 되었는데 이는 전에는 한 번도 경험하지 못한 것이었다.

2010년 그리스 경제위기 때는 어땠는가? 2008년 금융위기야 전 세계 1등 국가인 미국에서 벌어졌으니 세계 경제에 큰 영향을 미친 것이 쉽게 이해되지만, 그리스 경제위기의 파급 효과는 꽤나 충격적이었다. 그리스는 인구가 1,000만 명 남짓에 불과한 데다, 경제 순위 약 60위(전 세계 197개국 중) 권의 나라이다. 그야말로 디폴트가 되든 말든 전 세계가 영향을 받을 정도는 아닐 것 같은 나라인데도, 그리스 경제위기가 발발하고 결국 2015년에 그리스가 디폴트를 선언할 때까지 전 세계 경제가 계속 충격을 받았다. 우리나라 역시 예외가 아니었다. 이처럼 전 세계가 작은 나라의 경제적 위기에도 영향을 받는 표면적인 이유는, 전 세계가 서로 각국의 국채를 보유하고 있는 데다가 펀드 등이 전 세계 주식 시장에 투자하고 있기 때문이다. 결국 그리스 사태는 우리가 살고 있는 이 시대가 경제적으로 어떤 시대인지를 명확히 보여준 것이다.

다만 인간은 학습한다. 20년 전 발발한 인터넷 혁명으로 인해 그 부작용까지는 대비하지 못한다 해도 그로 인한 부작용은 많이 경험했다. 인류는 앞서 말한 위기들을 통해 대응 능력을 크게 키워왔다고 할 수 있다. '아, 그리스 같은 작은 나라에 투자하는 것도 잘못되면 매우 큰 영향을 줄 수 있으니 안전장치를 철저하게 마련해야겠구나' 하는 깨달음을 얻은 셈이다.

그 증거가 현시점 경험하고 있는 코로나19와 우크라이나 사태다. 러시아는 세계 경제 14위에, 인구수 9위로 큰 나라다. 이런 곳에서 전쟁이 일어났고 그것이 장기화되고 있다. 이를 고려하면, 전 세계의 경제가 과거 금융위기 수준으로 나빠진다고 해도 이상할 게 없다. 하지만 이 사태가 정작 전 세계 경제에 미치는 타격은 과거에 비해 크지 않다는 걸 알 수 있다. 원자재와 유가 폭등은 충격적인 수준이지만, 이것이 금융위기로까지 번지지 않는다는 건 매우 놀랍다. 불과 몇 년 전 그리스 사태와 비교해도 격세지감이 느껴지는 수준이다.

코로나19도 마찬가지다. 전 세계가 2년간의 혹독한 시련을 겪었고, 전 세계 공급의 가장 중요한 축을 담당하고 있던 중국이 문을 걸어 잠그는 등, 전 세계 경제는 과거의 그 어떤 때보다 더 극심한 고통을 겪을 상황에 놓였다. 그런데 세계 경제는 '경제둔화'를 겪고 있긴 하나 과거 위기 상황과 비교하면, 거의 멀쩡해(?) 보이기까지 한다. 왜 그럴까? 그동안의 경제위기를 통해 인류가 많은 것을 배우며 대응 능력을 키운 덕분이다.

정리해 보자. 정보의 발달로 대중들의 걱정 수준이 깊어졌지만, 정보가 빠르고 신속하게 전달되는 만큼 경제 주체들의 대응 능력도 더 커졌다는 것이다. 또 전 세계가 더욱 긴밀하게 연결됨으로써 작은 나라의 위기도 즉각 전 세계로 전파되는 상황이 되었지만, 그동안의 위기들을 통해 전 세계가 대응 능력을 키웠다는 말이다.

물론 대응 능력을 아무리 키운다고 해도 우크라이나 사태나 코로나19처럼 미래의 모든 위기를 예측할 만한 능력이 생긴 건 아니다. 이러한 위기는 앞으로도 모양만 달리하여 지속적으로 우리 일생에 나타날 것이란 것도 변함이 없다. 앞서 예로 든 매년 찾아오는 태풍을 생각하면 된다. 다만 희망적인 것은, 우리의 대응 능력이 날이 갈수록 높아지고 있다는 것이다. 그래서 감히 결론적으로 말하자면, 지금의 경제 상황이 장기불황으로 이어질 가능성은 거의 없을 것이다.

이를 부동산 상황으로 좁혀 보면, 앞서 말한 전세가율이 90%에 육박하거나 신규 아파트의 분양가가 주변 구축 아파트와 가격이 같은데도 미분양이 되거나, 핵심적인 지역에 임대수익률이 20~30%나 되는 물건들이 넘쳐나는 상황은 어쩌면 다시는 볼 수 없게 될 것이다.

그래서 성공하는 투자자가 되기 위한 기본적인 전략은, 이번에 이 책에서 새롭게 업그레이드해 제시한 기법들을 중심으로 생각해야 한다. 단, 이전에 알고 있던 '고수의 투자 팁'도 반드시 기억해야 한다. 미래의 일이라는 건 언제나 '가능성'의 문제이지 단정할 수는 없기 때문이다. 게다가 최악의 상황이 오면 그것이야말로 일생일대의 기회가 되는데, 이를 몰라 그저 공포에 떨고만 있다면 너무 아깝지 않겠는가? 이런 식으로 어떠한 상황이 닥쳐도 이익을 만들어낼 수 있는 수준이 되는 것, 그것이 바로 고수가 되는 길이다.

5장

대상별 투자의
정석

궁합에 맞는 대상 찾아
풍요로운 삶 누리기

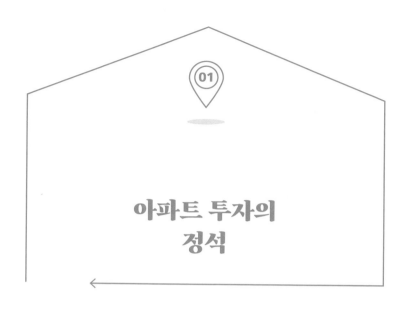

아파트 투자의
정석

누군가는 우리나라를 '아파트 공화국'이라고 부른다. 세계에서 유래를 찾아볼 수 없을 정도로 많은 아파트 수 때문이다. 혹자는 똑같은 형태의 주거 공간에 싫증을 느끼는 사람들이 늘어남에 따라 점차 다양한 주거 형태가 생겨날 것이라고도 말한다. 나도 동의한다. 그러나 새로운 주거 형태가 탄생하더라도 그것이 아파트만큼의 투자 가치를 지니게 될 거라고는 생각하지 않는다.

투자 가치라는 건, 수요는 풍부한데 상대적으로 물건의 공급이 제한적일 때 생긴다. 그렇게 본다면 아파트를 대체할 만큼 투자 가치가 높은 다른 주거 형태가 나오리라 기대하기 힘들다. 아파트의 공급은 제한적이다. 아파트가 들어서려면 대규모의 택지가 확보되어야 하는데 이것이 쉽지 않기 때문이다. 그럼에도 수요는 여전히 넘쳐난다. 결론적으로, 우리는 새로운 주거 형태가 탄생하여 그것이 투자 가치를 갖게 되기를 기대할 것이 아니라, 공급은 제한적임에도 보다 수요가 많이 몰릴 것으로 보이는 아파트를 찾아내 그것에 투자해야 한다. 보다 가치 있는 투자 대상을 고르는 것이야말로 투자의 정석이기 때문이다. 그렇다면 아파트 투자에 있어 정석은 무엇일까?

정석 1. 대단지 아파트를 골라라

투자 대상으로서 아파트는 세대수가 많을수록 좋다. 1,000세대가 넘는 아파트 단지를 '대단지'라고 하는데 대단지 아파트는 여러모로 장점이 많다. 우선 환경적으로 쾌적하다. 대단지가 갖춰지면 여러 편의시설들이 함께 들어오기 때문에 생활하기 편리하다. 또한 가시성도 좋아 잠재 매수자나 잠재 세입자에게 노출되기 쉽다. 그렇게 되면 매매나 임대 등이 용이하다. 이 밖에도 관리비가 저렴하고, 향후 주변에 특정 개발 계획이 잡힐 때 대단지 주변이 혜택을 받게 될 가능성도 크다는 것도 장점이다.

만약 전철 사업자가 전철을 개통하려고 한다면 어느 곳에 역사를 지으려고 하겠는가? 당연히 사람들이 많이 몰려 있는 곳을 고려할 것이다. 향후 영화관이 새로 오픈한다면? 백화점이나 대형

쇼핑몰 혹은 마트도 마찬가지다. 이처럼 각종 편의시설이 들어설 때 우선적으로 고려하는 것이 인구수이므로 대단지 아파트는 지속적으로 가치가 높아지는 것이다.

그렇다면, 모든 아파트 단지를 대단지로 구성하면 되지 않을까? 당연히 그러면 좋을 것이다. 그렇게 하고 싶지 않아서가 아니라 그렇게 하고 싶어도 하지 못하는 것이다. 일단 그만큼 넓은 택지를 확보하는 것이 어렵다. 재건축, 재개발의 경우에는 주민들의 동의와 합의를 이끌어내는 지난한 과정, 사업승인을 받아내기까지의 어렵고 긴 여정을 거쳐야 한다. 이 때문에 대단지 아파트가 생겨나기도 쉽지 않다. 이러한 이유로 희소성까지 생기므로 대단지 아파트의 가치는 계속해서 오르게 된다.

정석 2. 학군이 좋은 지역인지 고려하라

대학 입학을 결정짓는 데 수능의 비중이 줄어들고 수시 합격의 비중이 커지면서 학군이 큰 의미가 없어질 거라고 보는 이들이 있는 것 같다. 일정 부분 사실이다. 하지만 그렇다고 해도 학군이 부동산 가치에 미치는 영향은 여전히 강력하다. 단지 자녀를 좋은 대학에 보내려는 이유 하나만으로 사람들이 학군 좋은 지역을 찾는 건 아니기 때문이다.

학령기는 학업 외에도 아이들이 평생을 함께할 인생의 친구를 사귀고 만드는 시기다. 따라서 부모들은 가능하면 아이들이 좋은 환경에서 자란 친구들과 인연을 쌓아가길 바란다(개인적으로는 이런 생각에 동의하지 않는다). 이렇게 생각하는 사람들은 넘쳐나는 데 반해 학군이 좋다는 지역은 제한적이다 보니, 이 지역의 부동산 가격이 계속 강세를 유지하는 것이다.

실제로 지인 가족이 학군이 좋기로 유명한 모 지역에 거주했는데, 이 아파트는 재건축이 예정된 곳이라서 환경이 매우 안 좋을 뿐만 아니라 평수 자체도 대단히 비좁았다. 중·고등학교 학생을 키우며 생활하기에 여간 불편한 게 아니었다. 그럼에도 학군이 좋다는 이유 하나만으로 아파트의 전세가가 당시로서는 꽤 높은 3억~4억 원 수준이었다. 한번은 학부모인 어머니에게 물었다.

"왜 이렇게 좋지 않은 집에 비싼 돈을 주고 살려고 하세요? 이런 열악한 환경에서 공부만 하는 게 아이 입장에서는 능률도 오르지 않고 오히려 안 좋을 것 같은데……."

그러자 그녀는 이렇게 대답했다.

"아휴, 모르는 소리 하지 마세요. 세상에 공부 좋아하는 사람이 어디 있어요? 공부란 게 원래 억지로라도 해야 하는 거잖아요. 그런데 주변의 친구들이 모두 매일같이 공부한다고 해봐요. 그럼 당연히 사는 게 이런 거구나 하며 공부를 하게 돼요. 반면 학교 친구들이 하나같이 논다고 해봐요. 그럼 어차피 공부하기 싫은 마당에 친구들처럼 나도 놀아도 되겠지 하며 만날 놀게 된다고요. 설령 좋은 대학에 들어가지 못하더라도 저는 우리 애가 늘 공부하는 환경에서 살았으면 좋겠어요. 친구는 또 어떻고요? 주변에 노는 친구들만 있으면 그 친구들이 나중에 뭐가 되겠어요? 우리 애가 잘나지 않았다면 친구라도 잘나야 뭔가 도움을 받을 거 아닙니까?"

이것이 바로 좋은 학군 지역에서 억지로라도(?) 살려고 하는 이들의 일반적인 생각이다. 물론 이후 지인 가족들은 해당 아파트에 재건축이 진행되면서 이주할 수밖에 없었는데, 주변에서 그만한 가격의 집을 구할 수가 없어서 무리하게 전세자금을 마련하는 바람에 지금까지도 내 집 없는 전세 난민으로 떠돌고 있다.

이 밖에도 학군은 사람들의 발목을 잡는 효과가 있다. 한 번 발을 들여놓으면 쉽게 벗어나기가 힘들다는 뜻이다. 굳이 학업 문제가 아니더라도 예민한 시기의 자녀를 둔 부모들이 거주 지역을 쉽게 옮길 수는 없기 때문이다. 그래서 소위 말하는 좋은 학군 지역에 일단 들어가면 웬만해서는 나가지 않으려고 하는 상황이 벌어진다. 반면, 소위 학군이 좀 떨어지는 지역에서도 같은 이유로 사람들이 거주지역을 옮기길 망설이지만, 학군이 좀 더 나은 지역으로 가는 것일 경우 사람들은 움직인다. 결국 이러한 이유로 학군이 좋지 않은 지역에서는 사람들의 이동이 잦다.

일반적으로 알려진 유명한 학군이 아니더라도 각 지역에서 가장 학군이 좋다는 곳은 그 지역에서 가장 선호도가 높은 곳이 되며 부동산 가격이 가장 먼저 움직이는 곳이므로 우선적으로 고려해야 한다.

정석 3. 로열동, 로열층을 택하라

　로열동, 로열층의 아파트를 택하는 것이 아파트 투자의 정석이다. 일반적으로 이런 아파트는 다른 물건에 비해 비싸다. 그럼에도 불구하고 이런 아파트를 선택해야 한다. 투자 시 가장 우선적으로 고려해야 할 사항은 수요와 공급이다. 수요 측면에서 보자면 다양한 수요를 충족시킬 수 있는 대상이 좋은 물건이다. 다양한 수요를 충족시킨다는 말은 좀 더 대중적이라는 의미이고, 여러 성향의 사람들이 무난히 선택할 수 있다는 뜻이다. 일반적으로 로열동, 로열층이라고 하면, '남향', '상층부', '탁 트인 전망', '무 소음', '전철역과 가까운 거리' 등의 조건을 충족시키는 물건을 말한다(물론 단지의 상황에 따라 조금씩 달라질 수 있다).

　그런데 이러한 조건을 갖추지 못한 동향이나 서향의 저층 물건은 어떤가? 일단 가격이 저렴하다. 직접 살아보면 일조량이 적어서 낮에도 밝지 않고, 여름에 너무 덥거나 겨울에 심하게 추우며, 생활하기에 여러모로 불편하다. 그런데 이런 곳을 좋아하는 이들도 있다. 모든 사람이 햇빛이 많이 드는 밝은 집을 선호하는 것은 아니다. 가족 구성원들의 생활패턴상 햇빛이 너무 강하지 않은 곳을 더 좋아해서 오히려 그런 조건의 아파트만을 찾는 이들도 있다. 다만, 말 그대로 이들은 '소수'다. 수요가 늘 넘쳐야 투자 가치가 있는 것인데, 소수는 그야말로 소수라서 이들의 선호도가 물건의 투자 가치에 큰 영향을 미치지 못한다.

특히 로열동, 로열층의 아파트가 좋은 건 환금성 때문이다. 부동산은 항상 환금성을 고려해야 한다. 내가 구입한 부동산에 내가 평생 살 건데 환금성이 뭐가 중요하느냐고 물을 이가 있을지 모르겠다. 이는 바보 같은 생각이다. 사람 일이라는 건 모른다. 갑작스럽게 집을 팔아야 할 상황이 생길 수도 있는데 그때가 마침 호황기라면 다행이지만, 그렇지 않다면 어쩔 것인가? 불황기에 환금성이 떨어지는 부동산을 처분하려면 생각보다 상당히 가격을 낮춰야만 거래가 된다. 그만큼 큰 손해를 보게 되는 것이다.

부동산은 정해진 가격이 있는 게 아니다. 매도하려는 사람은 돈이 급한데 매수자가 나타나지 않으면 가격이 더욱 떨어질 수밖에 없다. 이러한 상황까지 내다본다면 환금성이 얼마나 중요한지 알 수 있을 것이다. 그럼에도 보통 사람들은 환금성을 그저 자산을 쉽게 현금화할 수 있는 가능성 정도로만 생각하는 것 같다. 그러니 당장 부동산을 매도할 일이 없을 테니 환금성이 좀 떨어져도 상관없다고 생각하는 것이다. 환금성 자체가 직접적으로 돈을 벌어다 주는 건 아니라 해도 이것이 내 재산을 보호하는 중요한 요소라는 점만은 명심해야 한다. 내가 이 부동산을 매수한 후 가격이 올랐다고 해도 최종적으로 매도해야 하는 시점에서 매입 금액보다 낮은 가격에 팔아야 한다면, 아무 의미가 없다. 이러한 이유로 로열동, 로열층의 아파트를 택하는 것이 정석이다.

정석 4. 면적은 85m² 이하가 좋다

이제 부동산 시장에 대형 평형의 시대가 올 거라고 말하는 사람들이 있다. 이들은 수년 동안 건설사들이 대형 평형 아파트들을 너무 짓지 않았기 때문에 공급 부족으로 대형 평형 아파트 가격이 올라갈 것이라고 주장한다. 정말 그럴까?

개인적으로 10년 이내에 대형 아파트의 가격이 소형 아파트의 가격에 비해 크게 치솟을 가능성은 없다고 본다. 전 세계적인 저성장세가 이어질 것이라 생각하기 때문이다. 물론, 나의 전망이 빗나갈 수 있다. 놀랍게도 10년 내에 전 세계가 새로운 경제의 돌파구를 찾아서 대폭으로 성장할 수도 있다. 그렇게 된다면 아마 우리나라 부동산도 대형 평형이 강세로 가는 시대가 올 것이다.

그런데 혹여 그런 시대가 온다고 해도, 면적 85m² 이하의 소형 부동산의 강세가 여전히 이어질 가능성이 크다. 일단 이에 대한 수요가 상당히 많기 때문이다. 신혼부부부터 취학 아동을 둔 가정에 이르기까지 이 평형이 가장 광범위하게 사용될 수 있는 평형이다. 반면 이 면적을 넘어선 대형의 경우 사용자가 제한적이게 된다.

앞으로 10년을 전망할 때 중소형 부동산이 대형에 비해 유리할 것으로 보이지만, 설령 그 전망이 틀린다고 해도 중소형의 강세는 이어질 것이다.

정석 5. 역세권 아파트를 골라라

요즘은 전철 노선이 너무 많이 생겨서 역세권 아닌 곳이 있을까도 싶을 것이다. 그러나 실제로는 그렇지 않다. 임장을 다니며 투자처를 찾다 보면 중개소에서 "마을버스 한 번 타면 역까지 금방이다", "역이 별로 멀지 않아 대중교통 이용하기에 불편하지 않다"라는 식으로 대상 물건에 대해 설명할 때가 있다. 물론, 일단 그곳에서 살다보면 이런 생활에 익숙해져서 그닥 불편을 느끼지 못하게 될 수도 있다. 하지만 그것은 어디까지나 그곳에 거주하는 사람들의 이야기다. 부동산의 투자 가치를 따질 때는 보다 많은 사람이 '편리하다'고 느끼는지 그 상식에 근거해 분석해야 한다. 개인적인 판단이 기준이 되면 안 된다는 말이다.

우리는 지금, 투자 가치가 있는 아파트를 살펴보고 있다. 이 투자 가치가 있다는 말을 지나치게 공격적으로만 생각해서는 안 된다. 즉, 가격이 오를 수 있는 아파트라는 개념으로만 봐서는 안 된다는 말이다. 투자 가치가 있다는 말엔 가격이 오를 가능성이 있다는 의미도 있지만, 불황 혹은 위기에도 굳건하게 버틸 수 있다는 방어적인 차원에서의 의미도 포함된다. 어쩌면 후자의 의미가 더 중요할 수 있다. 향후 대한민국 부동산 시장은 지금보다 좀 더 차별화되는 시장이 될 가능성이 크다. 주거 안정에 대한 대중들의 요구가 강하다 보니 정부의 방향도 그쪽에 힘을 실어줄 가능성이 크며, 정체된 생산가능인구나 경제의 저성장도 영향을 미칠 것이다.

따라서 이러한 악영향 속에서도 가격이 꾸준히 오르거나 최소한 가격을 지킬 수 있는 부동산이어야만 호황기에 큰 가격 상승을 거둘 수 있다. 이러한 관점에서 어떤 아파트가 그럴 가능성이 있을지 생각해 보라. 결국, 좀 더 많은 사람이 찾는 곳, 좀 더 많은 사람이 우선적으로 거주하고 싶어 하는 곳이어야 한다. 이것이 역세권 부동산을 고집해야 하는 이유다.

물론, 고수들이라면 현재의 역세권이 아닌 미래의 역세권이 될 가능성이 있는 부동산에 투자할 것이다. 다만 해당 부동산 가격에 미래에 대한 기대감이 얼마나 반영되었는지, 혹여 기대하는 바가 이뤄지지 않았을 때 대안이 있는지 등을 잘 검토한 후에 투자해야 한다. 그리고 아직까지 이 정도의 실력을 갖추지 못했다면 무조건 역세권을 고집하라.

정석 6. 기반시설이 잘 갖춰졌는지 확인하라

"역세권인 데다 단지도 큰데, 왜 아파트 가격이 오르지 않죠?"

비교적 자주 듣는 질문이다. 역세권의 대단지 아파트가 투자 가치가 있다는 걸 알아서 이를 기준으로 삼아 적당한 아파트를 매수했는데, 세월이 지나도 아파트 가격이 좀처럼 오르지 않는 것이다. 왜 이런 일이 발생할까? 아파트 주변의 기반시설이 부족해서일 가능성이 가장 크다. 여기서 말하는 기반시설이란 교통, 교육, 쇼핑,

의료기관 등 생활편의에 기여하는 각종 시설을 포함한 개념이다. 한마디로 아파트 주변에 사람이 생활할 때 필요한 모든 시설이 잘 갖춰져 있는지가 중요하다. 이런 모든 시설을 완벽하게 갖추고 있는 지역이 가장 좋지만, 실제 투자 비용까지 고려해야 하므로 완벽하지는 않더라도 되도록 이런 시설들이 상당히 밀집되어 있는 지역의 아파트 단지를 택해야 한다.

예를 들어, 전철 3호선 라인의 독립문역이나 무악재역 인근 아파트 단지들의 경우 역세권에 위치한 데다 대단지 아파트임에도 가치 상승이 상당히 더딘 편이다. 기반시설이 부족하기 때문이다. 사방이 산으로 둘러싸여 있는 까닭에 다양한 기반시설이 추가로 들어설 만한 자리가 없다는 점이 한계다. 신당동의 N 아파트의 경우도 그렇다. 대단지 역세권 아파트에 도심 중심에 있어서 매력적으로 보이지만, 실제로는 주변 기반시설들이 상당히 부족하고 도심 한가운데 섬처럼 고립된 모양새다. 이럴 경우 가치 상승이 일어나기 힘들다. 광장동의 W 아파트도 마찬가지. 한강 조망이 뛰어나고 대형 평형으로만 구성된 부유층의 아파트임에도 상당 기간 가격 상승이 제한되었다. 주변에 기반시설들이 없어서다. 최근 재건축으로 주목받게 되면서 가격이 많이 상승하긴 했지만, 당시 비슷한 시기에 지어진 압구정 현대 아파트나 반포 주공 아파트의 상승에 비하면 상당히 소외되었다는 것을 알 수 있다.

투자할 만한 아파트를 찾고 있다면 교통과 학군은 물론 그 외의 기반시설들도 잘 갖춰져 있는지 반드시 살펴보라.

정석 7. 성장성이 있는지 따져보라

투자 가치 있는 물건을 찾을 때 '성장성'은 어느 대상이든 반드시 고려해야 할 키워드다. 어떤 형태, 어떤 방향으로든 성장성이 있어야 부동산 가격이 상승하기 때문이다. 성장성을 따져볼 때는 여러 방향으로 생각할 수 있다. 해당 부동산에 강력한 개발호재가 있는가? 주변에 개발이 계속 진행되고 있는가? 재건축 등으로 신규 아파트들이 계속 늘어나고 있는 상황인가? 새로운 인구 유입 요인이 발생하는가? 만약 이러한 호재들이 없다면 앞서 소개한 다양한 조건을 갖췄다고 해도 상당 기간 가격이 멈추는 상황이 발생할 수 있다. 그 대표적인 사례가 일산, 중동, 산본 등이었다.

이런 지역은 실제로 생활하기에 매우 편하다. 또 이곳에 사는 사람들과 이야기를 나누어 보면 삶의 만족도 또한 대단히 높다는 것을 알 수 있다. 모든 인프라를 갖추고 있어 생활에 전혀 불편함이 없기 때문이다. 다만 부동산으로서의 가치는 그다지 크게 오르지 않는다. 바로, 성장이 정체되었기 때문이다. 투자 가치 있는 아파트를 선택할 때 성장성을 따져봐야 하는 이유가 이것이다.

그러나 지금까지 특별한 성장성이 보이지 않던 지역이었다고 해서 계속 그럴 것이라고 쉽게 예측해선 안 된다. 새로운 정책 변화로 각종 개발호재가 발생한다면 정체된 부분이 풀려 다시금 성장세로 돌아설 수 있기 때문이다. 그런 경우라면 투자 가치 있는 지역으로 변신할 수 있으니 꼼꼼히 체크할 필요가 있다.

정석 8. 햇볕이 잘 드는 비로열동, 비로열층은 관심을 가져라

우선, 아파트가 로열과 비로열로 나누어진 이유부터 살필 필요가 있다. 과거에는 건설사에서 아파트를 지을 때 남향과 동향으로 동을 배치했다. 그렇게 하면 땅을 가장 효율적으로 쓰면서도 가장 많은 수의 아파트를 배치할 수 있기 때문이었다.

그렇다 보니, 동향 아파트의 경우 오전에만 잠시 해가 들고 종일 거의 해가 들지 않은 상황이 벌어졌다. 특히나 저층은 대낮에도 전등을 켜고 있어야 할 정도로 어두웠다. 남향 아파트에도 문제가 있었는데, 남향의 저층은 동향으로 서 있는 건물 때문에 그림자가 많이 져서 하루 중 짧은 시간을 제외하고는 해가 들어오지 않아 어둡다는 데가 많았다. 이러한 이유로 같은 아파트라고 해도 햇빛을 충분히 받을 수 있는 동과 층이 중요한 의미를 갖게 되었고, 그렇게 로열동, 로열층이 생겨난 것이다.

과거에 건설된 아파트 단지의 전형적인 동 배치 모습

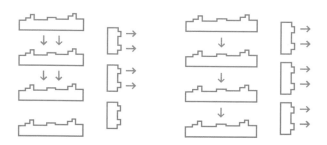

요즘 건설되는 아파트 단지의 동 배치 모습

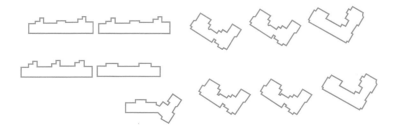

　그런데 요즘은 대부분의 아파트가 주로 남동향과 남서향으로 배치되며, 심지어 모든 동이 남향 배치인 경우도 적지 않다. 물론 이런 상황에서도 로열과 비로열은 생긴다. 다만 실제 생활하는 데는 그 차이가 심각한 수준이 아니라는 걸 염두에 둘 필요가 있다.

　또 이런 부분도 생각해 보자. 아파트라는 주거 형태가 우리 삶에 들어온 것은 그다지 오래된 일이 아니다. 1970년대부터였으니 불과 50년 정도밖에 되지 않았다. 이 낯선 주거 형태를 경험하는 동안 그사이 격차가 생기고 어디가 좋고 어떤 곳은 더 비싸게 돈을 주고서라도 살만하다는 걸 대중이 확실히 인지하게 되기까지는 대략 30년이 걸렸다. 이에 대중이 로열동 로열층 아파트에 확실한 프리미엄을 주기 시작한 것은 불과 20년 전부터다.

　이러한 이유로 2003년 부동산 강세장이 시작될 때 로열동, 로열층 아파트의 가치가 크게 뛰어올랐고, 그때부터 본격적으로 '조망권'이라는 단어가 중요한 의미로 부상했다. 이러한 세월을 보내면서 부동산 관련 지식은 더욱 광범위하게 대중들에게까지 퍼졌다. 문제는 로열동, 로열층 아파트의 가치가 지나치게 부각되는 상황이 벌어졌다는 것이다. 정확하게 말하면, 실제로 생활에 큰 불편함이 없는 동과 층인데도 지나치게 가격이 할인되는 현상이 벌어진 것이다.

로열동과 로열층 아파트가 탄생한 원인을 다시 한번 주목하자. 핵심은 일조권이다. 물론 다른 요인, 즉 전철역과의 거리나 조망, 주변 소음, 학교와의 거리 등 모든 것을 고려하면 어떤 단지에서든 가장 좋은 동과 층이 존재할 수 있다. 중요한 것은 이러한 요인을 이제 누구나 아는 상황이 되었는데, 그에 비해 비로열 동과 층의 가격이 터무니없이 낮게 형성되고 있다는 것이다.

예를 들어, 20층짜리 아파트에서 보통 로열층이라고 하면 13층부터 19층 정도를 말한다. 그래서 이들의 호가가 10억 원이라고 하자. 그런데 비로열층으로 일컬어지는 5층의 가격은 9억 원이다. 실생활 측면에서 5층이 13층에 비해 피부로 느껴질 만큼 불편한 것이 있을까? 사실상 그렇게 불편한 것은 거의 없다. 물론, 둘 다 일조권을 확보하고 있는 한해서 그렇다는 말이다. 그런데도 가격이 지나치게 디스카운트되는 이유는 무엇일까? 나는 로열동과 로열층 아파트가 돈이 된다는 대중들의 과한 맹신과 집착이 만들어 낸 현상이라고 본다.

이런 일은 특히 아파트 분양권을 선택하는 과정에서 많이 발생한다. 분양권은 대개 분양가의 10%인 계약금과 프리미엄으로 계약이 이뤄진다. 레버리지가 크기에 실제로 디스카운트되는 비율은 더욱 커진다. 예를 들어, 로열 아파트의 계약금이 5,000만 원이고 프리미엄이 5,000만 원이라고 하자. 총금액은 1억 원이다. 그런데 비로열 아파트는 계약금이 5,000만 원이고 프리미엄은 3,000만 원, 그래서 총 8,000만 원이다. 그렇다면 이 비로열 아파트의 분양권이 저렴한 것일까? 전체 금액에서 20%나 디스카운트된 상황인데, 비로열을 선택해도 문제가 없는 걸까?

이렇게 가격이 형성된 상태에서 입주 시점이 되자 프리미엄도 올랐다. 로열 아파트는 1억 원이 올라서 1억 5,000만 원이 되었다. 그렇게 되면 매수자는 분양가 5억 원에 프리미엄 1억 원을 더해 6억 5,000만 원에 이를 매수하는 것이다. 그럼 이때, 비로열 아파트의 가격은 얼마에 형성될까?

로열이 6억 5,000만 원이니 비로열은 그보다 10% 낮은 5억 8,500만 원이 될까? 그렇지 않다. 로열이 6억 5,000만 원이라고

부동산 투자의 정석

해도, 비로열은 5%가량 낮은 6억 2,000만 원에 가격이 형성된다.

왜 그럴까? 아파트 입주 시점이 되면, 결국 실수요자의 필요에 따라 가격이 형성되기 때문이다. 실수요자 입장에서는 조금 높은 층에서 사는 것이나 조금 낮은 층에서 사는 것이나 별반 차이가 없다. 햇볕이 잘 들어오는 데다 사생활 보호 측면에서도 문제가 없고, 조망도 시원한 것보다 오히려 안정적인 편을 더 좋아하는 사람도 많기 때문이다. 또한 3,000만 원은 실수요자 입장에서 결코 작은 돈이 아니다. 결국 저층 아파트를 구매하는 것이 더욱 유리하게 느껴질 수 있는 것이다. 그럼 계산해 보자.

분양권 매수 시

(단위: 만 원)

	계약금	프리미엄	합	분양가	매수가
로열	5,000	5,000	1억	5억	5억 5,000
비로열	5,000	3,000	8,000	5억	5억 3,000

입주 후 매도 시

(단위: 만 원)

	프리미엄	매도가	차익	투자금	수익률
로열	1억 5,000	6억 5,000	1억	1억	100%
비로열	1억 2,000	6억 2,000	9,000	8,000	113%

수익률 측면에서 보면 오히려 비로열 아파트가 매우 유리하게 되었음을 알 수 있다. 이런 일은 아파트의 분양권처럼 입주가 이뤄지지 않아서 생활 측면에 대한 이해가 없거나, 시장에 실수요는 물

론 투자자들이 대거 참여했을 때 벌어진다. 따라서 실제 가치보다 더욱 많이 디스카운트되어 거래되는 비로열 아파트가 있다면 여기에 베팅하는 것이 투자수익 면에서는 훨씬 유리할 수 있다.

이 같은 일이 꼭 분양권이나 입주권 등 아직 완공되지 않은 아파트에서만 벌어지는 건 아니다. 기존 단지에서도 벌어질 수 있다. 비로열 아파트를 지나치게 저렴하게 내놓는 경우이다. 매도자가 비로열이라 잘 팔리지 않을 거란 생각에 아주 낮은 가격에 내놓거나, 시장이 일시적으로 거래가 되지 않은 상황이 되어 지레 겁을 먹고서 지나치게 낮은 금액에 매도하는 경우이다. 그런 물건을 발견한다면 적극적으로 공략해 볼 필요가 있다.

또한 비로열 아파트가 거래가 잘 안 된다는 고정관념도 버려야 한다. 생활 측면에서 문제가 없는 비로열인 경우, 게다가 이런 비로열을 충분히 저렴하게 매수한 경우라면 오히려 시장에 불황이 와도 유리하다. 충분히 싸게 샀기에 로열에 비해 충분히 싸게 내놓을 수 있고, 경기가 안 좋을 땐 단 1,000만 원이라도 저렴한 게 좋다고 느끼는 사람이 많기 때문이다. 특히 불황에는 미래에 대한 긍정적인 기대가 없어지는 때이므로 미래의 가치보다는 당장 현실적으로 이익이 되는 쪽으로 선택하는 사람이 많아지기도 한다. 따라서 비로열 아파트를 충분히 저렴하게 내놓으면 로열보다 오히려 비로열이 먼저 거래되는 일도 생긴다. 로열 아파트도 충분히 저렴하게 내놓는다면 거래가 먼저 되겠지만, 매수할 때 높은 금액에 매수했기에 이익이 훨씬 줄어드는 상황이 벌어질 수 있다.

자, 그렇다면 '생활적인 측면에서 문제가 없는 비로열 아파트'를 충분히 저렴한 금액에 매수하는 것이 관건인데, 도대체 얼마나 싸야 저렴하다고 볼 수 있을까? 정확한 수치로 이야기하기는 매우 어렵다. 같은 비로열 아파트라도 상황에 따라서 디스카운트가 많이 이뤄질 수밖에 없는 경우도 있고, 앞서 예시한 것처럼 그저 층만 낮아서 디스카운트할 필요가 없는 경우도 있기 때문이다.

그래도 어느 정도 감을 잡기 위한 가이드 라인을 제시해 보자. 우선 일조권에 큰 문제가 없다는 것을 전제로 한다. 여기서 큰 문제가 없다는 것은, 로열 아파트와 동일하다는 의미가 아니다. 일조권에서 약간의 손실은 있으나 두드러지게 차이가 날 정도는 아닌 경우라고 생각하면 된다. 일단 '층'을 기준으로 비로열층은 로열층에 비해 5% 정도의 디스카운트가 적절하고, 1층은 10% 정도의 디스카운트가 일반적이다.

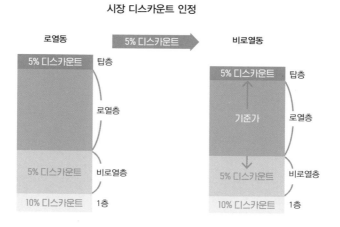

시장 디스카운트 인정

그리고 '동'은 대개 로열동과 비로열동의 차이가 시장 평가에서 적절하게 이뤄지는데, 그 이유는 동과 동의 차이는 일조권처럼 측정이 어렵거나 모호하지 않고, 전철역과의 거리나 학교와의 거리, 소음, 방향, 조망권 등이 비교적 명확하게 나타나기 때문이다. 그래서 비로열동이 로열동보다 실제 가치보다 크게 저평가되는 경우는 드물다. 따라서 각 동의 로열층의 가격을 기준 가격으로 삼고, 각 동의 비로열층이 지나치다 싶을 정도로 디스카운트된 것이 있다면 이를 투자 대상으로 고려할 수 있겠다.

부동산 투자의 정석

앞이 막히지 않은
1층 남향을 골라라

1층 아파트는 투자 대상으로서 괜찮을까? 내게 상담을 요청하는 이들이 하는 질문 중 빠지지 않는 것이 바로 이것이다. 물론 시장이 활황일 때 나오는 질문이다. 시장이 활황기에 접어들면 로열동, 로열층 아파트의 가격이 너무 올라버려서 매수하기 부담되고 사려고 해도 막상 매도 물건이 나오지 않기 때문이다. 반면 1층의 경우 가격도 저렴하고 매수하기에도 용이하다 보니 고민하다가 상담을 요청하는 것이다.

1층을 매수하려는 사람들은 하나같이 말한다. "우리 애들이 맘껏 뛰어다니게 하고 싶어서요. 나중에 좀 싸게 팔면 되잖아요."

이러한 접근에는 두 가지 큰 문제가 있다. 첫째, 아이들이 언제까지나 계속 뛰어다니지는 않는다는 것이다. 아이들도 어느 정도 나이가 들면 무작정 거실에서 뛰지 않는다. 둘째, 조금 싸게 내놓는다고 언제나 쉽게 팔리는 것은 아니라는 것이다. 비로열 부동산을 조금 싸게 내놓아도 팔리는 경우는 자신과 같은 생각을 가진 사람을 만나거나 시장이 활황기일 때다. 아이들이 더 이상 뛰어다니지 않을 때가 시장의 활황기라면 다행이지만, 아이들이 시장 상황을 가려가며 자라는 건 아니지 않은가.

나는 이 같은 이유를 대면서 1층 아파트를 매입하려고 하는 사람들을 말리곤 한다. 이것이 정석이다. 그런데 전망이 가로막히지 않은 1층이라면 어떨까?

1층 아파트의 단점은 보안에 취약하고 사생활 침해 가능성이 크다는 점인데, 사실 이 두 가지는 어느 정도 해결 가능한 부분이다. 그보다 더 큰 문제는 일조량이다. 아파트 숲에 가려지다 보니 1층의 경우 일조량이 부족할 가능성이 있다. 그런데 베란다 앞쪽에 아무것도 없어서 트여 있는 1층이라면 이야기가 다르다. 전망이 트여 있는 1층이라면 일조량이 충분한 경우가 많다. 이런 아파트라면 매수해도 괜찮다는 건가? 그렇다. 투자 가치가 있나? 투자 가치도 있다.

물론, 향후 시세차익을 크게 얻긴 힘들 것이다. 하지만 다른 물건에 비해 우선 적은 돈을 들여서 살 수 있다는 게 큰 장점이다. 1층은 아무래도 매수자가 많이 나서지 않으므로 가격이 저렴하다. 게다가 앞이 가로막히지 않은 1층이라면 세입자 입장에서도 햇볕이 잘 들기 때문에 딱히 나쁠 게 없다. 특히 어린 자녀들을 키우면서 아파트 거주를 선호한다면 아이들이 어느 정도 크기 전까지라도 층간소음으로 인한 이웃 간의 충돌 문제없이 1층에서 지내고 싶어 하는 이들이 꽤 있다. 이러한 이유로 1층 아파트의 전세가는 강세로 이어질 수 있다.

결국 매매가는 낮고 전세가는 강세로 가는 효과, 즉 투자금이 적게 드는 효과가 생긴다. 따라서 이러한 아파트에 투자하면 매매가가 크게 오르지 않는다고 해도, 빠른 시간 내에 투자 원금을 회수하는 것이 가능해지는 것이다. 그렇게만 돼도 투자로서는 일단 성공한 셈이다. 그러니 전망이 탁 트인 1층 남향의 아파트라면 적극적으로 관심을 가질 필요가 있겠다.

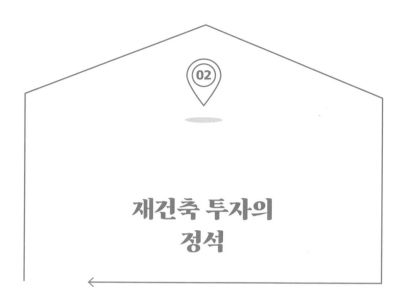

재건축 투자의
정석

누군가가 내게 부동산 시장에서 꼭 매입해야 하는 대상이 있느냐고 묻는다면, 나는 서슴없이 '재건축' 물건이라고 대답하겠다. 재건축 부동산이야말로 투자자들이 꼭 관심을 가져야 할 대상이다. 왜 그럴까? 크게 보면 두 가지 이유에서다.

첫째, 새 아파트는 영원한 투자 키워드다. 아무리 부동산 시장 경기가 나빠진다고 해도 새 아파트에 대한 사람들의 선호도는 달라지지 않는다. 이는 사람의 본능과도 같아서 이론의 여지가 없다. 새 아파트를 보지 않았다면 모를까, 신축 아파트를 일단 가서 보거나 경험해 보면 매수하고 싶은 열망에 휩싸이게 된다. 당연하다. 최첨단 시스템 도입으로 과거 아파트에서 겪을 수밖에 없었던 모든 불편함이 사라진 곳, 남다른 미적 감각이 없어도, 따로 크게 돈을 들이지 않아도 현대 감각에 맞는 세련된 인테리어가 돋보이는 그야말로 '새' 아파트를 누가 마다하겠는가? 이 단순한 이유만으로도 새 아파트에 대한 선호도는 결코 바뀌지 않을 것이다.

그런데 서울권에서 새 아파트가 만들어질 가능성은? 우선 새 아파트든 뭐든 지을 땅이 있어야 하는데, 서울에서는 향후 10년 동안 소규모 개발을 제외하고는 택지가 공급될 가능성이 거의 희박하다. 이 외에 새 아파트가 공급될 수 있는 방법은 두 가지뿐이다. 재건축과 재개발. 그중 재개발은 재건축에 비해 주민 합의에 이르는 과정이 상당히 지난하고 오랜 기간이 소요된다. 그러니 답은 재건축뿐이다. 게다가 이러한 재건축 물건은 희소하기까지 하다. 택지의 공급 자체가 제한된 상황에서 아무리 재건축할 만한 단지가 많다고 해도 동시다발적으로 사업이 진행될 수는 없다. 따라서 매년 나올 수 있는 새 아파트 물량은 대단히 적을 수밖에 없는 것이다. 그러니 그 가치 역시 높을 수밖에.

둘째, 분양권 투자에 비해 초과 수익을 얻기 쉽다. 사실, 분양권은 부동산 활황장에서 수익을 내기 가장 좋은 대상이다. 새 아파트라는 불멸의 키워드를 가지고 있는 데다 투자금이 적기 때문이다. 게다가 이자후불제 등으로 금융 조건까지 좋아져서 실제 입주 시점까지 들어가는 돈이 거의 없다. 따라서 엄청난 레버리지 효과로 실제 투자금 대비 상당히 높은 수익을 낼 가능성이 크다. 다만 분양권은 우선, 당첨되기가 쉽지 않다. 당첨이 쉽게 되는 때도 있는

데 그땐 이미 대중의 관심과 열기가 식은 후라 프리미엄이 별로 발생하질 않는다. 그러니 수익률 등을 열심히 분석해 놓고도 당첨되지 않으면 허송세월한 셈이 되고, 최악의 경우 당첨되기만을 기다리며 시간을 보내다 가격이 너무 올라서 매수하기 부담스러운 시기가 될 수 있고, 갑작스러운 규제책으로 시장이 확 죽어버리는 등 타이밍을 놓치는 일이 발생한다.

반면 재건축 부동산은 수익을 얻기까지 기다려야 한다는 것과 불확실성 때문에 저평가되는 일이 종종 발생한다. 또 매수에 제한이 없기에, 자금만 있으면 얼마든지 매수할 수 있다. 무엇보다 지금 우리나라의 상황, 특히 서울권의 상황을 감안할 때 택지 공급의 다른 대안이 없으므로 재건축은 반드시 시행될 수밖에 없다. 따라서 재건축은 불확실해 보이지만 사실은 확실하고, 위험해 보이지만 사실은 위험하지 않은 투자의 정석에 딱 맞는 대상이다.

정석 1. 남은 용적률이 많은 물건을 노려라

일반적으로 재건축 물건에 투자하려고 할 때 가장 많이 듣게 되는 단어는 '지분'이다. 지분이 많다 혹은 적다는 물론 '무상지분율'이라는 단어도 자주 쓰인다. 무상지분율이란 소유주가 갖고 있는 대지지분의 몇 %까지를 무상으로 받을 수 있느냐 하는 것이다. 예를 들어, 대지지분이 $30m^2$이고 무상지분율이 150%라면, 건축면적

$45\,m^2$까지를 무상으로 받을 수 있다($30\,m^2 \times 150\% = 45\,m^2$).

다만 이 경우 소유자가 $84\,m^2$의 아파트를 받고 싶다면 그 차액만큼을 조합원 분양가로 내면 된다($84\,m^2 - 45\,m^2 = 39\,m^2$, 추가분담금 $= 39\,m^2 \div 3.3058 \times$ 평당 조합원 분양가).

그렇다면 이 같은 재건축 대상에 투자하는 것이 좋은지 안 좋은지는 무엇으로 판단할 수 있을까? 최초 자신이 매입한 부동산 가격에 추가분담금을 더한 금액을 향후 형성될 부동산 가격과 비교해 수익률을 계산해 보면 된다. 이를 따져봤을 때 이득이라 보이면 계속 보유하고, 손해로 보이면 매도하면 된다.

- 최초 매입 금액 + 추가분담금 + 무위험 이자수익률 < 향후 형성될 시세

  ➡ 추가분담금을 부담하면서 계속 보유

- 최초 매입 금액 + 추가분담금 + 무위험 이자수익률 ≥ 향후 형성될 시세

  ➡ 매도

이것이 가장 기본적인 계산법이다. 하지만 투자수익률이 이렇게 수학의 답처럼 딱 떨어지는 건 아니다. 그사이 너무 많은 변수가 존재하기 때문이다. 우선 향후 형성될 부동산 시세를 정확하게 예측하기 힘들다. 따라서 투자적 판단이 필요한 것이다.

일반적으로 시장에서는 부동산의 현재 가격을 기준으로 삼아 향후 형성될 시세를 계산한다. 그리고 부동산의 매매가는 그보다

낮은 가격에 형성된다. 무위험 수익을 감안하기 때문이다. 즉 새로운 아파트에 입주할 때까지의 이자비용을 감안해야 하므로 매매가는 향후 입주 시 형성될 것으로 보이는 시세의 약 85~90% 선으로 보는 것이 일반적이다.

예를 들어보자. 현재 재건축이 예정된 D 아파트의 일반적인 매매가는 약 5억 원이다. 전용 $84m^2$ 재건축 아파트가 입주 시점인 4년 후에 형성될 것으로 예상되는 금액이 8억 원이고, 현재 전용 $84m^2$를 분양받을 권리가 있는 조합원의 추가분담금이 2억 원이다(매매가격 5억 원+추가분담금 2억 원+무위험 이자수익률=향후 형성될 금액 8억 원).

그렇다면 다음과 같은 시나리오가 가능해진다.

- D 아파트의 전세가가 1억 원인 경우
  - ➡ 매입 시 투자금 : 4억 원(5억 원 − 1억 원)
  - ➡ 추가분담금 : 2억 원

- 무이자 이주비 1억 5,000만 원과 유이자 이주비 1억 5,000만 원이 나오는 경우
  - ➡ 무이자 이주비로, 나가는 세입자에게 1억 원의 전세 보증금을 지급하고 5,000만 원은 회수
  - ➡ 유이자 이주비 1억 5,000만 원에 대한 이자를 지급하면서 여기에 회수된 5,000만 원을 더해 추가분담금 2억 원을 지급

> ➡ 총 투자금 : 매입 시 투자금 4억 원＋유이자 이주비 1억 5,000만 원
> 에 대한 이자

재건축이 완료되어 입주하는 시점에서도 두 가지 선택을 할 수 있다.

> • 본인이 입주할 경우
> ➡ 무이자 이주비 1억 5,000만 원과 유이자 이주비 1억 5,000만 원을 담보대출로 전환
> ➡ 총 투자금 : 총 담보대출 3억 원＋매입 시 투자금 4억 원＝7억 원
>
> • 전세 시세 5억 5,000만 원에 임대를 놓을 경우
> ➡ 전세 보증금 5억 5,000만 원으로 무이자 이주비 1억 5,000만 원과 유이자 이주비 1억 5,000만 원을 상환
> ➡ 2억 5,000만 원은 회수
> ➡ 총 투자금 : 매입 시 투자금 4억 원－2억 5,000만 원＝1억 5,000만 원

이것이 일반적인 재건축 아파트 투자의 흐름도다. 이런 흐름도를 미리 살펴보고 이해할 수 있다면, 내가 어느 정도의 금액을 투자하는 것이 적당하며 얼마의 수익을 기대하면 되는지 알 수 있다.

하나의 변수는 무상지분율이다. 무상지분율은 원래 시공사들이 그 사업장의 수익성을 분석한 후 그 수익에 따라 자신들이 가져갈

몫을 제하고 수익금 중 얼마를 조합원들에게 돌려줄 것인지를 계산해 뽑은 비율이다. 일반적으로는 시공사들이 재건축 사업을 최종 수주하기 전에 계산해서 조합원들에게 제시하고, 조합은 그중 가장 높은 무상지분율을 제시한 건설사를 시공사로 선택한다. 문제는 제시한 무상지분율에 따라 시공사로 선정되었음에도 불구하고 여러 가지 이면 계약에 의해 그 비율이 변동되곤 한다는 것이다.

실제로 2015년에 강동 둔춘 주공 아파트에서 그런 일이 발생했다. 이 아파트의 경우 원래 2010년 당시 무상지분율 164%를 제시한 현대사업단이 시공사로 선정됐다. 당연히 제시한 무상지분율이 높았기에 시공사로 선정된 것이다. 그런데 2015년 돌연, 현대사업단은 그동안의 물가상승률과 인건비의 상승 등을 고려해 무상지분율을 132%로 변경한다고 통보했다. 이에 따라 조합원의 경우 가구당 약 1억 원의 추가분담금이 발생할 수 있는 악재가 터졌다.

무상지분율이라는 것이 이렇게 막 바뀔 수 있는 것일까? 사업장마다 어떤 특약 조항을 넣었느냐에 따라 변동될 수 있다는 것이 문제다. 아무리 확정됐다고 해도 '어떠어떠한 일이 발생하면 변경될 수 있다'라는 특약 조항 하나만 있어도 변경될 수 있다.

반포자이 아파트의 경우도 마찬가지였다. 이 아파트는 확정 무상지분율 171%로 사업이 시작됐지만, 일반 분양금 총액이 예상보다 10% 넘게 초과되는 경우 그 초과분을 조합원들에게 추가로 지급하는 특약을 넣었다. 그런데 나중에는 또 다른 이유로 분양 수익 전부를 시공사에 넘기는 방식으로 개정됐다. 결과적으로 이는 조합과 소송으로 이어지는 원인이 됐다.

물론 무상지분율이라는 것이 시도 때도 없이 바뀌는 것은 아니다. 다만 이와 같은 문제가 발생할 여지가 있다는 것 정도는 염두에 둬야 하며, 무엇보다 무상지분율이 어떻게 산출되는지 그 핵심을 알아두는 것이 더욱 중요하다.

수학적으로 무상지분율이 산출되는 방식은 다음과 같다.

> • 총 수입(총 분양 수입) − 총 지출비용(공사비) = 개발이익(순이익)
>
> 개발이익 ÷ 3.3㎡당 분양가 = 개발이익 평수(전체 무상지분 면적)
>
> 무상지분율 = 개발이익 평수 ÷ 대지 면적 × 100

사실 이러한 공식을 정확히 외우지 못해도 상관없다. 어차피 공식을 알고 있다고 해도 공식대로 투자자가 산출한 무상지분율은 큰 의미가 없기 때문이다. 핵심은 무상지분율이 나오는 배경이다. 무상지분율이 높게 나올 수 있는 경우는 두 가지다. 하나는 일반 분양분이 많은 경우이고, 또 하나는 분양가가 높은 경우다(이 외에 한 가지가 더 있다면 공사비가 줄어드는 것인데, 공사비는 일반적으로 비슷하며 설령 다르다고 해도 투자자가 판단할 수 있는 부분이 아니기 때문에 제외한다).

그렇다. 투자자가 봐야 하는 것은 바로 이 부분이다. 투자하려는 재건축 아파트가 일반 분양분이 많이 나올 수 있는 단지인지, 또 높은 분양가를 매길 수 있는 단지인지를 살피는 것이 핵심 포인트인 것이다. 그럼 일반 분양분이 많이 나올 수 있는 단지란 어떤 단지인가?

사람들이 재건축에 대해서 상식적으로 알고 있는 것은 대지지분이 큰 아파트를 골라야 한다는 것이다. 물론, 대지지분이 큰 아파트를 고르는 것은 중요하다. 그러나 더 중요한 것은 용도다. 즉 해당 지역이 제1종 주거지역인지, 혹은 제2종 주거지역, 제3종 주거지역인지 하는 것이 더 중요하다.

예를 들어, 대지지분이 각각 $30m^2$, $25m^2$인 아파트가 있다고 하자. $30m^2$인 아파트는 제2종 주거지역에 있어서 용적률이 최대 200%까지이며, $25m^2$인 아파트는 제3종 주거지역에 있어 용적률을 300%까지 적용받을 수 있다. 대지지분이 $30m^2$인 아파트는 건축물을 $60m^2(30m^2 \times 200\%)$까지 지을 수 있고, 대지지분이 $25m^2$인 아파트는 $75m^2(25m^2 \times 300\%)$까지 지을 수 있다. 그렇다면 결국 대지지분이 적은 $25m^2$인 아파트가 실제적인 가치는 더 좋은 것이다.

그러나 이게 끝이 아니다. 실제로 투자 가치가 높은 재건축 아파트를 고르려면 남은 용적률을 봐야 한다. 제2종 주거지역에 대지지분이 $30m^2$인 아파트가 용적률 150%로 지어져 있다면, 남은 용적률은 50%다. 반면 제3종 주거지역에 대지지분 $25m^2$인 아파트가 280%로 지어져 있다면, 남은 용적률이 20%밖에 되지 않는다. 이럴 경우 좀 더 복잡한 계산이 필요한데, 결론적으로 남은 용적률이 많은 제2종 주거지역의 $30m^2$인 아파트가 더 낫다.

이 남은 용적률 부분이 일반 분양분이다. 만약 용적률이 남지 않는다면 1대 1 재건축을 할 수밖에 없다. 물론 용적률이 남지 않는 상황에서도 기존에 소유한 주택보다 작은 평형의 주택으로 가려는 조합원들이 많다면, 남은 물량만큼을 일반 분양할 수 있다. 하지만 현재 재건축을 해야 하는 아파트들 중에 규모가 큰 경우가 거의 없으므로 기존 주택보다 더 작은 규모의 주택으로 옮기긴 쉽지 않을 것이다.

따라서 결론을 내자면, 용적률이 남아야 일반 분양을 할 수 있고, 그 일반 분양이 많으면 많을수록 무상지분율이 높아지므로 재건축 소유자들(조합원)에게도 이익이 되는 것이다.

재건축이라고 하면 무조건 대지지분이 큰 곳을 골라야 한다고 생각하는 경향이 있는데, 이는 과거 대형 평형의 주택이 시장을 주도하던 시절의 이야기다. 대다수의 사람들이 대형 평형을 선호하고 대형 평형의 가격 상승률이 중소형에 비해서 월등하게 높았던 시절에는 어떻게 해서든 대형 평형을 분양받아야 했다. 그래서 그때는 사람들이 무조건 대지지분이 큰 단지를 찾으려고 했다. 대지지분이 커야 남는 용적률이 없더라도 우선은 대형 평형 위주로 설계할 수 있기 때문이다. 같은 단지 내에서도 무조건 대지지분이 큰 부동산을 매수해야 했다. 그래야 우선권을 가질 수 있어서 먼저 대형 평형을 구입할 수 있었기 때문이다. 그러나 상황이 달라졌다. 오히려 상식적인 수준으로 돌아왔다고 볼 수 있다.

무상지분율에 대해 좀 더 이야기해 보자. 앞에서 말했듯 무상지분율은 일반 분양 수익이 얼마나 되느냐에 따라서 나오는 것인데,

조합원은 아마추어이고 건설사는 프로다. 이 둘이 손을 잡고 일을 하는데 조합원이 유리하게 계약할 수 있을까? 쉽지 않을 거라는 건 충분히 예상할 수 있을 것이다. 따라서 확정 무상지분율을 내세운 뒤에도 건설사들은 이렇게 저렇게 발을 뺄 수 있는 여지를 만들어놓을 가능성이 크다. 다만 건설사가 불공정한 행위를 한다고 해도 일반 분양분이 얼마만큼 나온다는 것이 공개적으로 알려진 상황에서는 말도 안 되는 무상지분율을 제시할 수 없다.

앞서 언급한 둔촌 주공 아파트도 그랬다. 나는 2015년 9월 강의에서 '처음으로(오래전 과거에 추천한 것을 제외하고 최근 추천한 시점에서 처음이란 뜻이다)' 둔촌 주공 아파트를 추천했다. 여러 가지 상황상 사업성이 뛰어난 데다 재건축 분위기 또한 충분히 무르익었고 향후 성장성도 뛰어날 것으로 보았기 때문이다.

그런데 추천하자마자 가격이 적게는 1,000만~2,000만 원, 많게는 5,000만 원이나 빠져버렸다. 앞서 말한 것처럼 시공사가 사업비 상승을 이유로 그사이 확정된 줄 알았던 무상지분율 164%를 132%로 바꿀 수밖에 없다고 밝혔기 때문이다. 관리처분이 얼마 남지 않은 사업장에서 이런 일이 벌어진다는 게 실로 황당하긴 하지만, 어쨌든 일은 벌어지고 말았다. 이 때문에 많은 사람이 내게 상담을 요청했다. 덕분에 나 역시 향후에 어떤 일이 진행될 수 있을지 여러 방향으로 시뮬레이션을 해보게 되었고, 그렇게 내린 결론으로 다음과 같이 투자자들에게 알렸다.

"아무리 시뮬레이션을 해봐도 164% 역시 높은 무상지분율이 아닙니다. 둔촌 주공의 경우 용적률이 거의 절반 정도나 남고, 1만 세대가 만들어지는 우리나라 최대 규모의 재건축 단지입니다. 규모가 크면 사업의 수익 또한 훨씬 더 커집니다. 하다못해 공사비라도 더 낮출 수 있기 때문이죠. 오히려 무상지분율을 더 올리려는 시도도 해볼 만한 사업장인데, 이는 사업을 원점에서 재검토하자는 이야기밖에 되지 않으므로 현실적으로 불가능해 보입니다. 그런 상황에서 무상지분율을 132%로 내린다는 건 말도 안 되는 것이죠. 국내 어떤 사업장에도 이 정도로 일반 분양을 할 수 있는데 무상지분율이 150%도 안 되는 사례는 없습니다."

내가 이와 같은 확신을 갖게 된 건 남는 용적률에 주목했기 때문이다. 그리고 다음과 같은 말을 덧붙였다.

"제 생각에는 아마 시공사가 마지막으로 욕심을 한번 내보고 베팅하려는 것 같습니다. 분양 수익이 어마어마할 거라는 건 알 만한 사람들은 다 아는 상황입니다. 이런 상황에서 무상지분율을 132%로 낮춘다는 건 말도 안 된다는 걸 그들도 알 겁니다. 그런데 일단 이렇게 조합원들을 흔들어 놓으면 나중에 150% 선에서 타협이 된다 해도 시공사 입장에서는 무조건 이익이 발생하는 상황이죠. 그렇게 시공사가 선심 쓰는 척하면서 무상지분율을 낮췄다가 올려주면 조합원들도 고마워하게 되어 이후 사업이 순조롭게 진행될 수 있을 테니 작전을 쓰는 것 같습니다."

그런데도 내 강의를 듣고 둔촌 주공 아파트를 매입했다가 가격이 떨어지자 덜컥 겁이 나서 중개소에 손해를 봐도 좋으니 되팔아

달라고 부탁하는 사람들이 나타났다. 나는 "만약에 여유자금이 있으면 그런 물건들까지 모두 잡으세요. 괜찮아질 겁니다"라는 말까지 했다. 결과가 어땠을까? 무상지분율과는 상관없이 시장의 호황 분위기를 타면서 가격은 급격히 회복했고, 심지어 이전보다 더 올랐으며, 무상지분율 역시 거의 1년 후인 2016년 9월에 150.32%로 최종 확정됐다.

여기서 한 가지 더 알아둬야 할 것이 있다. 재건축 사업방식은 크게 지분제와 도급제로 나뉘는데, 지금까지 설명한 것은 재건축 사업방식 중 '지분제' 사업방식에 관한 것이다. 지분제는 시공사와 조합이 서로 지분을 나누어 가진다는 의미인데, 현실적으로 사업의 주체는 시공사가 되고 조합은 감시 감독하는 역할만 한다. 시공사는 전문가이고 조합은 전문가가 아니기 때문이다. 그래서 시공사는 조합에 얼마만큼의 이익을 줄 수 있는지를 제시하고 조합은 이를 수긍하는 형태인데, 앞서 말한 것처럼 추가적인 특약에 따라서 수익과 리스크를 어떻게 나눌 것인지를 협의할 수 있다.

현실적으로 이해하자면, 지분제의 사업장에서는 투자자 입장에서 시공사가 제시한 무상지분율이 얼마나 되는지를 눈여겨보면서, 그것이 변경될 가능성은 없는지, 혹시 투자자에게 유리하게 혹은 불리하게 될 수 있는 특약 사항 등은 없는지를 살펴보는 것이 중요하다.

도급제 방식 역시 눈여겨볼 필요가 있다. 도급제란 조합이 주체가 되고 시공사는 단순히 건설만 하는 사업방식을 말한다. 시공사

부동산 투자의 정석

는 사업에 대해서는 일체 관여하지 않는다. 분양을 얼마나 하는지, 어떤 금액에 분양하는지, 설계 변경을 하는지 마는지 등에 관해서 일체 관여하지 않고 오직 시공만 한다. 따라서 모든 수익과 위험은 모두 조합원이 떠안는다. 사업방식이 이렇다 보니, 사실 도급제 방식은 소규모의 재건축 현장에서만 있어 왔다. 그러나 몇 년 전부터는 이런 도급제 방식이 큰 사업 현장에도 등장하기 시작했는데, 그 대표적인 예가 반포 래미안 퍼스티지 아파트다. 이 반포 래미안 퍼스티지는 도급제를 선택한 덕분에 어마어마한 수익 모두를 조합원들이 나누어 갖게 되었다.

더욱 똑똑해지고 있는 조합원들 때문에 이러한 성공 사례들이 나오고 있다. 게다가 재건축 전문 디벨로퍼들도 많이 생겨났다. 이러한 영향으로 사업방식을 지분제가 아닌 도급제로 정하는 조합들이 늘어나는 추세다. 단지만 좋다면 조합의 입장에서 지분제를 선택해야 할 이유가 하나도 없는 것이다. 그러나 사업의 리스크를 조합원이 모두 떠안아야 한다는 점 외에도 도급제는 조합이 주체가 되다 보니 리더십 부재 현상이 벌어질 수 있고, 조합원들의 갈등이 훨씬 빈번하게 일어날 가능성이 크다는 것도 문제다. 그럴 경우 사업이 상당히 지연될 수 있기 때문이다.

투자자의 입장에서 지분제가 좋다거나 도급제가 좋다고 단순하게 선을 그어 이야기할 수는 없다. 다만, 결국 이익금이 얼마나 나오느냐가 관건이므로 그 핵심을 보려는 노력을 기울여야 한다.

정석 2. 높은 가격에 일반 분양을 할 수 있는 곳을 택하라

개포 주공 아파트의 경우 제2종 주거지역이기 때문에 실제로 남는 용적률이 많지 않다. 그럼에도 아파트 매매가가 고공 행진 중이다. 왜 그럴까? 일반 분양분의 가격 때문이다. 어느 곳에 집을 짓느냐와 상관없이 건축비는 거의 동일하다. 변수는 일반 분양분의 양과 가격이다. 일반 분양분의 양은 남는 용적률에, 일반 분양분의 가격은 아파트가 건축되는 지역의 가치에 좌우된다.

사실상 일반 분양분이 많지 않다고 해도 아파트를 높은 가격에 판매할 수 있는 지역이라면 수익이 올라가기 때문에 무상지분율도 함께 올라간다. 더군다나 개포 주공 아파트의 경우 대부분 도급제를 채택했다. 따라서 무상지분율이 올라가는 것이 아니라 이익 전부를 조합원이 나누어 가질 수 있으니 부동산 활황기에는 더욱 유리하다.

높은 분양가라는 것이 지역에만 영향을 받는 건 아니다. 당연히 시점에도 영향을 받는다. 불황기에서 막 벗어나 활황기로 접어든 시점이라면 아파트를 높은 가격에 분양할 수 있고 성공할 가능성도 크기 때문에, 조합원의 이익도 커지고 매매가도 높이 올라간다. 정리하자면, 재건축 부동산에 투자할 시 남은 용적률(양적 문제)과 높은 분양가(질적 문제) 그리고 시점을 함께 고려해서 투자 대상을 골라야 한다.

정석 3. 용적률 상향 가능성이 큰 곳을 골라라

앞서 말했듯, 재건축 투자에 있어 남은 용적률은 대단히 중요하다. 그런데 남은 용적률이 별로 없다면 어떻게 해야 할까? 용적률을 올리는 방법이 있다. 이 때문에 재건축 조합은 조금이라도 더 높은 용적률을 받기 위해 온갖 노력을 기울이는 것이며, 바로 이 부분이 재건축 조합장 대부분의 공약이기도 하다.

어떻게 하면 용적률을 높게 받을 수 있을까? 제3종 주거지역을 예로 들자면, 국토부에서 정한 제3종 주거지역의 용적률 법적 상한선은 300%다. 용적률은 실제적인 재건축 허가권자인 지자체가 이 범위 내에서 자체적으로 정하게 되어 있는데, 서울의 경우 대개 250% 선이다. 일반적으로 용적률을 높게 받으려면 기부채납(국가 또는 지방자치단체가 무상으로 재산을 받아들이는 것)을 해야 한다. 다만 기부채납을 하려면 그만큼의 토지를 내놓아야 하므로 실제로 기부채납을 하고 용적률을 더 높게 받는 것이 나은지 그렇지 않은지 계산해 봐야 한다(이를 투자자 입장에서 계산하기는 힘들다). 기부채납 이후 용적률이 높게 상향되는 것과 기부채납을 하지 않고 용적률을 원칙대로 적용받는 것 사이에 큰 차이가 없을 수도 있다. 투자자 입장에서 일반적인 경우 용적률이 상향되는 것이 큰 의미가 있는 건 아니다. 다만 투자 대상이 다음과 같은 지역에 속한다면 유심히 살펴볼 필요가 있다.

첫째, 조망권이 의미 있는 곳일 경우다. 쉽게 말해, 땅을 일부 내

주는 대신 그만큼 주택이 위로 더 올라갈 수 있는데, 건물이 높아질수록 메리트가 있는 건 조망권이 나오는 지역일 때다. 특히 한강 조망권 등이 발생한다면 대단히 매력적이다. 조망권의 가치는 앞으로도 더욱 많이 인정받게 될 것이므로 조망권이 확보되는 대상이라면 매력적인 투자처라고 할 수 있다. 혹자는 조망권이 확보된다고 해도 조망권이 나오는 일부 동에만 의미 있는 것이지, 전체 단지의 가치가 올라가는 건 아니지 않느냐고 할지 모르겠다. 하지만 그렇지 않다.

예를 들어, 면적이 84㎡인 아파트의 재건축 후 예상 가격이 30억 원이라고 하자. 그런데 이 단지가 한강 근처에 있긴 해도 층고를 많이 올릴 수 없어서 조망권이 제대로 나오는 동이 별로 없었는데, 재건축을 통해 층고를 높일 수 있게 되어 조망권이 확보되는 동이 많이 생기는 단지가 되었다. 이렇게 되면 우선, 조망권이 확보되는 호수는 약 40억 원을 호가하게 된다. 나머지 30억 원 정도로 예상되던 호수의 가격은 어떻게 될까? 이 호수의 가격도 약 3억~4억 원쯤은 오를 수 있다.

그 대표적인 사례가 반포 아크로리버 아파트다. 원래 이 아파트는 한강변에 있었지만 향이 좋지 않아서 조망권을 확보하기 어려웠다. 층고도 최고 35층으로 제한받았기에 조망이 좋은 호수도 그다지 많지 않았다. 그런데 이 아파트가 특별계획구역으로 지정되어 최고 38층까지 층고를 높일 수 있게 되면서 상당히 많은 호수가 조망권을 확보할 수 있게 되었다. 탁월한 조망권을 확보하기 위해 좀 억지스럽게 단지를 배치한 경향이 없지는 않지만, 층고를 확보한 덕분에 탁월한 조망권이 나오는 아파트로 변신할 수 있었다. 이후 아파트 가격이 급상승의 물결을 타기 시작했고, 이러한 상승은 조망권이 확보된 호수뿐 아니라 그렇지 못한 호수의 가격까지 끌어올렸다.

둘째, 통합재건축이 가능한 곳일 경우다. 통합재건축이란 단지가 다른 둘 이상의 아파트 단지가 하나의 단지로 뭉쳐서 재건축을 진행하게 되는 것을 뜻한다. 일단 아파트 단지는 클수록 좋다. 재건축 역시 단지가 크면 그 지역의 핵심 단지로 부각될 가능성이 크기 때문에 장기적인 관점에서 볼 때 통합재건축을 추진하는 것이 소유자 입장에서도 유리하다.

단지가 크다 보면 각종 다양한 기반시설들이 모여 보다 편리하고 쾌적한 생활 환경이 만들어진다. 지역의 핵심 단지로 많은 이들에게 노출되므로 나중에 매매하기도 용이하다. 이처럼 환금성이 좋다는 건 큰 장점이 될 수 있다.

정부도 통합재건축을 권하는 추세다. 어차피 재건축을 진행해야 하는 상황이라면 소규모로 하는 것보다 적당한 규모로 하는 것이 도시 미관상으로도 좋고 경제 수익성 측면에서도 좋으므로 정부 입장에서 마다할 이유가 없다.

그래서 토지의 일부를 내어주더라도 통합재건축을 하는 것이 더욱 유리하다. 투자자 입장에서는 해당 물건이 통합재건축을 추진할 가능성이 있는 지역에 속하는지 아닌지를 살펴볼 필요가 있다. 우선 통합재건축 이야기가 이미 나오고 있는 지역(분당 시범단지, 일산 후곡마을)은 물론, 말은 나오고 있지만 실현가능한지 어쩐지 판단이 서지 않는 지역(부평 산곡동 현대, 산본 대림솔거 주변 등)에도 관심을 갖고 지켜보자.

팁을 하나 주자면, 통합재건축이 될 가능성이 있는지 없는지를 따질 때 다음을 기억하라. 한 개의 단지로서는 규모가 좀 작은데 (500세대 이하) 옆의 단지와 합칠 경우 1,000세대 이상의 규모가 되며, 두 단지가 지어진 연수가 비슷하다면 가능성이 있다. 또는 단지의 규모나 평형 구성, 입지, 가격 등 거의 모든 조건이 비슷한 경우에도 가능성이 크다고 할 수 있겠다.

정석 4. 재건축이 순차적으로 진행될 지역을 주목하라

투자 가치가 있는 재건축 물건을 고를 때는 재건축할 가능성이 있는 아파트들이 몰려 있는 지역을 주목해야 한다. 우선 재건축할 만한 단지들이 몰려 있으면 투자자들의 눈에 띄기 쉽다. 이렇게 되면 매매가가 형성되기 쉬운데, 이는 환금성이 있다는 의미다. 또한 거래량이 많으면 가격 상승에도 유리하다.

재건축 단지가 몰려 있는 경우 주변 단지의 성공이 해당 단지에도 상당히 긍정적인 영향을 미친다. 물론, 주변 단지의 실패 역시 영향을 미치는데, 주변 단지가 분양에 애를 먹었다든지 분양가가 낮게 책정되었다든지 하면 해당 단지도 부정적인 영향을 받을 수밖에 없다. 다만 이런 부정적인 결과는 대개 시장이 불황기일 때 나타나고 불황이라는 건 결국 지나가는 것이기 때문에, 그때만 잘 버티거나 피한다면 긍정적인 결과로 이어질 가능성이 크다. 특히 단지가 하나씩 재건축으로 새롭게 탄생하게 되면 점점 더 거대한 신규 단지가 형성되면서 상당한 프리미엄이 생길 수 있으므로 이 역시 장점이다.

원래 반포 주공 아파트 단지 중 한강변에 위치한 단지들은 과거 강남권에서 재건축에 대한 논의가 한창 진행되던 시절에도 재건축 이야기가 일절 없던 곳이었다. 연식이 오래된 아파트이긴 하지만 원래 부촌으로 형성된 지역이고, 이미 모두 대형 평형으로 구성되어 있기에 외관은 낡아 보여도 내부는 멋지게 수리해서 거주하는 이들이 많았기 때문이다. 그렇다 보니 굳이 재건축을 할 필요성 또한 크지 않았다. 재건축 동의서를 돌려도 찬성율이 50%도 되지 않을 정도였다. 2006년, 2007년 당시 개포 주공, 잠실 주공, 대치동 은마 아파트 등이 재건축으로 주목받던 시절에도 이 지역들은 재건축의 무풍지대였는데, 어쩌다 부동산 중개소에 문의를 해도, '여기는 아직 이야기가 나오지 않고 있어요. 아마 잘 안 될 거예요' 같은 답변이 대부분이었다.

그랬던 이곳이 재건의 급물살을 타게 된 건 반포 주공2단지, 즉 지금의 반포 래미안 퍼스티지가 탄생하면서부터다. 이미 반포 자이 아파트의 탄생으로 반포 일대가 재건축에 대한 자극을 받은 상태였는데, 래미안 퍼스티지가 명품 단지로 거듭나고 어마어마한 시세차익과 조합원 이익까지 발생하게 되니 일대를 모조리 흔들어 놓은 것이다. 결국 "재건축을 뭐 하러 해?"라고 하던 부촌 반포1단지도 서둘러 재건축 절차를 밟기 시작했다.

이처럼 재건축이 순차적으로 이어지는 지역은 서로 시너지 효과를 내며 시세 상승의 불을 당길 가능성이 크다. 재건축 예정 단지들이 대거 몰려 있는 반포, 압구정, 여의도, 목동 등은 중장기적으로 가격이 크게 상승할 것이라고 봐도 무방하다.

정석 5. 무조건 가격이 저점일 때 잡아라

앞서 언급한 단지들의 가격이 중장기적으로 크게 상승할 것이라고 보는 건 맞다. 하지만 이러한 물건들은 대중들에게 널리 알려져 있어 이미 가격이 높게 형성되어 있을 가능성이 크다. 어떠한 이유로든 비싼 가격에 물건을 매수하면 시장 초과 수익을 내는 것이 쉽지 않다. 그러니 가격이 저렴해질 때를 기다려야 한다.

'쌀 때 사야 한다'는 건 어떤 분야에서든 투자의 진리가 아닌가? 절대 그렇지 않다. 주식을 예로 들어보자. 고공 행진을 하던 주식의 가격이 낮아졌다면, 이때 사는 것이 옳을까? 아니다. 가격이 떨어졌다가 샀는데 그 주식 가격이 더 떨어지는 경우가 더 많다. 그 후 상당 기간 회복되지 않는 경우가 비일비재하다. 따라서 가격이 저렴할 때 사는 전략이 모든 투자 대상에 적용되는 말은 결코 아니다. 이 말이 진리가 되려면 그 투자 대상이 장기적으로 성장할 가능성이 크고 조정 기간이 단기간에 그칠 게 확실하다는 전제 조건이 있어야 한다. 그런 의미에서 볼 때 재건축은 이러한 조건을 갖췄다고 할 수 있다.

그러니 만약 매수하고 싶은 재건축 물건에 대한 인기가 너무 뜨거운 상태라면 과감하게 돌아설 줄 알아야 한다. 물론, 이게 쉬운 것은 아니다. 마음을 접고 매수하지 않은 물건의 가격이 상당 기간 계속 오를 가능성도 있다. 그러나 그렇다고 하더라도 절대 매수하지 않겠다는 의지가 필요하다. 다음과 같이 생각해 보자.

현재 가격이 10억 원인 재건축 아파트를 구매했다고 하자. 매수하자마자 가격이 1억 원 올라 11억 원이 되었다. 상당히 기분이 좋았다. 그런데 조정이 오면서 다시 10억 원이 되었다. 이렇게 되면 아무런 의미가 없다.

만약에 아파트 가격이 11억 원이 되었을 때 조정 분위기를 감지했다고 하자. 그랬다고 단기간에 가격이 1억 원이나 오른 아파트를 과감히 매도할 수 있을까? 그러긴 힘들다. 사실 1억 원이 올랐다고 해도 양도소득세가 50%인 데다가 취득세와 매매 시 내야 하는 중개 수수료까지 포함하면 실제로 남는 건 3,000만~4,000만 원밖에 되지 않기 때문이다. 물론 3,000만~4,000만 원이 작은 금액은 아니다. 10억 원에 아파트를 매수했다고 해도 레버리지 효과를 감안하면 상당한 수익이다. 하지만 그렇다고 해도 매도할 수가

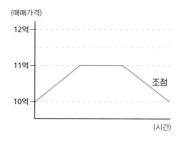

잠시 기분만 좋았을 뿐 수익으로 돌아
오지 않는다.

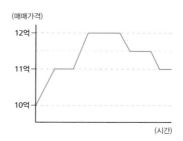

매수 후 가격이 급등했다 해도 고가 매
입으로 인해 추가적 상승이 어렵고 상
당기간 정체된 가격이 이어진 후 조정
을 받는다면 시간대비 높은 수익률을
기대할 수 없다.

없다. 조정 분위기를 감지했다고 해도 상승을 확신하지 못하는 것
처럼 조정도 확신할 수 없기 때문이다. 11억 원짜리가 10억 원까
지 내려갈 것처럼 보였는데, 오히려 1억 원이 올라 12억 원이 되
면 어떻게 할 것인가? 이런 불안감(모든 투자에서는 가격이 떨어지는
것뿐 아니라 가격이 오르는 것도 불안감으로 작용한다) 때문에 도저히
매도할 수 없게 된다.

게다가 일단 부동산을 매수하고 나면 심리적으로 '소유 효과'라
는 것이 생긴다. 무언가를 소유하는 순간 소유하지 않았던 때보다
그 물건의 가치를 더 높게 평가하게 되는 심리를 말한다. 따라서
아파트의 가격이 떨어질 것 같은 분위기가 형성되더라도 '지금은
떨어지더라도 금방 다시 오를 거야' 같은 마음이 생겨서 매도할 수
없는 것이다.

결과적으로 가격이 많이 올라간 시점에서는 부동산을 매매해

봐야 큰 의미가 없다. 설령 매수한 금액보다 가격이 더 오른다고 해도 중기적인 관점에서 봤을 때 큰 이익으로 돌아오지 않을 가능성이 크기 때문이다.

그럼 얼마만큼 가격이 떨어져야 싼 때인가? 이를 정확하게 말할 수는 없다. 그동안 지속적인 침체기를 보냈다가 상승을 막 시작했다면 조금이라도 가격이 저렴할 때 사야 하고, 가격이 상당 기간 올라온 상황이라면 가격이 조금 내려왔다고 해도 충분한 기간이 지나 더 저렴해질 때까지 기다려서 사야 한다.

재건축,
역발상으로 접근하라

앞서 이야기했지만, 부동산의 영원히 시들지 않는 테마는 새것이다. 부동산 시장이 아무리 하락장으로 간다고 해도 재건축은 살아남는다. 그러니 조금 시간이 걸린다고 해도 재건축 투자에는 관심을 가져야 한다.

재건축이 잘 진행되고 있는 현장이라고 해도 입주 시점까지는 상당한 시간이 걸리게 마련이다. 개포 주공 아파트의 경우 2000년도쯤 재건축 이야기가 나오기 시작했는데, 16년이 지난 2016년에서야 일부 단지가 분양을 시작했다. 이런 상황을 생각하면 끔찍할 수도 있다. 다만 이렇게 기다려야 할 시간을 너무 악몽처럼 여길 필요는 없다. 이처럼 시간이 걸린다고 해도 재건축은 그 투자성이 점점 노출됨에 따라 꾸준히 가격이 오르기 때문이다. 예를 들어, 같은 시기에 재건축 이야기가 나오기 시작한 개포 주공과 잠실 주공 1~4단지를 비교해 보자.

잠실 주공 아파트는 이미 2006년부터 입주를 시작해서 2008년에 모두 완료했다. 잠실 주공은 불과 6~8년 만에 입주까지 마쳤고, 개포 주공 아파트는 16년이 지난 후에야 겨우 일부 단지에서만 분양을 끝냈다. 그런데 가격을 한번 비교해 보자. 추가분담금이나 무상지분율 등 다양한 요소의 영향이 있으므로 단순 비교하기는 힘들지만, 굳이 비교하자면 2016년, 즉 잠실 주공 아파트가 새 아파트로 변신한 지 8년이 지나고 개포주공 아파트가 입주권 상태로 막 분양을 마치고 새 아파트로 변신할 준비를 끝낸 시점을 보자. 이때 당시 개포 주공 아파트 34평형은 입주권 매입 기준으로 11억~12억 원, 가장 나중에 지어진 잠실 엘스 34평형은 10억~11억 원 수준이었다. 가격이 거의 비슷하게 올라온 것이다. 물론, 실수요자 입장에서 개포 주공 아파트를 매수했다면 속이 새까맣게 타들어가다 못해 성불하는 수준이 되었겠지만, 가격 상승만을 놓고 보면 그렇다는 이야기다.

결론적으로, 이왕이면 탄력성 있는 재건축 아파트를 고르는 것이 좋다. 여기까지가 재건축 투자의 정석이다. 다만 투자 고수들에게는 역발상으로 접근해 보길 권한다. 역발상으로 투자할 때 얻을 수 있는 장점은, 당장은 아니더라도 향후 큰 수익을 누릴 수 있다는 것이다. 그래서 나는 역발상 투자의 팁으로, 재건축 이야기가 나오고 있진 않지만 대지지분이 높고 임대수익률 수준이 은행이자보다 높은 단지를 추천한다.

재건축 이야기가 나오지 않는 곳

이런 투자처를 찾는 건 가격이 저렴하기 때문이다. 재건축 이야기가 나오기 시작하면 일단 가격이 껑충 뛴다. 그러니 당장은 재건축 이야기가 없는 곳이어야 한다. 다만 재건축 이야기가 나오고 있진 않아도 이왕이면 연식이 오래된 아파트여야 한다. 앞으로 재건축하기까지 20년 이상 기다려야 한다면 이 역시 큰 의미가 없다. 개인적으로는 재건축 연한이 5년 이내인 아파트 단지, 즉, 지은 지 25년이 된 아파트 정도가 적합하다고 생각한다.

대지지분이 높은 곳

보통 15층짜리 아파트의 경우 대지지분은 분양 면적 대비 50% 정도 수준이다. 34평형 아파트라면 대지지분이 15평 정도 되는 게 일반적이다. 따라서 이 수준을 감안할 때 이보다 대지지분이 훨씬 크다면 대지지분이 높은 아파트라고 보면 된다. 다만 대지지분이 높다고 해도 이를 시장에서 인정받지 못하는 경우, 다시 말해 재건축 이야기가 나오지 않고 있다면 이런 높은 대지지분이 의미가 없다. 따라서 이런 아파트가 투자 고수에게는 기회가 되는 것이다.

임대수익률이 은행이자보다 높은 곳

재건축은 시간과의 싸움이다. 아주 높은 수익이 나온다고 해도 그 수익이 20년 후에나 발생한다면 큰 의미가 없다. 재건축처럼 주민들의 합의를 거친 뒤 이뤄지는 개발일 경우 예상치 못한 변수로 진행이 상당 기간 지연될 수 있다. 게다가 애초에 재건축 이야기가 없던 물건을 매수한 경우라면 아예 각오를 해야 한다. 그런데 이러한 아파트의 임대수익률이 꽤 높다면 어떨까? 의외로 잘 찾아보면 이런 곳이 많다. 임대수익률이 꽤 나온다는 건 해당 아파트의 매매가가 잘 오르지 않았다는 것이고, 그럼에도 전·월세가가 받쳐줄 만큼 실수요자가 있다는 뜻이다. 임대수익률이 잘 나오고 수요도 풍부하다면 설령 재건축이 되기까지 다소 시간이 걸린다고 해도 못 견딜 이유가 전혀 없다.

사실 이러한 방식의 투자를 추천해도 시장이 호황일 때는 사람들이 이런 물건들을 쳐다보지도 않는다. 과거 잠실 리센츠 아파트 12평형의 사례도 비슷하다. 당시 사람들은 리센츠 아파트를 분양받기 위해 3박 4일 줄을 섰다. 그때만 해도 인터넷 청약이 보편화되지 않았고, 설령 가능했다고 해도 일부러 분위기를 조성하기 위해 시행사가 인터넷 청약을 실시하지 않았을 가능성이 크다. 그렇다 보니 매수 희망자들이 돗자리를 가져와 청약하는 곳에서 밤을 지새우면서까지 줄을 서는 진풍경이 연출되기도 했다. 그런데 놀라운 건 이 난리에도 12평형 아파트가 미분양이 됐다는 것이다. 그 이유가 무엇일까? 아파트가 비싸서였을까? 아니다. 당시만 해도 부동산 활황장에서 꽤 많은 시세차익을 거두는 경우가 많았다. 이런 시기에 리센츠 아파트는 오피스텔 형태에다 큰 시세차익을 보긴 힘들 것 같고, 수익률이 6~7% 정도에 그치는 대상이라 투자자들 눈에 만족스럽지 않았던 것이다. 그런 리센츠 아파트는 향후 대박을 내게 된다. 금융위기를 맞아 다른 아파트들이 모두 가격 폭락을 겪는 상황에서도 리센츠 12평형 아파트만 꿋꿋하게 가격이 지속적으로 상승했던 것이다. 그 이유는 바로, 확보된 임대수익률 때문이었다.

이처럼 일단 임대수익률이 확보된 부동산은 불황에 강하다. 이런 투자 대상이야말로 양수겸장의 카드가 될 수 있다. 불황이 오면 확보된 임대수익률 덕분에 불안감 없이 안정적인 수익을 거둘 수 있고, 호황이 오면 재건축 이야기가 나올 테니 매매가가 상승할 가능성도 크다. 이렇게 되나 저렇게 되나 긍정적인 결과를 가져오는 것이다. 오직 해야 할 것이 있다면, 욕심을 버리고 인내하는 것. 준비가 되어 있다면 이런 투자처를 강력 추천한다.

다만 2022년 현시점에서 이런 대상은 거의 존재하지 않는다. 재건축 물건은 특성상 부동산 상승장에서 가장 먼저 가격이 오르고 빠르게 고평가 상태가 되기 때문이다. 따라서 지금 같은 시점에서는 그런 대상을 찾으려고 애쓰기보다 '시장 침체기가 되면 꼭 기회를 잡아야지' 하는 마음으로 배우는 것이 더욱 중요하다.

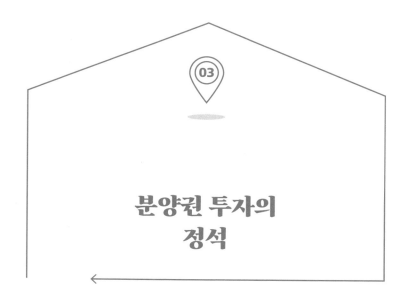

분양권 투자의
정석

부동산 시장은 필연적으로 상승과 조정, 침체를 반복한다. 시장이 활황기일 때 가격이 가장 크게 상승하는 투자처는 역시 분양권이다. 분양권은 그 자체가 신규 아파트를 의미하기 때문이다. 기본적으로 신규 아파트에 대한 사람들의 선호도가 매우 높기에 분양권에는 많은 수요자들이 몰려들게 마련이다. 게다가 레버리지 효과로 인해 상당히 높은 수익률을 얻을 수 있다는 장점도 투자자들을 끌어당긴다. 따라서 시장이 활황장세를 보인다면, 우선적으로 분양권 투자를 고려해 보라.

정석 1. 신규 공급이 없던 지역, 최초 분양권을 잡아라

반면 부동산 경기가 침체기로 접어들면 아무도 집을 사려고 하지 않는다. 이에 따라 상당 기간 주택의 신규 공급이 끊긴다. 시간이 지나면서 시장 침체의 골도 깊어진다. 그런데 이러한 침체가 상당 기간 지난 후 첫 분양되는 아파트의 분양권이라면, 반드시 관심을 가져야 한다. 여기서 표현한 '상당 기간'이란, 지방의 경우 7년, 서울과 수도권 일대의 경우 3년 정도를 의미한다.

왜 이런 시점에서 최초 분양권에 관심을 가지라는 걸까? 일단 3년 정도 부동산 경기에 침체가 이어지면 아파트의 분양가 자체가 저렴해진다. 물론 가격이 내려간다고 해서 주변 아파트 시세보다 저렴해지는 건 아니다. 대개 분양권은 그 주변 아파트 중에서 가장 좋은 아파트 가격보다 15~20% 정도 비싸게 분양하는 것이 일반적이기 때문이다. 그사이 물가상승으로 인한 건축자재 가격이 오른 것은 물론, 최신 시설과 설비에 따른 비용이 추가되기 때문이다. 이러한 원칙이 침체기라고 바뀌는 건 아니다. 다만, 침체기가 장기간 지속되었다면 최고 아파트 가격의 10% 정도 높은 가격 선에서 분양하는 경우도 간혹 있다. 평소에 관심을 갖지 않는다면 신규 아파트 분양이 싸게 됐는지 아닌지 전혀 모르고 넘어갈 수 있으니, 잘 지켜보다가 이런 경우라면 반드시 매수해야 한다.

사실 부동산 침체기에는 아무리 인근 최고 아파트 가격보다 고작 10% 정도 높은 가격에 신규 아파트를 분양해도, 사람들이 단순히 가격만 보고 비싸다고 생각하기 쉽다. 그러니 매수가 잘 이뤄지지 않는다. 하지만 이 정도 가격이라면 싸게 매수할 기회임을 알아차리는 것, 그것이 바로 포인트다.

게다가 부동산 침체기가 길어지면 주변 아파트의 가격 역시 떨어진다. 이처럼 떨어진 가격에 겨우 10%를 얹은 가격이니 호황기 때의 가격과 비교하면 그 역시 저렴한 것이다. 따라서 반드시 매수해야 한다.

이 밖에도 이러한 분양권을 매수해야 하는 한 가지 이유가 더 있다. 분양권을 산다는 것은 그 아파트에 3년 후 입주할 권리를 사는 것이다. 입주 시점을 계산해 보면, 침체기 3년에 분양권 구입 이후 3년을 더해 총 6년이라는 시간을 보내는 셈이다. 이는 입주 시점이 되면 부동산 시장이 침체기에서 벗어날 가능성이 상당히 크다는 뜻이다.

부동산이 침체기에서 벗어났을 때 사람들이 가장 관심 있어 하는 건 바로 신규 아파트다. 침체기에서 벗어나면 일단 실수요자들이 먼저 움직이기 때문이다. 투자 수요는 가장 나중에 움직이므로 실수요자의 관점에서 보면 된다. 잠재 수요자들이 주택을 매수하려고 한다면, 기존의 아파트를 사겠는가 신규 아파트를 사겠는가를 생각해 보라는 것이다. 주택, 특히 거주할 목적으로 주택을 구입하려는 경우 한 번 사면 매도하기까지 상당한 시간이 걸린다. 그렇기 때문에 매수에 좀 더 신중하게 되고, 다소 비싸게 사더라도 이왕이면 좋은 아파트를 얻고 싶은 심리가 발동한다. 그러니 신규 아파트에 관심을 갖게 되는 것이다. 이에 신규 아파트 분양권의 가치도 올라간다. 시기적으로는 물론 가치적으로 볼 때도 침체기 3년 이후의 분양권은 꼭 주목하라.

정석 2. 프리미엄을 주고서라도 매수하라

그럼 앞서 이야기한 조건의 분양권이 있다면 프리미엄을 주고서라도 사야 할까? 그렇다. 회원 중에 이런 분이 있다. 그는 종종 "아니, 이사만 해도 부자가 되는데 왜 한 집에서 수십 년씩 사는지 모르겠어"라고 말한다. 실제로 그는 본인이 말한 대로 행동해 엄청난 부를 쌓았다.

이사만 해도 부자가 되는 방법이 있을까? 있다. 그 핵심 비결은 자기가 사는 지역에 신규로 분양되는 아파트 단지의 분양권을 사고, 입주 시점이 됐을 때 살고 있던 집을 매도한 뒤 신규 단지의 아파트로 이사를 가는 것이다. 매우 간단하지 않은가? 그다음 신규 아파트에서 한 10년 정도 거주한다. 그 후 다시 주변에 새로운 신규 단지가 들어선다면 또 분양권을 매수한 후 다시 입주 시점에 본인의 집을 매도하고 신규 단지의 아파트로 옮기는 것이다.

이처럼 쉽고 간단한 행위만으로도 오히려 더 좋은 주거 환경에 거주하면서 특별히 돈을 벌기 위해서 이것저것 알아보고 노력하거나 고생하지 않아도, 자산이 계속 늘어나는 놀라운 효과를 얻을 수 있다. 다만 이처럼 매우 단순한 행위만으로 수익을 얻기 위해서는, 다음 세 가지 중요한 것들을 해낼 수 있는 능력을 갖춰야 한다.

첫째, 프리미엄을 주고서라도 분양권을 매수하는 전략이다. 주변에 신규 분양되는 단지가 있으면 일단 청약을 한다. 청약에 항상 당첨될 수 있는 건 아니다. 이때 투자 초보자들이라면 다음 청약을 기다릴 것이다. 반면 고수들은 프리미엄을 주고서라도 이 분양권을 매수한다. 바로 이 작은 행위가 초보와 고수를 가른다. 초보자들은 다시 청약을 해도 되는데 굳이 프리미엄까지 주고 분양권을 사는 건 바보 같아 보여서 매수하지 않을 것이다. 하지만 청약을 다시 할 수 있다는 건 신청만 할 수 있다는 것이지, 다음 청약에서 당첨될 수 있다는 의미가 아니다. 게다가 다음 청약 기회가 올 때까지 시간이 흐른다. 그 시간이 짧다면 몇 개월일 수도 있지만 길면 1년이 넘을 수도 있다. 시간이 지나면 다음 단지는 앞선 단지의 분양가대로 분양하는 것이 아니라 거기에서 오른 가격, 즉 프리미엄까지 붙인 가격으로 분양한다. 그러니 앞선 단지를 프리미엄을 주고 사는 가격보다 저렴할 가능성이 없다. 심지어 그 지역에서 당분간 청약이 나오지 않을 수도 있다. 이렇게 되면 프리미엄을 주면서까지 분양권을 사는 건 손해라는 생각으로 꽉 차 있던 초보자들이 '굳이 이 지역만 고집하지 말자. 다른 지역을 사면 되지 뭐'라고 생각할 것이다. 다른 지역이라고 달라질까? 그 지역에서 최초로 분양되거나 침체기 이후 초기에 분양하는 곳이라면 모를까 그렇지 않다면 역시 분양가 자체가 이미 오른 것을 살 가능성이 크다. 무엇보다 '이사를 가는 것만으로 자산을 늘리는 방법'을 쓸 수 없게 된다. 우선 지금 거주하고 있는 지역에서 가까운 곳이어야 이사를 해도 생활에 불편이 생기지 않는다. 거주지역에 큰 변화만 없어도 다른 것들을 크게 희생할 필요가 없기 때문이다. 반면 거주지를 옮기면 생활적인 부분에서 많은 부담을 떠안게 되는데 이런 상황에서 부동산 가격마저 만족할 만큼 오르지 않는다면, 심적으로도 힘들어진다. 따라서 앞의 조건들을 만족시킬 만한 분양권이 나온다면 프리미엄을 주고서라도 매수하는 과감한 결단이 필요하다.

둘째, 현재 거주 중인 집을 때가 되면 과감하게 매도하는 전략이다. 이런 전략을 구사하려는 사람이라면 지금 살고 있는 집이 입주한 지 10년 정도 되는 아파트일 것이다. 그럴 경우 활황기가 찾아오면 그 집의 가격도 오를 가능성이 크다. 그럼에도 욕심을 버리고 매도하는 결단성이 필요하다. 최대한 높은 금액을 받고 매도하려고 지나치게 저울질을 하다 보면 자칫 입주 날짜를 놓쳐 어쩔 수 없이 신규 아파트를 임대 놓고 계속 현재 집에 거주해야 할 수도 있다. 그럼 그냥 2년 후에 다시 매도를 시도하면 되지 않을까? 이때도 문제가 발생한다. 일단 세를 내놓은 신규 아파트의 임대기간이라는 게 있는데, 이 기간에 딱 맞춰 자신의 집을 매도하는 게 쉽진 않다. 게다가 시장 상황이 또 어떻게 달라질지 모르고 시간이 지나면 지날수록 현재 거주하는 집은 연식이 쌓여 소비자들의 관심에서 조금씩 멀어지게 될 수도 있다. 따라서 신규 아파트의 입주 시점에는 반드시 과감하게 자신의 집을 매도해야 한다.

셋째, 안목이다. 신규 아파트가 분양된다고 해서 무조건 다 좋은 것은 아니다. 이와 같은 전략의 핵심은 그 지역에 새로운 랜드마크가 생기느냐 아니냐의 문제다. 신규 아파트가 새로운 랜드마크가 된다면 당연히 앞으로는 이 아파트를 중심으로 시세가 올라갈 것이기에 옮겨타야 한다. 그런데 그렇지 않다면 큰 의미가 없으므로 새로 들어설 아파트가 랜드마크가 될 재목인지 아닌지를 보는 안목이 있어야 한다. 그 안목이란 게 그렇게 갖기 힘든 것도 아니다. 그냥 좋은 아파트를 볼 줄 아는 눈과 똑같다. 즉 대단지, 역세권, 좋은 기반시설을 갖추고 있는 것 등 앞서 이야기한 투자 가치 있는 부동산의 조건을 갖추고 있는 아파트인지 확인하라. 이런 조건을 모두 만족시키는 단지가 오랫동안 분양되지 않던 지역에 만들어진다면 프리미엄을 주고서라도 매수하라.

이런 대표적인 단지가 돈의문 뉴타운에서 분양한 경희궁 자이 아파트였다. 서대문 일대는 광화문과 종로 등 서울 도심 중심권의 확실한 배후지임에도 불구하고 그동안 신규 공급이 없었다. 심지어 앞으로 더 큰 규모로 신규 공급이 이뤄질 여지가 없는 상황이다. 광화문과 종로 등은 각종 건축 규제가 많아서 대규모 주거시설이 공급될 가능성이 희박하기 때문이다.

그런 와중에 경희궁 자이 아파트가 분양된 것이다. 분양 당시 화제가 된 건 이 아파트의 분양가가 주변 아파트보다 무려 20%나 높은 금액이라는 것이었다. 당시는 오랫동안 부동산 침체기를 겪고 있었던 터라 신규 분양의 경우 주변보다 높은 분양가로 분양하는 것이 정석이었음에도 많은 아파트가 주변 시세와 동일한 가격에 분양하고 있었다. 즉, 구축 아파트와 신규 아파트의 가격이 같았다는 말이다. 그렇게 해도 아파트가 잘 거래되지 않는 시기였다. 무엇보다 이런 분위기를 주도한 건 위례 신도시의 아파트들이었다. 분양가 상한제 영향으로 위례 신도시가 주변 아파트와 같은 가격에 분양한 것이다. 따라서 이를 당연하게 인식하는 분위기였는데도, 일반적인 신규 분양의 정석대로 분양한 경희궁 자이 아파트는 당시 상황에서 매우 놀랄 만한 사건이었다. 결과가 어땠을까? 바로 완판됐다. 더욱 놀랄 일이 벌어진 것이다.

투자 초보자들도 경희궁 자이 아파트가 좋다는 것 정도는 알아차렸을 것이다. 그러나 분양가가 높게 책정된 이 아파트를 프리미엄까지 주고 매수해야겠다는 생각은 하기 힘들었을 것이다. 초기 프리미엄이 3,000만 원 정도였던 이 아파트의 분양권은 1년이 지난 2016년 9월에는 그 프리미엄이 1억 원, 입주 시점인 2017년에는 무려 2억~3억 원이 더 올라 분양가 대비 3억 5,000만~4억 5,000만 원가량의 프리미엄이 붙었다.

정석 3. 택지개발지구의 중심지 아파트를 노려라

택지개발지구의 물건을 매수할 때 가장 좋은 건 향후 예상하지 못한 경쟁자가 나타날 일이 없다는 것이다. 택지개발지구는 이미 모든 지역에 들어올 주택을 계획적으로 정한 뒤 건설하기 때문이다. 따라서 최소한 10년 이상, 아니 20년 이상은 각 부동산의 지위가 변할 일이 없다.

분당, 일산, 중동, 평촌 등이 모두 이에 해당한다. 당연한 말이지만, 택지개발지구 중심지에 분양되는 아파트는 주변 아파트보다 가격이 높다. 이들은 아파트 단지의 로열동, 로열층과 같다고 할 수 있다. 당장은 비교적 비싸다고 느껴질 수 있지만 시간이 지날수록 수요가 지속적으로 더 늘 수 있고 환금성 또한 좋다.

택지개발지구의 중심은 모든 인프라가 잘 갖춰진다. 전철역은 물론이거니와 각종 편의시설들이 집중된다. 막상 입주해서 그러한 생활편의를 누리게 되면 예상했던 것보다 훨씬 이점이 많다고 느끼게 될 것이다. 그렇다 보니 택지개발지구 중심지에 위치한 아파트 프리미엄은 입주하고 난 뒤에 더 올라가게 된다. 택지개발지구 중심지에 위치한 물건이라면, 노려볼 만하다.

정석 4. 핵심 지역의 분양권은 장기 보유하라

무엇보다 중요한 건 침체기 이후다. 일단 핵심 지역에 위치한 아파트 분양권이라면 당첨된 것이든 매수한 것이든 일단 매수한 뒤에는 오랫동안 보유하는 것이 좋다. 그동안 침체기를 보냈기 때문에 시장이 활황으로 돌아설 가능성이 크고, 일단 활황으로 돌아서면 가장 크게 탄력을 받는 것이 또 분양권이기 때문이다. 따라서 여기에 해당된다면 오래 가지고 있을수록 유리하다.

2012년 래미안 강남힐즈 아파트가 그랬다. 당시에는 부동산 경기가 침체됐을 때라 건설사도 시장의 상황을 감안해서 저렴하게 분양했다. 물론 이 아파트 단지가 강남권의 핵심 지역에 위치한 건 아니었지만, 워낙 강남권에 신규 공급이 없었고 유일한 것이 위례신도시였는데 그에 비하면 입지적으로 더 나았다. 세곡동 등에도 공급이 있긴 했지만 모두 공공분양이었기에 보통 사람들은 거의 자격 요건을 갖추기 힘들었다. 이런 와중에 분양되는 래미안 강남힐즈 아파트는 오랫동안 공급이 없던 강남권에 들어오는 신규 아파트라는 점, 공공분양보다 덜 까다로운 민간분양 아파트라는 점, 거기에 더해 가격이 비교적 저렴한 상황이라 매우 매력적이었다.

그래서 나 역시 강의를 통해서 청약을 권했는데, 우연히도 회원들 중 두 분이 당첨되었다. 그 결과는 드라마틱했다. 한 분은 매수한 지 1년도 안 된 시점에 프리미엄 2,000만 원을 받고 매도했고, 한 분은 지금까지 갖고 있는데 이미 전세가가 분양가를 앞지른 것은 물론, 매매가는 분양가 대비 3억 원이 오른 것이다.

이 사례에서 알 수 있듯, 침체기 이후 핵심 지역 주택의 분양권이라면 오래 가지고 가는 것이 훨씬 유리하다.

핵심 지역의 분양권은
저층이라도 매수하라

부동산 침체기가 3년 이상 지난 후 분양되는 아파트라면, 그것도 핵심 지역에 위치한 아파트의 분양권이라면 무조건 관심을 가져야 한다. 여기서 말하는 핵심 지역이란 강남을 비롯한 서울 지역의 전통적으로 아파트 가격이 강세를 보이는 지역, 수도권 일대에도 각 지역별 아파트 가격이 강세를 보이는 지역을 가리킨다(이런 곳은 대부분 그 지역에서 학군이 제일 좋은 곳이다). 이런 지역에 나온 분양권은 매우 관심 깊게 살펴볼 필요가 있고 이때는 저층을 공략하는 것도 방법이다.

2013년 대치동 청실 아파트를 재건축한 래미안 대치 팰리스에서 이런 일이 일어났다. 래미안 대치 팰리스는 일반 분양분이 얼마 되지 않았는데, 그것도 거의 저층뿐이었다. 일반 분양의 결과는 참담했다. 대부분이 미분양됐기 때문이다. 게다가 당시 고분양가 논란이 벌어졌을 만큼 가격도 비쌌다. 34평형 평균 가격이 10억 9,000만 원이었던 것이다. 대치동, 대단지, 그것도 신규 아파트인데도 불구하고 사람들은 고가의 저층 아파트를 외면했다.

결국 이런 상태로 약 1년 정도가 흘러서야 분양이 끝났다. 그런데 이때 이 미분양의 저층 분양권을 시쳇말로 거저 줍듯이 매수한 이들은 1년 후 대박을 터뜨렸다. 프리미엄만 4억 원이 되었기 때문이다. 그 후에는 '강남의 신규 아파트'라는 메리트까지 부각되면서 그야말로 폭등이 이어졌다. 저층이라는 불리한 점보다 강남의 신규 아파트라는 매력이 훨씬 더 컸던 것이다. 그렇게 입주 후 불과 4년이 지난 2019년에는 분양가의 거의 3배에 가까운 28억 정도의 시세가 형성되었다.

저층 아파트에 투자하는 것이 정석은 아니다. 하지만 이런 경우라면 과감히 저층을 매수하는 것도 멋진 전략이 될 수 있다.

2014년엔 아현 뉴타운과 왕십리 뉴타운에 대규모 미분양 사태가 벌어져 대폭의 할인 분양이 이어졌다. 이 아파트들의 입지가 매우 뛰어나다는 것에는 이론의 여지가 없었다. 문제는 과거에 비해 대형 평형에 대한 대중의 선호도가 크게 줄었다는 것이었다. 경기가 계속 좋지 않고 생산가능인구가 줄어들다 보니 사람들이 대형 평형을 부담스러워하게 된 것이다. 이러한 추세에 따라 그나마 대형 평형 가구 수를 크게 줄여 건설했는데 그것마저 매매가 되지 않았다. 이에 시행사는 대폭 할인에 들어갔다.

나는 만나는 사람들에게 이 아파트들의 매수를 권했다. 대형 평형이 흐름에 맞는 건 아니지만, 이렇게 저렴한 가격에 매수할 수 있다면 나쁠 게 없었기 때문이다. 게다가 신규 아파트는 선호도가 높으므로 임대를 놓는 데도 문제가 없을 것으로 보였다.

내가 추천한 평형은 아현 뉴타운 49평, 왕십리 뉴타운(2단지) 48평과 58평인데, 아현 뉴타운 아파트의 경우 1년 만에 매매가가 3억 원이 올랐고, 왕십리 뉴타운 아파트 역시 1년 후인 입주 시점에 2억 원가량 올랐다.

아현 뉴타운 49평형 아파트

2014년 할인 분양가	8억 5,000만 원
계약 시 투자금	8,500만 원
입주 시(4개월 후) 투자금	1억 1,500만 원(전세 6억 5,000만 원)
총 투자금	2억 원
2016년 9월 매매가	11억 5,000만 원
평가 수익	3억 원
투자금 대비 수익률	150%

왕십리 뉴타운 48평형 아파트

2014년 할인 분양가	7억 9,000만 원
계약 시 투자금	8,000만 원
입주 시(1년 후) 투자금	1,000만 원(전세 7억 원)
총 투자금	9,000만 원
2016년 9월 매매가	9억 9,000만 원
평가 수익	2억 원
투자금 대비 수익률	222%

결국 '3년 이상의 부동산 경기 침체＋핵심 지역＋핵심 단지＋신규 분양＋대폭 할인'이란 조건이 만들어진다면, 비록 로열동, 로열층이 아니라고 하더라도 해당 아파트를 매수할 기회가 된다.

미분양,
고수의 놀이터

미분양 물건이란 쉽게 말해 잘 팔리지 않는 부동산을 뜻한다. 좀처럼 팔리지 않는 물건들은 사람들의 시야에서 벗어나 있다. 사람들은 무언가를 선택할 때 늘 '베스트셀러' 목록을 찾고 이를 기준으로 삼거나 참고한다. 잘 모르면 그저 남들이 많이 찾은 물건이 좋은 거라고 여기는 것이다. 거기엔 내가 아닌 다른 사람의 경험치가 들어가 있다고 믿기 때문이다. 부동산도 베스트셀러를 근거로 삼아 매수한다면 좋은 결과를 얻을 수 있을까? 그럴 수도 있지만 꼭 그렇지만은 않다. 부동산에는 '투자'라는 개념이 들어가기 때문이다. 그런 기준으로 대상을 고르는 것은 방법이 좋지 않은 건 물론, 대단히 위험하기까지 하다. 잘 팔리는 물건만 사서도 안 되지만, 반대로 잘 팔리지 않는 물건이 모두 나쁜 것이라 여기면서 외면해서도 안 된다.

미분양 물건을 잘 살펴봐야 하는 이유는 무엇보다 수익이 상당히 크기 때문이다. 잘만 들여다보면 리스크가 없는 경우도 많다. 부동산 업계에서 수많은 전설을 이뤄낸 사람들의 경우, 이런 투자에 대한 경험도 많다. 미분양 물건에 투자해 수익을 내고 싶다면 다음 세 가지를 기억하라.

첫째, 모든 조건이 좋은데 가격만 비싼 경우를 유심히 보라

이는 2007년에 출간한 전작에서 이미 언급했으나 원칙에는 변함이 없다. 앞서 소개한 래미안 대치 팰리스의 사례도 여기에 해당하는데, 중요한 건 시장의 움직임을 파악하는 것이다. 시장이 활황장세로 돌아서는지 아닌지를 유심히 살펴라. 만약 활황장세 중간에 이런 물건이 발생했다면 시장의 움직임이 조정 후 다시 상승으로 가는지 아니면 장기 침체로 들어가는지 살펴야 한다.

결국 미분양이 해소된다는 건 비싸 보였던 물건이 비싸게 여겨지지 않는 시점이 되었다는 의미다. 이 물건 가격이 적정하다고 여겨지는 시점이 되면 그때부터는 분양권 투자의 장점들, 이를테면 신규 아파트, 레버리지, 환금성 등이 빛을 발하면서 무서운 속도로 가격이 상승한다.

둘째, 모든 조건이 좋은데 주변 물량의 영향을 받고 있는 건 아닌지 살펴라

신규 분양이고 핵심 단지에 위치하는 데다 가격이 비싸지도 않은 아파트인데 미분양되는 경우가 있다. 이때는 어떻게 해야 할까? 당장 매수해야 한다고? 하지만 사람들은 절대 그렇게 하지 않는다. 베스트셀러 목록에서 매수 물건을 찾는 보통의 사람들은 일단 미분양 물건이라고 하면 경원시한다. 다만 이런 상황이 아무 이유 없이 벌어지는 건 아니다. 따라서 그 이유가 무엇인지 파악하는 것이 대단히 중요하다. 주목해야 할 건 모든 조건이 좋은데도 미분양된 이유가 주변 물량 때문인 경우다. 즉, 일시적으로 주변에 공급된 물량이 너무 많아서 그 영향으로 미분양이 발생했을 때다.

이런 대표적인 사례가 고덕 래미안 힐스테이트 아파트였다. 2014년 분양을 시작한 이 아파트는 분양권 판매가 시들했는데 세월호 사건까지 터지면서 분위기가 한층 가라앉아 결국 미분양이 됐다. 할인 분양을 시작했는데도 물량이 쉽게 소진되지 않았고, 이렇게 1년간 고전하다가 2015년에 이르렀다.

사람들은 고덕 래미안 힐스테이트가 미분양된 건 규모가 너무 컸기 때문이라고 봤다. 하지만 내용을 찬찬히 뜯어보면 미분양이 될 이유가 하나도 없는 상황이었다. 이 아파트는 주력 평형이 $84m^2$였는데, 남향 고층 기준으로 약 6억 8,000만 원 선에서 분양했다.

바로 옆의 고덕 아이파크의 경우 매매가가 7억 원, 전세가가 6억 원 수준이었다. 원칙적으로 보자면, 고덕 래미안 힐스테이트는 매매가 8억 원, 전세가 6억 5,000만 원 정도 가격이어야 했다. 그런데 이보다 싼 분양가에도 미분양이 된 것이다. 주변에 혐오시설이 있는 것도 아니고, 단지가 작지도 않았으며, 전철역과의 거리도 고덕 아이파크보다 멀긴 해도 역세권이 아니라고 할 순 없을 정도였다. 게다가 고덕동은 강남 및 서울 도심 지역과의 접근성도 좋다. 그런데 왜?

나는 현장을 돌아본 뒤에야 그 원인을 알게 되었다. 고덕동의 아파트를 매수할 만한 잠재수요가 모두 위례 신도시에 쏠려 있던 것이다. 위례 신도시의 경우 공급 물량도 어마어마했고 분양가 상한제가 적용돼 가격도 저렴했다. 당첨되는 것이 힘들긴 하지만 당첨에서 떨어진 사람들은 또다시 그다음 분양을 기다리고 있던 것이다. 당시 위례 신도시에 청약해 당첨될 가능성이 대단히 희박했음에도 불구하고, 일단 당첨만 되면 프리미엄이 1억 원 정도 붙는 건 어렵지 않았다. 그러니 낮은 확률에도 불구하고 사람들이 위례 신도시 청약에만 목을 매고 있던 것이다. 거기에 더해 바로 옆에서 분양하고 있는 미사 신도시의 물량도 위협적이었다. 당시 분양가는 다음과 같았다.

신도시	아파트	평형	분양가
위례 신도시	래미안 위례	101㎡	6억 8,000만 원대
	위례 자이		
미사강변 신도시	미사 강변 센트럴자이	96㎡	5억 원대
	미사 강변 푸르지오	84㎡	4억 3,000만 원대

　상황이 이렇다 보니 같은 금액이라면 위례 신도시에 청약을 넣어서 당첨되는 것이 낫고, 자금이 부족하다면 아예 미사 강변 신도시의 아파트를 분양받거나 매수하는 것이 나은 전략이었다. 따라서 자연스럽게 고덕 래미안 힐스테이트는 이도 저도 아닌 상황에서 매수할 만한 매력이 없는 단지가 되었던 것이다.

　이 상황에서 나는 네 가지 사실에 주목했다. 첫째, 위례 신도시의 분양이 거의 끝나가고 있다. 둘째, 위례 신도시 분양 아파트들의 경쟁률이 너무 높아 막상 분양받을 확률은 로또 수준이다. 즉, 당첨에 떨어지는 사람이 훨씬 많다. 셋째, 프리미엄을 주고 매수하는 가격을 시세라고 본다면 위례 신도시 아파트들의 시세가 고덕과 비교할 때 상당히 차이가 있다. 즉, 분양가로만 비교할 수는 없는 상황이 됐다. 마지막으로 넷째, 분양가상한제가 폐지됨에 따라 신규 분양가의 가격이 더 오를 가능성이 크다.

　결국 고덕 래미안 힐스테이트가 미분양된 가장 큰 원인은 위례 신도시의 물량 때문이라고 봐야 하는데, 그 원인이 사라지는 시기가 얼마 남지 않은 시점이었던 것이다. 이것이 바로 이 아파트에 관심을 기울여야 할 이유였다. 나는 회원들에게 매수를 권했다. 결국 모든 물량이 소진되기 시작했고, 1년이 지나자 프리미엄이 약 8,000만 원 정도 붙었다. 물론 2022년 시점으로 보면, 이미 분양가 대비 8억 원 이상이 오른 상황에서 8,000만 원이라는 금액이 너무 작아 보인다. 그러나 1년 만에, 그것도 투자금 대비 2배의 수익을 올린 이 사례는 '모든 조건이 좋은데, 가격만 비싼 미분양 아파트'가 어떤 잠재력을 가지고 있는지를 충분히 보여준다.

셋째, 파격 할인 분양가가 임대가와 유사한지 살펴라

시행사는 예상했던 것보다 분양이 잘 되지 않으면 여러 가지 대책을 세운다. 파격적인 선물 공세를 펼치기도 하고, 오피스텔의 경우 임대수익률을 보장하기도 하며, 일단 전세로 살아보다가 매매로 전환하는 프로그램을 제시하거나 심지어 프리미엄을 보장하는 경우도 있다. 몇 년 후 얼마만큼의 시세가 형성되지 않는다면 그만큼의 차액을 돌려주겠다는 식이다. 그러나 이 모든 '혜택'은 반드시 눈여겨봐야 한다. 각종 혜택이란 게 결국 시행사의 이익 부분에서 떼어주는 것일 수 있기 때문이다.

예를 들어, 프리미엄을 보장하는 경우도 그렇다. 2년 후 얼마만큼의 프리미엄 보장을 내세워 분양하는 경우, 시행사 입장에서는

2년 후 그 정도의 프리미엄이 형성되면 추가로 나가야 할 돈이 없으므로 좋고, 만에 하나 형성되지 않는다고 해도 이미 물건을 매매하면서 얻은 이익이 있으므로 그 이익 중에 일부를 다시 돌려주면 되기에 큰 문제가 없다. 매수자 입장에서는 언뜻 그만큼의 프리미엄을 미리 챙겼으니 이익이라고 생각할 수 있지만, 사실 프리미엄을 시행사로부터 받는 것보다는 시행사에게 프리미엄을 받지 못하더라도 시장에서 프리미엄이 형성되는 것이 훨씬 낫다. 시장에서 프리미엄 가격이 형성되었다는 건 그만큼 해당 부동산의 가치 자체가 올랐다는 의미이기 때문이다.

따라서 이런 식의 사탕발림은 유의해야 한다. 시행사가 내세운 약속을 지키기만 한다면 사기는 아니지만, 투자 가치 있는 물건을 원하는 입장에서는 결코 좋은 선택이 아니라는 뜻이다. 임대수익률을 얼마 동안 보장해 준다는 혜택도 마찬가지다. 이 역시 시행사가 이미 얻은 매매 이익에서 떼서 주는 것이기에 그렇다.

그런데 시행사가 가격을 파격적으로 할인하는 경우라면 어떨까? 심지어 파격적인 할인가가 임대가 수준으로 내려온다면? 거기에 임대가가 지속적으로 오를 수 있는 아파트라면? 만약 이에 해당한다면 관심을 가져야 한다.

할인 분양은 대개 건물이 완공된 시점에서 발생한다. 분양을 하다가 팔리지 않은 물건의 가격을 할인해서 팔기는 쉽지 않다. 그렇게 하면 이미 높은 가격에 물건을 매수한 이들로부터 극심한 항의를 받을 수 있고, 심지어 소송까지 갈 수도 있기 때문이다. 그런데 완공된 뒤라면 소유자들이 그다지 가격에 관심을 갖지 않는 데다 이미 세월도 흐른 시점이라 민감하게 반응하지도 않는다. 따라서 시행사들이 이때 과거 미분양된 시행사 보유분을 처분하기 위해 파격적인 할인 분양을 하는 것이다.

시행사가 왜 이렇게까지 해서 분양을 하려는 것일까? 우선, 시행사가 하나의 프로젝트에서 얻게 되는 이익은 상당하다. 물론 성공했을 경우다. 그럼에도 건설사들의 이익률이 낮은 건 모든 프로젝트에서 성공하는 것이 아니고, 실패할 경우 그곳에서 얻게 되는 손실 역시 크고, 거대한 기업을 이끌어가는 과정에서 발생하는 고정비 등이 많기 때문이다. 따라서 일부 물량이 미분양으로 남았을 경우 그 미분양분을 처리하기 위해 무리한 마케팅 전략을 쓰기보다는 일단 분양을 마감하는 것이 낫다. 남은 물량들을 시행사가 안고 간다고 해도 이미 충분한 이익이 발생한 상황이라 큰 문제가 없기 때문이다. 다만 세월이 지나면 결국 그 물량은 털어내야 한다. 이익은 이미 확보했으니 미분양분에 대한 이익이 남지 않아도 상관없지만, 자금을 회수해야 하고 어찌 됐든 회계상으로 한 프로젝트를 마감해야 최종적으로 이익을 정산할 수 있기 때문이다. 이러한 이유로 과감한 할인가로 미분양 물건을 파는 경우가 발생하는 것이다.

물론 그렇다 해도 단지 가격이 싸다는 점에만 미혹돼서는 안 된다. 최소한 임대가가 꾸준히 오를 수 있는 지역인지 그럴 만한 물건인지 살펴봐야 한다. 물론, 시세차익까지 얻을 수 있는 물건이라면 더욱 좋을 것이다. 사실 이렇게 파격적인 할인 물량 역시 부동산 경기가 썩 좋지 않을 때만 나오는 것이지 시장이 좋은 상황이라면 절대 나오지 않는다. 부동산 활황기에 모두가 좋다고 보는 조건의 물건을 파격적으로 할인할 가능성은 희박하기 때문이다.

2016년 초, 송도의 P 오피스텔의 사례가 그랬다. 이 오피스텔의 경우 이미 2년 전 완공해서 입주를 마친 상황이었는데, 분양 당시 시장이 좋지 않은 데다 분양가가 약간 높았고 수요에 비해 너무 많은 물량이 공급되는 등의 문제로, 일부 미분양으로 프로젝트가 마감되었다. 그런데 입주를 마친 지 2년이 지난 후 프로젝트를 마무리해야 했던 시행사가 그동안 보유하고 있는 물건을 5~6년 전 분양가보다도 낮은 금액에 파격적으로 할인해 판매한 것이다. 당시 할인 분양가는 전용 $46m^2$와 $49m^2$가 평균 1억 9,000만 원.

놀라운 건 당시 전세가가 1억 9,000만~2억 원이었다는 점이다. 어떻게 이런 일이 생길 수 있을까? 이게 사실일까? 나는 대단히 상기된 마음으로 현장을 조사했고 다음과 같은 결론을 얻었다. 전세 시세가 1억 9,000만~2억 원인 것은 사실이지만, 전세가 강세로 가는 지역이 아니었다. 게다가 바로 옆에 곧 오픈할 송도캠퍼스 스카이타운이 문제였다. 이 지역은 원룸 오피스텔 위주로 지어지는데 그 규모가 무려 1,800세대에 이르렀다. 어마어마한 물량이었다. P 오피스텔은 이미 완공된 상태이고 시행사의 보유 물량이 나온 것이라 그 양이 대단히 많은 건 아니었으나 어쨌든 물량이 한꺼번에 나오고 옆 단지에서 나오는 물량까지 감안한다면, 임대를 맞추기가 그리 쉽지 않을 것 같았다.

하지만 나는 다음과 같은 몇 가지 사실에 주목했다.

첫째, 크기다. 오피스텔이긴 했지만 특이하게도 P 오피스텔은 투룸으로 구성되었다. 바로 옆에 들어오는 1,800세대는 모두 원룸이라서 이와는 차별성을 가질 수 있었고, 송도 전체를 통틀어서도 투룸은 상당히 희소한 상황이었다. 아파트까지 통틀어서 봐도 투룸은 거의 없었기에 희소성으로 나름의 지위를 유지할 수 있을 것 같았다. 당장의 물량 폭풍만 넘어갈 수 있다면 이후로 괜찮은 임대시장이 형성될 가능성이 컸다.

둘째, 가격이다. 일단 할인 분양가가 임대가에 근접한 상황이므로 설령 최초의 임차인을 구하기 어렵거나 조금 낮은 금액에 임차인을 받게 된다고 해도 2년 정도만 기다리면 충분히 원금을 회수할 수 있었다. 월세 임차인을 구한다고 해도 수익률 9% 이상을 맞출 수 있고, 일부 임대가 나간 물건들의 경우 이미 수익률이 거의

10~12%(대출 포함)가 나오는 상황이었다. 따라서 1~2년 정도는 임대료를 받다가 이후 전세로 돌려 원금을 모조리 회수하는 전략도 가능해 보였다. 즉 조금만 참으면서 시간을 보내면 그다음에는 원금을 회수하거나 아주 높은 임대수익률을 얻을 가능성이 큰 물건이었던 것이다.

셋째, 송도 자체의 성장성이다. 송도는 바이오의 첨단기지로 계속 커나가고 있고 앞으로도 이런 추세가 지속될 것이었다. 향후 우리나라의 먹거리는 크게 두 가지다. IT와 바이오. 그 중심에 송도가 있었다. 실제로 오피스텔 바로 뒤에 삼성 바이오로직스가 자리잡고 있었는데, 임차인의 상당수가 이와 관련된 일을 하는 사람이었다. 삼성 바이오로직스는 향후 추가적으로 계속 공장을 지어 넓혀나갈 계획이고, 그에 따라 관련 기업들의 입주로 인구 유입이 계속 이뤄질 듯 보였다. 이는 임대수요가 꾸준히 이어질 것이며 시간이 지나면서 임대가격도 지속적으로 오를 수 있다는 이야기였다. 또한 연세 대학교를 비롯해서 외국 대학의 분교까지 여러 대학교들이 포진하고 있는 데다 차츰 규모가 커지고 있는 상황이라 학생 수요 또한 증가할 가능성이 있었다. 다만, 송도는 추가적으로 아파트 등이 들어올 만한 토지들이 많기 때문에 급격한 가격 상승은 일어나지 않을 것이다. 그럼에도 최소한 꾸준한 상승은 이어질 것이므로 장기적으로 볼 때 전망이 밝다.

넷째, 역세권이다. 인천 전철의 서울과의 연계성이 그렇게 좋지는 않아 상당한 호응을 얻고 있진 않지만, 그럼에도 역세권 부동산은 언제나 매력적이고 투자 안전성에 기여하는 바도 크다. 게다가 향후 이 지역 부근에 GTX가 들어올 예정이었다. GTX의 출발역이 어딘지에 대해 말이 많고 노선도 이미 청량리 쪽으로 정해지긴 했지만, 여전히 노선을 강남과 연계해 달라는 요청이 쇄도하고 있어서 향후 어떤 변화가 있을지 모르는 상황이다. 그럼에도 향후 송도가 바이오 산업으로 국가 경제의 중요한 축을 담당하게 된다면 교통은 좀 더 획기적으로 나아질 것이다. 그럴 때 이미 역이 있는 지역을 활용할 가능성은 대단히 크다.

마지막으로는 바로 옆에 현대프리미엄 아울렛이 개장하는 등 조금 썰렁해 보였던 송도의 동부 쪽에 편의시설이 증가하고 개발이 이뤄지면서 투자자들의 관심이 커지고 있는 초기 단계라고 볼 수 있었다.

결론적으로, 가장 큰 문제는 주변 물량이지만 이는 조금만 기다리면 해결될 문제이고, 임대수요가 꾸준하고 임대가도 꾸준히 오를 만한 지역이었기에 이 물건을 임대가 수준에서 매수할 수만 있다면 거의 리스크 없이 향후 큰 수익을 기대할 수 있었다.

이러한 결론으로 나는 주변인들에게 매수를 권했고 회원들 중 일부는 월세 임대수익을, 일부는 전세 레버리지 투자를 할 목적으로 이 오피스텔을 매입했다. 이미 임대가 나간 물건들은 바로 수익률이 나오는 상황이라 별 문제가 없었지만, 공실이던 호수들은 예상대로 임대를 맞추기까지 조금 애를 먹었다.

마침내 모든 물건의 임대가 마무리된 지 불과 1년도 되지 않는 시점에서 이 오피스텔의 전세가는 2억 원, 월세는 대출을 활용할 경우 연 15% 정도의 수익이 발생하는 정도가 되었다. 전세 전략을 쓴 투자자들은 1년도 되지 않아 원금보다 더 큰 금액을 회수했고, 월세 목적의 투자자들은 매월 꽤 높은 월세를 안정적으로 받게 된 것이다. 이게 끝이 아니다. 향후 월세를 조금만 올려도 임대수익률은 17~20%로 상승하며, 전세 전략을 활용한 이들은 1년 안에 투자 원금을 모조리 회수하고도 평생 무이자로 사용할 수 있는 자금이 꾸준히 나오는 원천을 갖게 됐다. 이것이 바로 미분양 투자의 위력이다. 당장 높은 차익을 얻을 순 없어도 자산 상태를 보다 안정화시키고 장기간 수익을 만들어주는 구조를 창출해 내는 것이다.

송도 P 오피스텔 미분양 투자

매매가	1억 8,000만 원	보증금	1,000만 원
대출금	1억 3,500만 원	월세 /연 수익	80만 원 / 960만 원
대출비율	75%	실 투자금	3,500만 원
대출이자율	3%	실 연소득	555만 원
연 대출이자	405만 원	수익률	15.86%

• 월세를 10만 원 올릴 경우

매매가	1억 8,000만 원	보증금	1,000만 원
대출금	1억 3,500만 원	월세 /연 수익	90만 원 /1,080만 원
대출비율	75%	실 투자금	3,500만 원
대출이자율	3%	실 연소득	675만 원
연 대출이자	405만 원	수익률	19.29%

• 월세 보증금을 4,000만 원으로 올릴 경우

매매가	1억 8,000만 원	보증금	4,000만 원
대출금	1억 3,500만 원	월세 /연 수익	60만 원 /720만 원
대출비율	75%	실 투자금	500만 원
대출이자율	3%	실 연소득	315만 원
연 대출이자	405만 원	수익률	63.00%

• 향후 월세 보증금을 4,500만 원으로 올릴 경우

매매가	1억 8,000만 원	보증금	4,500만 원
대출금	1억 3,500만 원	월세 /연 수익	55만 원 /660만 원
대출비율	75%	실 투자금	0원
대출이자율	3%	실 연소득	255만 원
연 대출이자	405만 원	수익률	무한대

오피스텔 투자의
정석

다양한 부동산 투자 대상 중 오피스텔만큼 과거에 비해 투자 방법이나 투자 원칙 등이 많이 바뀐 대상도 없을 것이다. 과거에 오피스텔은 그저 월세 수익을 얻기 위한 투자 자산일 뿐이었다. 시세상승에 대해서는 기대하지도, 기대할 수도 없었다. 하지만 이제는 안정적인 임대수익과 함께 높은 시세차익까지 기대할 수 있는 오피스텔들도 많이 생겨났다. 왜 그럴까?

첫째, 주거용 오피스텔이라는 것이 합법적으로 등장했다. 둘째, 1~2인 가구가 급속도로 늘어났고 앞으로도 계속 늘어날 것이다. 과거에는 오피스텔을 주거용으로 임대 놓고 싶을 경우 온갖 편법을 동원해야 했다. 거주하는 것은 되지만 전입신고는 할 수 없었다. 건설사 입장에서도 주거용 오피스텔로 판매해야 하는데 허가를 받을 수 없으니, 바닥 난방이 안 되는 대신 나머지는 전부 아파트와 똑같은 형태로 짓는 식의 편법을 썼다. 하지만 이젠 그럴 필요가 전혀 없게 되었다.

주거용 오피스텔이 법적으로 인정받게 되면서 소형 아파트의 역할을 하게 된 것이다. 급속도로 증가하는 1~2인 가구가 그렇게 쏟아져 나오는 오피스텔들을 모두 채워줬고, 이러한 추세는 앞으로도 계속 가속될 전망이다. 한마디로 오피스텔의 미래는 밝다.

그러나 모든 오피스텔이 투자 가치가 있는 것은 아니다. 무엇보다 투자자들은 오피스텔이 아파트와 달리 공급이 용이하다는 점을 각별히 유의해야 한다. 대표적인 예로, 강남 지역의 오피스텔들은 지역 특성상 상당한 수요가 늘 존재하는 곳이므로 오피스텔의 임대수익률이 대단히 좋았다. 그런 와중에 오피스텔들이 우후죽순 늘어나는 일이 발생했는데, 강남에 위치한 건물들이 오피스텔로 변신을 시작했기 때문이었다. 이처럼 강력한 수요가 뒷받침되고 있던 강남 지역이라고 해도 너무 많은 공급이 이뤄지다 보니 공급 초과로 임대수익률이 하락하게 되었고, 강남의 오피스텔 소유자들은 생각보다 좋지 못한 투자 성적표를 받게 됐다.

이처럼 오피스텔은 주변의 공급 물량에 따라 그 지위가 흔들릴 가능성이 크다는 점이 가장 큰 리스크다. 이를 염두에 두고 좀 더 조심스럽게 접근할 필요가 있다.

그럼에도 오피스텔은 비교적 소액으로 투자할 수 있고 그 임대수익률이 적어도 은행이자보다 낫다는 점에서 여전히 매력적이다. 어떻게 하면 투자 가치가 있는, 즉 시세차익까지 기대할 수 있는 오피스텔을 고를 수 있을까? 오피스텔 투자 시 살펴봐야 할 점들을 짚어보자.

정석 1. 전용면적을 보라

우선 오피스텔은 아파트에 비해 전용률(전용면적/분양면적)이 매우 낮다. 그래서 오피스텔의 전용률이 얼마나 되는지를 잘 따져보라고 하는 사람들이 있는데, 굳이 그렇게 할 필요는 없다. 전용면적만 보면 된다.

전용면적을 보라는 이야기는 관심 있는 오피스텔의 전용면적을 다른 오피스텔과 비교해 보고 이를 토대로 임대수익을 예상해 보라는 말이다. 결국 세입자 입장에서는 전용률보다 생활하면서 실질적으로 누릴 수 있는 면적이 어느 정도 되는지가 더 중요하기 때문이다. 또한 투자자 입장에서도 다른 오피스텔과 비교해 해당 오피스텔의 가격이 저렴한 편인지 아닌지를 비교할 때도 전용면적을 기준으로 삼아야 한다. 이것이 바로 임대를 놓는 데 중요한 요소가 되기 때문이다.

정석 2. 싼 오피스텔이 더 좋은 오피스텔이다

오피스텔을 투자 자산으로 접근할 때 아파트와 가장 다른 부분이 바로 이것이다. 근래 주거용 오피스텔들이 많이 들어오고 이제는 아파트와 거의 유사한 구조를 갖춘 '아파텔'이라는 이름의 오피스텔까지 등장하면서 사람들은 오피스텔을 아파트의 축소판 정도로 느끼는 것 같다. 그래서 좋은 오피스텔을 고를 때도 아파트를 고를 때 쓰는 잣대를 그대로 갖다 대곤 한다. 하지만 투자 대상으로서 오피스텔은 그렇게 접근하면 안 된다.

아파트라면 조금 더 웃돈을 얹어주더라도 로열동, 로열층을 사는 게 맞다. 가정주부와 자녀들은 상당한 시간을 집에서 생활하기 때문에 집에 볕이 잘 드는지, 통풍은 잘 되는지 등이 대단히 중요하다. 따라서 아파트를 매수할 때는 대다수가 이러한 조건을 갖춘 집을 선호하고 이에 따라 이 같은 조건을 갖추지 못한 호수들과의 가격 차이도 벌어진다.

그러나 오피스텔은 다르다. 오피스텔은 온종일 또는 상당 시간을 거주 공간에서 생활하는 사람들이 찾는 곳이 아니다. 단지 출퇴근에 용이해서, 사무실과 겸용으로 사용할 목적에서 찾는 경우가 더 많다. 그러니 아파트를 고를 때처럼 남향, 높은 층, 전망 좋은 호수를 따지는 건 큰 의미가 없다. 이러한 사실은 실제 오피스텔 가격이 형성되는 상황만 봐도 알 수 있다. 높은 층이나 낮은 층이나, 남향이나 북향이나, 전망이 좋거나 나쁘거나, 실제 임대가격에는 거의 차이가 나지 않기 때문이다.

그럼 매매가격은 어떨까? 건설사들은 주거용 오피스텔을 매수하려는 사람들이 여전히 아파트를 고르는 기준을 가지고 접근한다는 사실을 알고 있다. 따라서 오피스텔을 분양할 때 그 기준에 따라 가격을 차별화해 시장에 내놓는다. 실제로 가격을 차별화시켜도 변하지 않는 건, 항상 '좋은 것'과 '비싼 것'부터 먼저 팔린다는 사실이다. 투자자라면 어떻게 해야 하는가? 오피스텔은 비싼 게 좋은 게 아니라, 싼 게 좋은 것임을 인식해야 한다. 비싸고 좋은 것을 살 필요가 전혀 없다.

이러한 사실은 프리미엄에서도 나타난다. 오피스텔 분양 초기에는 당연히 비싸고 좋은 호수부터 프리미엄이 붙는다. 그러나 입주 완료 시점이 가까워지면서 상황이 역전되는 경우가 많다. 오히려 가격이 저렴한 호수에 프리미엄이 높게 붙을 때도 많다. 이유가 무엇일까? 입주 때가 되면 결국 오피스텔의 임대가격이 그 오피스텔의 가치를 정하는데, 임대가격이 거의 같다 보니 키 맞추기가 시작되는 것이다.

설령 키 맞추기가 시작되지 않는다고 해도 일단 임대료가 비슷

오피스텔의 가격 변화

조건	분양가격	임대가격(보증금/월세)	프리미엄	수익률
로열층 로열호수	2억 2,000만 원	1,000만 원 /80만 원	2,000만 원	4.1%
가격이 저렴한 호수	1억 8,000만 원		2,500만 원	4.6%

하기 때문에 가격이 저렴한 호수가 수익률이 훨씬 좋게 된다.

이때 이런 의문이 들 수 있다. 수익률은 더 좋을 수 있지만 결국 시세차익이 발생하지 않거나 매매할 때 힘든 것 아닌가? 그렇지 않다. 일단 오피스텔의 경우 기본적으로 아파트에 비해 매매가 쉽게 이뤄지지 않는다. 아파트 같은 주거형 부동산은 반드시 필요한 대상인 데다 공급이 충분하다고 볼 수 없으므로 매매 수요가 늘 있게 마련이다. 그러니 자연스럽게 매매가 쉽다. 하지만 수익형 부동산은 엄밀히 말해, 반드시 필요한 대상이 아니다. 수익을 내기 위해 존재하는 부동산이므로 더 좋은 수익을 가져다주는 다른 어떤 게 있다면 언제든지 대체될 가능성이 있다. 심지어 주식과 금융 상품으로도 대체될 수 있다는 말이다. 그러니 아파트보다 매매 자체가 쉽지 않다.

다만 여기서 우리는 오피스텔과 아파트를 비교할 게 아니라, 한 오피스텔 내부에서 비교해야 한다. 로열층 로열호수나 그렇지 않은 호수나 매매 용이성에는 큰 차이가 없다. 로열층 로열호수의 오피스텔도 수익형 부동산의 한계를 똑같이 갖고 있기 때문이다.

정리해 보자. 좋은 층의 좋은 호수라고 해도 특별히 더 높은 금액에 임대할 수 있거나 특별히 더 매매가 잘되는 건 아니다. 따라서 오피스텔은 결국 싼 게 좋은 것이다. 그럼 오피스텔엔 로열층과 로열호수가 아무 의미 없다는 이야기일까? 그렇지는 않다. 당연히 같은 가격이라면 이런 좋은 조건을 갖춘 호수부터 먼저 임대가 나갈 것이다. 만약 분양가에 큰 차이가 없거나 프리미엄에도 큰 차이가 없다면, 당연히 로열층 로열호수의 오피스텔을 사라. 그러나 이런 조건에 따라 저렴한 것과의 가격 차이가 크다면 경쟁률도 낮고 프리미엄도 낮은 저렴한 오피스텔을 구하는 것이 더 현명하다.

정석 3. 택지개발지구 중심상업지구의 오피스텔을 노려라

앞에서 잠깐 언급했듯이 오피스텔의 최대 리스크는 주변의 과도한 공급 물량이다. 물론 과도한 공급 물량은 아파트 투자에서도 위험이 될 수 있다. 다만 오피스텔은 어디서 어떻게 물량이 쏟아져 나오게 될지 예측할 수 없으니 리스크가 더욱 크다.

그런데 택지개발지구의 중심상업지구에 있는 오피스텔이라면 어떨까? 한마디로, 안심해도 된다. 택지개발지구는 애초에 계획적으로 토지의 용도를 정한 후 개발을 진행하므로 어느 날 갑자기 일반 건물이 오피스텔로 변신하는 일은 발생하지 않는다. 오피스텔 투자에 있어 최대 리스크가 거의 해결된다는 의미다.

과거 사례들을 한번 살펴보자. 1기 신도시인 일산, 분당, 평촌, 중동, 산본의 중심상업지구에 있는 오피스텔들은 완공된 지 25년이 넘은 지금까지도 그 지위를 유지하고 있다. 다른 지역 같으면 벌써 주변에 신규 오피스텔들이 들어옴에 따라 천덕꾸러기 신세로 전락했을 법한 오피스텔들이 여전히 대단히 낮은 공실률을 기록하고 있는 것이다. 물론 가격도 꾸준히 올랐다. 이들이 이렇게 오랫동안 그 지위를 유지할 수 있었던 건 그 자리를 대체할 만한 어떤 것도 쉽게 나타나지 않았기 때문이다.

이 말이 수십 년의 세월을 흐른다고 해도 이 오피스텔을 대체할 만한 상품이 전혀 나오지 않는다는 말은 아니다. 분당의 경우 정자동이 개발되면서 그 주변에 오피스텔들이 많이 생겨났다. 최첨단 시설을 갖춘 깨끗한 신규 오피스텔들은 많은 사람의 관심을 끌었다. 그럼에도 기존 서현동 일대에 몰려 있던 오피스텔이 영향을 받은 건 정자동 새 오피스텔의 입주 시점, 잠깐뿐이었다. 신규 오피스텔의 가격이 기존 오피스텔보다 상당히 높은 데다 기존 오피스텔의 세입자들을 모두 흡수할 만큼 지역이 중복되는 것도 아니었기 때문이다.

다만 택지개발지구 중심에 위치한 오피스텔이라고 해도 가격이 지나치게 높거나 중심상업지구에 물량이 지나치게 많은 경우라면 피해야 한다. 판교의 오피스텔이 그랬다. 판교는 지리적으로 강남권과 가깝고 강남역과 직접 연결되는 신분당선까지 있어서 입지가 좋았다. 테크노밸리 조성으로 제2의 테헤란로를 연상하게 만들 정도였다. 게다가 그 넓은 지역 중에서 오피스텔을 분양하는 곳은 오직 중심상업지구뿐이라 당연히 투자자들의 관심이 집중됐다. 문제는 분양가가 지나치게 높게 형성됐다는 것이었다.

여기서 잠깐, 오피스텔 가격이 비싸다는 걸 어떻게 알 수 있을까? 오피스텔 가격의 적정선은 향후 예상되는 임대료 수준을 고려해서 역으로 수익률을 계산해 보면 알 수 있다. 즉 예상되는 임대료를 감안할 때 임대수익률이 괜찮다면 그 가격이 적절하다고 보면 된다. 그렇게 계산했을 때 임대수익률이 높으면 저렴한 가격에, 임대수익률이 낮으면 비싼 가격에 분양하는 것이다.

결국 판교 오피스텔은 낮은 임대수익률이 예상됨에도 불구하고 판교라는 입지적 매력에 끌린 사람들이 몰려들었고, 분양 당시 프리미엄이 3,000만 원에서 시작해 7,000만~8,000만 원까지 상승했다. 하지만 입주 시점이 가까워지면서 가격이 떨어지기 시작해 결국 한때 마이너스 프리미엄까지 형성되는 지경에 이르렀다.

마이너스 프리미엄이 형성되던 시점을 지나 건물이 완공된 이후 나는 주변에 투자를 권유했는데, 이는 판교 오피스텔이 희소성 차원에서 가치가 있고 이미 거품이 빠진 상태의 가격이었기 때문이다. 어찌 됐든 판교 오피스텔은 아무리 희소성이 있고 택지개발지구의 중심에 위치한다고 해도 가격이 비싸면 의미가 없다는 걸 알려주는 투자 사례라고 할 수 있겠다.

정석 4. 30~50m²의 1.5룸 오피스텔을 공략하라

투자자는 미래 트렌드를 내다볼 줄 알아야 한다. 트렌드 중에서도 잠깐 반짝하고 사라질 것이 아니라 향후 오랜 시간 꾸준히 수요가 이어질 법한 트렌드를 감지해야 한다. 이 트렌드만 내다볼 수 있어도 상당히 큰 수익을 낼 수 있다. 만약 과거에 '강남'이라는 부동산 대표 트렌드를 알았더라면, '조망권'이나 '재건축'이라는 트렌드를 알았더라면, 얼마나 큰 수익을 거둘 수 있었을지 상상해 보라. 하지만 늦지 않았다. 우리 앞엔 또 다른 미래가 있고, 그때를 위해 지금 향후 부동산이 어떻게 흘러갈지를 짐작하여 투자하면 되기 때문이다.

이제부터 천기누설을 하나 하겠다. 미래 부동산 트렌드는 다음과 같다. 일부 부촌을 제외하고는 여전히 중소형이 강세를 이어갈 것이며, 그중에서도 소형은 지금과 다른 형태, 좀 더 잘 짜인 구조로 진화하고, 점점 더 작은 소형들이 주류가 될 것이다.

우리나라 주택 시장에서는 전용면적 기준 $60m^2$와 $84m^2$, 이 두 가지 형태가 주류다. 그러나 앞으로는 $60m^2$ 이하의 소형 평형들이 많이 생겨날 것이다. 당분간은 세계 경제가 지속적으로 저성장 구간을 지나갈 가능성이 크기 때문이다. 뿐만 아니라, 고령화 역시 이런 현상을 가속화할 것이다. 한국인들의 자산은 아직도 대부분 부동산에 쏠려 있다. 그렇다 보니 은퇴한 사람들이 현금을 만들려면 부동산을 처분하는 방법밖에 없다(역모기지론 등이 있으나 충분하지 않다). 만약 그렇게 된다면 이들은 좀 더 작은 규모로 거주지를 옮길 가능성이 커진다. 이렇게 작은 규모로 이전하는 노인층이 도심을 벗어날 거라고 생각하는 건 큰 착각이다. 의료시설을 활용하는 문제나 자녀들과의 교류 등의 문제로 노인층은 더욱 도심을 선호하게 될 테니까. 그렇다면 방법은 하나다. 더 작은 공간으로 옮기는 것이다.

1인 가구가 많이 늘어나고 있지만 이 수요를 모두 채울 수 있을 만큼 공급은 이미 충분하다. 오히려 생각해야 할 것은 가구의 분할이 1인 가구로만 이뤄질 것인가 하는 점이다. 당장 신혼부부들을 생각해 보자. 2021년 발표에 따르면, 서울의 아파트 전세가 평균이 6억 3,000만 원이다. 자녀의 결혼에 6억 원을 마련해 줄 수 있는 부모가 몇이나 될까? 그렇다면 모두 수도권으로 빠져나가게 될까? 그렇지 않다. 웬만한 직장이 모두 서울에 집중되어 있으므로 그러긴 쉽지 않다. 빌라 등이 대안이 될 수 있겠지만 빌라는 보안에 취약하고 쾌적성이 떨어진다는 단점이 있다. 게다가 최근 신혼부부 대부분은 맞벌이다. 맞벌이 부부들에게 중요한 것은 출퇴근이 용이하고, 가사노동에 지치지 않을 정도로 공간이 복잡하지 않게 이뤄지고, 주거비용이 적게 드는 것이다.

그럼 이런 이들을 위한 소규모 아파트가 많이 공급되면 되지 않을까? 이건 생각보다 쉽지 않다. 소규모 아파트는 건설사 입장에서 이익이 크게 나지 않는 대상이기 때문이다. 심지어 소형 아파트는 많이 지을수록 손실이 커지는 대상이기도 하다. 손실을 입지 않으려면 고가로 분양해야 하는데, 분양가가 높으면 분양이 잘 안 되고 분양가에 맞춰 면적을 좀 더 키우면 그보다 큰 평형의 제작원가와 큰 차이가 없으므로 의미가 없다. 건설사 입장에서는 대형으로 지을수록 이익이 크게 나는 구조이므로 결론적으로 지금과 같은 수준, 즉 $60 m^2$, $84 m^2$ 그리고 그 이상의 사이즈를 공급할 가능성이 크다.

1인 가구를 위한 원룸도 아니고, 60㎡의 아파트도 아니라면? 이러한 조건을 만족시켜줄 만한 대체재는 오피스텔이고, 적당한 사이즈는 30~50㎡의 오피스텔이 될 것이다. 또한 구조는 아래 그림의 왼쪽 같은 형태의 오피스텔이 상당히 늘어날 것으로 본다.

그럼 아파텔을 말하는 것인가? 그렇지는 않다. 아파텔은 아파트와 거의 비슷하지만 그림의 오른쪽 구조처럼 되어 있다. 아파텔은 외견상 아파트와 거의 차이가 없는데도 아파트와 비교할 때 가격이 매우 저렴하므로 상당히 인기를 끌고 있다. 그러나 결론부터 말하자면, 향후 차익까지 고려할 때 아파텔은 별로 권하고 싶지 않은 대상이다.

아파트와 거의 흡사한데 아파트보다 가격이 저렴하니 괜찮지 않느냐고 생각할 수 있지만, 어찌 됐든 아파텔은 오피스텔이며 오피스텔과 아파트는 구조상 큰 차이가 있다. 오피스텔이 아파트를 도저히 따라갈 수 없는 게 있는데, 그건 바로 '통풍'이다. 과거 타

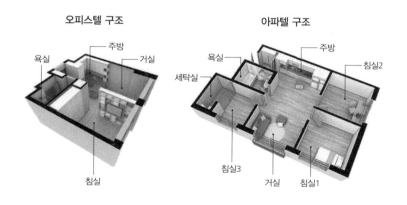

오피스텔 구조 / 아파텔 구조

위형 아파트가 유행하던 시절이 있었다. 주상복합에다 최첨단 모습을 갖추고 있어 매력적이었다. 그러나 현재 시장에서 타워형 아파트의 경우 판상형에 비해서 약 5~10% 정도 가격이 낮게 형성된다. 바로 통풍 때문이다. 타워형 아파트는 결정적으로 통풍이 잘되지 않는다. 한국인들은 외국에 비해 집에서 식사를 하는 시간이 많고, 냄새가 강한 음식들을 자주 조리하기에 생활습관상 통풍이 매우 중요하다. 따라서 이를 경험한 대부분의 소비자들은 타워형보다 판상형을 선호하는 것이다.

그럼 오피스텔은 어떤가? 당연히 아파트의 통풍을 따라갈 수 없다. 물론 아파트가 오피스텔을 따라올 수 없는 부분도 있다. 그건 바로 교통과 생활편의성이다. 아파트 중에도 역세권 아파트가 상당히 많긴 하지만, 단지 규모 때문에라도 오피스텔만큼 전철역과 가깝기는 힘들다.

단지가 크면 막상 역세권이라고 해도 단지 입구에서 끝까지 10분도 더 걸리는 경우가 있다. 반면 오피스텔은 대부분 초역세권이고 설령 떨어져 있다고 해도 그리 멀지 않다. 무엇보다 오피스텔은 대부분 중심상업지구에 자리하다 보니 생활편의시설이 매우 가깝게 위치한다. 물론 이것이 동시에 주거 환경의 쾌적성을 떨어뜨리는 단점이 되기도 한다.

결론은, 오피스텔은 오피스텔만의 장점을 살리고 아파트는 아파트만의 장점을 살리는 것이 유리하다는 것이다. 따라서 면적이 $60m^2$가 넘는 경우 어떤 형태와 구조로 짓든 오피스텔이 아파트보다 나을 수 없다. 또한 아파트가 설령 오피스텔처럼 짓고 싶다고 해도 60㎡ 이하의 면적이라면 타산이 맞지 않아 건설하지 않을 가능성이 크다. 게다가 전용 18~25㎡ 면적의 원룸 형태로 지어진 오피스텔이 대부분인 상황에서 30~50㎡ 면적의 오피스텔이 있다면 희소성 측면에서도 가치가 있다.

정리해 보자. 앞으로 30~50㎡ 면적의 주거 공간을 찾는 사람들은 상당히 늘어날 것이다. 하지만 그런 물량은 상당히 희소하다. 설령 지으려고 해도 건설사가 쉽게 생산해 내기 힘들다. 그리고 이러한 추세는 상당 기간 이어질 가능성이 크다. 이것이 바로 30~50㎡ 면적의 오피스텔을 매수해야 하는 이유다.

정석 5. 15년이 지나면 매도를 고려하라

오피스텔이 아파트보다 못한 단점 중 하나는 재건축을 할 수 없다는 것이다. 물론, 법적으로 재건축을 하지 못하는 건 아니다. 하지만 실제로 재건축이 이뤄지긴 대단히 어렵다. 대지지분도 작은데다 남는 용적률이 없고, 소유자가 너무 많아서 마음을 모으기도 쉽지 않다. 무엇보다 일반 분양을 할 만한 물량이 없으므로 무조건 추가분담금을 내야 하는데, 월세를 받는 투자자 입장에서 추가분담금까지 내고 그 기간만큼 기다린 후 임대를 놓으려는 소유자가 과연 있을까? 없다고 봐야 한다. 따라서 오피스텔의 재건축은 요원한 일이다.

그렇다고 오피스텔을 마냥 보유하고 있는 게 최선의 전략은 아니다. 결국 투자라는 건 성장성이 있는 대상에 베팅하는 일인데, 지나치게 오래된 오피스텔은 성장성이 없다고 봐야 한다.

고려해야 할 사항이 또 있다. 구체적인 통계가 있는 건 아니지만, 건축 시장에서는 10년에 한 번 정도 패러다임이 바뀔 만큼의 큰 변화가 있어 왔다. 물론 기술은 계속해서 끊임없이 발달하고 있지만 엄청난 변화는 10년에 한 번 정도 있었다는 말이다.

내 기억으로는 오피스텔도 2004년 부근을 기점으로 큰 변화가 있었다. 그 키워드는 '자주식 주차'와 '개별 난방'이다. 2004년 이전에 지어진 오피스텔들엔 기계식 주차가 많았다. 기계식 주차란 주차 기계에 차를 두고 내리면 기계가 알아서 주차하는 방식을 말한다. 그런데 점차 기계식 주차가 사라지더니 2004년부터 입주하는 오피스텔은 자주식 주차 방식으로 바뀌었다. 더 깊이 땅을 파서 지하에 주차장을 만드는 기술이 발달된 덕분이다. 문제는 여기서부터다. 모든 오피스텔이 기계식 주차 방식으로 되어 있을 땐 기계식 주차가 그다지 불편한지 몰랐다. 그냥 오피스텔은 늘 이런가 보다고 생각한 것이다. 그런데 자주식 주차가 생긴 후부터는 기계식 주차가 매우 불편한 것으로 여겨지기 시작했다.

개별 난방도 마찬가지다. 2004년 이전의 오피스텔들은 거의 중앙 난방이었다. 여름에는 오전 9시부터 6시까지 냉방이 되므로 6시가 넘으면 거의 전쟁 수준이 된다. 겨울에는 반대다. 그렇다 보니 오피스텔 거주자들의 전열기구 사용이 하도 많아 사고가 많이 발생했고 한때 어느 오피스텔에 '전열기구 사용금지'란 문구가 붙을 정도였다. 오피스텔은 원래 그런 줄로 알았다. 하지만 2004년 이후 개별 난방이 들어오면서부터는 중앙 난방이 너무 불편하게 느껴지기 시작했다.

나는 이때 '아, 기계식 주차를 하는 오피스텔이나 중앙 난방 오피스텔을 갖고 있는 이들에게 빨리 매도하라고 해야겠구나'라고 생각했다. 중앙 난방과 기계식 주차를 하던 오피스텔들은 지금 어떻게 되었을까? 여전히 그 상태다. 아파트라면 재건축까진 아니어도 주민 협의를 통해 중앙 난방을 개별 난방으로 교체하고 주차장을 바꾸는 정도는 할 수 있었을 텐데, 오피스텔은 그조차 협의하기가 쉽지 않아 그 상태로 계속 흘러가게 된 것이다.

결론적으로, 오피스텔 임대는 준공 기준으로 15년 정도만 하는 것으로 생각하라. 즉, 5년 된 오피스텔을 매입했다면 10년가량 임대 후 매각을 고려하라. 그즈음이 되면 매도하기 위해 노력하고 성장성이 있는 다른 오피스텔로 갈아타는 것이 좋다.

전철역에서 가장 멀리 떨어진
오피스텔을 매수하라

부동산 투자의 핵심 원칙 중 하나는 역세권에 있는 물건이 투자 가치가 더 높다는 것이다. 그런데 역에서 가장 멀리 떨어진 오피스텔을 사라고? 전제 조건이 있다. '택지개발지구의 중심상업지구 내에 있는 오피스텔 중'에서라고 한정해야 한다. 그 밖의 지역이라면 절대 그렇게 해서는 안 된다.

그런데 아무리 택지개발지구의 중심상업지구 내에 있는 오피스텔이라고 해도, 왜 굳이 전철역에서 가장 멀리 떨어진 오피스텔이란 말인가? 이유는 하나다. 가격 때문이다.

예를 들어, 중심상업지구가 옆장의 A 지도에서처럼 전철역이 가운데 있고 그와 비슷한 위치에 오피스텔이 위치하고 있는 구성이라면 중심 상업지구 내에 있는 오피스텔들의 실제 가격 차이는 거의 없다. 다만 B 지도에서처럼 전철역이 있고 그 부근에 오피스텔이 일렬로 펼쳐져 있는 경우라면 이야기가 달라진다.

B의 경우라면 전철역에서 멀리 떨어져 지어진 오피스텔이 보다 저렴하게 분양될 가능성이 크다. 역에 가까울수록 토지 가격이 비싸기 때문이다. 비싸긴 해도 조금이라도 전철역과 가까운 것이 투

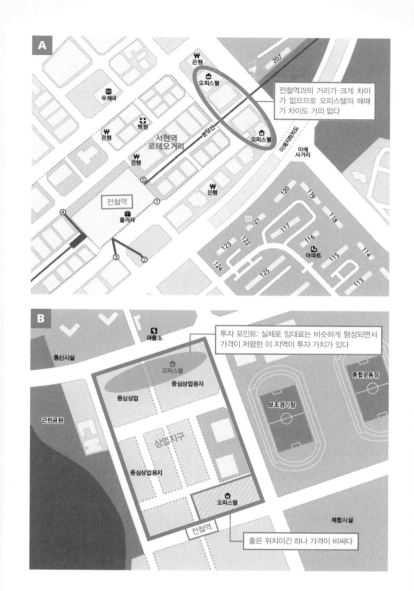

A

은행

207

오피스텔

전철역과의 거리가 크게 차이가 없으므로 오피스텔의 매매가 차이도 거의 없다

우체국

병원

은행   분당선   오피스텔

서현역
로데오거리   이매
                                        사거리

은행

은행

120   119

전철역   118
                                  121   117
                                                116
플라자   123   122   아파트   115   114

                  125   113

124

B

파출소

통신시설   투자 포인트: 실제로 임대료는 비슷하게 형성되면서
                        가격이 저렴한 이 지역이 투자 가치가 있다

오피스텔

중심상업용지   종합운동장

중심상업

근린공원   보조경기장

상업지구

중심상업용지

오피스텔   복합시설

전철역

좋은 위치이긴 하나 가격이 비싸다

자 가치가 있는 게 아니냐고 생각할 수 있다. 하지만 이때는 앞서 말한 '싼 게 더 좋은 것이다'라는 원칙을 감안해 따져야 한다.

어차피 중심상업지구라면 이 정도의 거리는 같은 아파트 단지 안에서의 거리와 별로 다르지 않다. 따라서 시간이 지나면 결국 임대료가 비슷하게 형성된다. 그럼에도 시행사들은 위치에 따라 토지를 다른 가격에 매입했기 때문에, 분양할 때도 이를 다른 가격에 분양하려고 한다. 또한 토지를 비싸게 매입한 시행사들은 오피스텔을 보다 비싸게 팔기 위해 전철역과 거리가 가깝다는 점을 상당히 부각시키려고 한다. 하지만 입주 시점이 되면 역에 매우 가까이 있는 오피스텔이나 조금 떨어져 있는 오피스텔이나 거의 가격이 비슷하다는 걸 알게 될 것이다.

따라서 이런 경우라면 오히려 전철역에서 먼 오피스텔이 더욱 투자성이 있다고 봐야 한다. 물론, 브랜드나 시행사의 매매 전략에 따라 전철역과 가까운 오피스텔을 저렴하게 분양하는 경우도 있다. 이때는 전용면적 기준으로 가격을 비교해서 적절한 수준을 파악하고 확실히 저렴하다고 판단되는 경우가 아니라면, 역에서 먼 오피스텔을 공략하라.

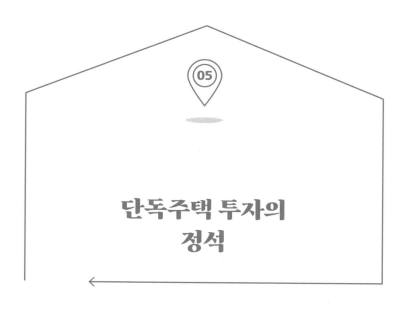

단독주택 투자의
정석

단독주택이 미래에 가치 있는 투자 대상이 되는 데는 세 가지 길이 있다. 첫째, 주변 상권이 발달되면서 상가주택으로 바뀌는 것이다. 둘째, 주변에 교통시설이나 편의시설이 생기면서 해당 지역이 발전함으로써 원룸 또는 투룸 형태의 임대사업을 하기에 용이한 주택으로 변신하는 것이다. 셋째, 지역이 재개발되거나 건물이 재건축되어 새롭게 태어나는 것이다.

만약 개인적 취향이나 특별한 사정으로 단독주택을 매입하고자 한다면, 이 세 가지 가능성으로 미래를 그려보고 여기에 해당되는지 살핀 후 매수하기 바란다.

단독주택에 거주하기로 결정한 사람들 중에는 '내가 평생 살 건데 그런 것들이 뭐가 중요해?'라고 생각하는 사람도 있겠지만, 결코 그렇지 않다. 이 세 가지 가능성으로 향후 해당 주택의 미래를 예측한 후 그런 변화가 가능할 것 같다면 매수하고, 그렇지 않다면 과감히 매수를 포기하는 것이 현명하다.

정석 1. 평지의 주택을 골라라

우선 평지에 위치한 주택을 골라야 한다. 이것은 토지를 매입할 때나 상가주택을 구입할 때도 마찬가지다. 구릉지에 있는 모든 주택이 투자 가치가 전혀 없다는 말은 아니다. 그러나 구릉지에 위치한 부동산은 언제나 평지에 비해 발전이 느리다. 만약 평지의 주택과 구릉지의 주택 가격이 현재 20% 정도 차이가 난다면, 미래에는 그 차이가 100%로 벌어질 가능성도 있다. 부동산 시장이 상승세라면 평지의 주택이나 구릉지의 주택이나 모두 가격이 올라가겠지만, 그 차이는 더욱 벌어질 거라는 이야기다. 따라서 일단은 평지에 자리 잡은 주택을 골라라.

여기서 말하는 평지란 주택이 들어선 그 자리가 평평하다는 것을 의미하는 게 아니라, 그 주택이 있는 지역 전체가 모두 평지여야 한다는 뜻이다. 강남역의 발달 과정만 보더라도 평지의 중요성을 이해할 수 있다. 우리나라에서 가장 큰 상권인 강남역 상권의 발달 순서를 지도에서 한번 살펴보자.

서초롯데캐슬
클래식아파트

A

미안

진흥아파트

강남역

A 상권의 영향으로 상권의 가치가 크게 올랐으나
이렇게 되기까지는 상당한 시간이 걸렸다.

C

역삼공원

B

D

삼성전자 본사 같은 대형 빌딩 위주로 개발돼
기타 상권의 발달은 제한됐다.

강남역 상권 발달 순서 : A 〉 B 〉 D 〉 C
강남역 우수한 상권 순위 : A 〉 C 〉 D 〉 B

삼성타운이라 불리는 대기업도 평지에 들어왔다. 가장 발달이
늦은 지역은 강남역 CGV 영화관이 있는 쪽이다. 구릉지에 있기
때문이다. 이처럼 구릉지의 발전 속도는 느릴 수밖에 없으며 이에
따라 지가 상승 속도도 당연히 느리다.

정석 2. 역세권은 필수 조건이다

투자 대상으로서 단독주택은 반드시 역세권에 있는 것이어야
한다. 주택이 향후 어떤 형태로 변하든 전철역을 끼고 있다면 가치
가 상승할 가능성이 크기 때문이다.

현시점 서울의 경우 '모아주택', '신통기획' 등으로 모든 지역이 개발 기대감에 들썩이는 상황이다. 그런 기대감이 가격에 반영되다 보니 서울에서 장기적인 투자 가치를 고려해 매수할 만한 단독주택은 없다고 해도 과언이 아니다. 이러한 이유로 서울보다는 수도권 일대를 살펴보길 권한다. 수도권이라고 해도 역세권 단독주택은 가격이 결코 저렴하지 않을 것이다. 다만 앞으로 역세권과 비역세권 주택의 가격 차이는 더욱 벌어질 가능성이 크므로, 매수하고자 한다면 다소 비싸더라도 역세권 주택을 골라야 한다.

역세권 주택은 미래에 투자 가치 있는 주택이 될 세 가지 가능성을 모두 갖고 있다. 게다가 여기에 한 가지가 더 추가된다. 역세권은 '종 상향'의 가능성도 있다. 종 상향이란 '국토의 계획 및 이용에 관한 법률'에 따라 세분화된 용도지역에 대해 제1, 2종 일반주거지역을 제2, 3종으로 높이는 것을 뜻한다. 만약 단독주택의 지역이 제3종 주거지역에서 준주거로, 준주거지역에서 상업지역으로 변경된다면 그야말로 대박이 나는 것이다. 서울시는 역세권을 고밀도로 개발하겠다는 계획을 세우고 각종 혜택을 제시했으나, 실제로 개발이 진행된 사례는 거의 없다. 혜택에 따른 의무사항으로 소유주들과의 이해관계가 잘 맞아떨어지지 않아서다. 그렇긴 해도, 역세권을 고밀도로 개발하겠다는 방향만큼은 변함이 없을 것이다. 이미 여러 선진국들의 사례가 이를 증명한다.

물론, 이러한 개발들이 정치적 상황에 따라 변경되기도 하고, 혜택과 의무도 줄었다 늘었다를 반복하겠만, 역세권은 결국 매우

부동산 투자의 정석

큰 변화를 보일 것이다. 낙후된 역세권이나 가격이 조정받고 있는 시점의 역세권 주택이라면 큰 관심을 가지고 지켜볼 필요가 있다.

정석 3. 단층보다는 다가구주택을 노려라

주택이 재개발되거나 건축업자에게 팔려서 주택을 허물고 다시 짓는 경우라면, 단층이든 다가구든 특별한 차이가 없다. 오히려 재개발되는 경우엔 권리가액이 적으면 적을수록 좋기에 건물이 크지 않은 게 더 유리할 수 있다. 그러나 임대료가 점점 상승하는 경우, 리모델링 등을 통해 원룸 또는 투룸으로 개조해서 임대수익을 얻고 싶은 경우, 건축업자에게 매도하려는 경우, 상가주택으로 바꿔 1층이나 1, 2층을 상가로 쓰고 그 이상을 주택으로 활용하길 원하는 경우라면, 단층보다는 다가구 주택이 좋다. 다가구주택의 활용도가 더 크다는 이야기다.

주택이 변신하려면 주택을 새로 짓거나 리모델링하는 방법이 있는데, 주택을 완전히 허물고 새로 지으려면 비용이 많이 들고, 또 경험이 없는 개인들이 하기에는 정신적인 스트레스 역시 상당하다. 그에 비해 리모델링은 시간이 오래 걸리지 않아서 쉽게 작업할 수 있고, 무엇보다 비용이 적게 들어가다 보니 향후 임대수익률도 상당히 만족스럽게 나올 수 있다. 여러모로 단층보다는 다가구 주택을 선택하는 게 낫다.

정석 4. 넓은 도로를 끼고 있는 주택이어야 한다

특정 지역을 감싸고 있는 주도로는 넓으면 넓을수록 좋다. 강남을 예로 들어보자. 강남에서도 지가가 가장 먼저 상승한 지역은 테헤란로 주변인데, 이곳은 이후에도 가장 가파른 지가 상승을 이어갔다. 반면, 남북으로 연결된 선릉로 주변은 개발도 가장 늦게 이뤄졌고, 지가 상승 속도도 느렸다. 이러한 격차는 세월이 지날수록 오히려 더욱 커지고 있다.

이처럼 격차가 크게 벌어진 까닭은 무엇일까? 넓은 도로를 끼고 있으면 그게 어떤 종류이든 대형 개발이 이뤄질 가능성이 크고, 일단 대형 개발이 이뤄지면 그 주변 지가에 상당한 영향을 미치기 때문이다. 삼성역이 그랬다. 삼성역은 이미 테헤란로의 영향으로 상당히 높은 지가를 형성하고 있었는데 가로엔 테헤란로, 세로엔 영동대로를 끼고 있었다.

그렇다 보니 앞으로도 추가로 지가 상승의 여지가 상당히 많았던 것이다. 이러한 이유로 나는 삼성역 주변의 빌라나 소형 빌딩 등을 토지 가격만 보고 매수할 것을 추천하곤 했는데, 결국 현대차가 일을 내더니만 GTX와 KTX, 잠실운동장 종합개발계획 등이 겹치면서 엄청난 가격 상승이 이어졌다. 2016년 5월엔 서울시가 '영동대로 지하 공간 통합개발' 계획을 발표했는데, 이는 삼성~동탄 광역급행철도, KTX 동북부 연장(수서~의정부), GTX-A(킨텍스~삼성), GTX-C(금정~의정부), 남부광역급행철도(당아래~신사), 위례~

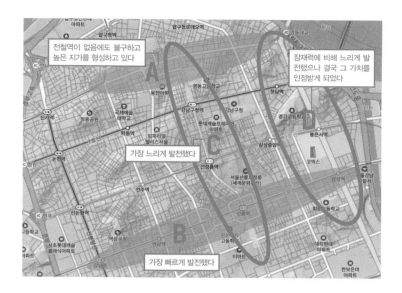

신사선 등의 6개 노선의 통합역사인 '광역복합환승센터(가칭)'를 지하 6층, 연면적 16만 ㎡ 규모로 짓겠다는 것이었다. 영동대로 일대의 거대 지하도시가 탄생하게 됨에 따라 부동산 가격이 크게 들썩일 것으로 예상되었는데, 2022년 현재까지 삼성역 개발이 진행되진 않았으나 호재는 더 늘었다. 바로 개발이 옆 잠실운동장역까지 확정되면서 그 규모가 한층 커진 것이다. 이에 따라 부동산 가격은 지속적인 상승세를 이어갈 것으로 보인다.

정리하자면, 만약 대로를 끼고 있는 지역임에도 아직 지가가 그다지 높지 않은 주택이라면 반드시 관심을 둬야 한다.

정석 5. 전철 노선이 예정된 지역일 경우 조정 국면을 이용하라

전철 노선이 들어오기로 예정된 지역은 '발표-착공-완공'의 3단계를 거치면서 가격이 상승한다. 이것이 가장 일반적인 수순이다. 다만 그 과정에서 전체적인 부동산 경기가 어떻게 흘러가느냐에 따라 가격이 좀 더 빠르게 상승하거나 느리게 상승할 수 있다.

어찌 됐든 전철 노선이 예정된 지역의 부동산은 적어도 전철역이 완공될 때까지 계속 가격이 오른다. 따라서 이 지역의 주택 가격이 조정 국면에 접어든다면 적극적으로 관심을 가져 매수 기회로 활용해야 한다. 얼마나 많은 수익을 낼 수 있을지도 따져봐야 하겠지만 가격이 오른다는 것만은 확실하기 때문이다.

다만 주의해야 할 점도 있다. 경우에 따라 책정된 가격에 이미 완공 시점의 가치가 모두 반영되었을 가능성도 있기 때문이다. 따라서 이를 제대로 파악해야 하는데, 가장 일반적인 방법은 그와 비슷한 조건을 가진 곳에서 전철역이 개통된 사례와 비교하는 것이다. 그곳의 주택 가격과 예정지의 주택 가격을 비교해 봤을 때 그보다 싼 게 확실하다면 과감하게 매수하면 된다. 다만 이러한 비교 방법에는 한계가 있다. 일단 적절한 비교 대상을 선정하는 것이 쉽지 않고, 가격 자체도 부동산 경기에 영향을 받기 때문이다. 즉, 경기가 좋다면 비교 대상지의 주택 가격이 지나치게 오른 상황일 수 있고, 경기가 안 좋다면 비교 대상지의 주택 가격이 상당히 저평가 되었을 가능성이 있다는 것이다.

따라서 좀 더 정확한 방법으로 파악하고 싶다면, 전철역 예정지가 발표된 시점이 부동산 경기 흐름 시점 중 어디쯤에 와 있는지를 보라. 만약 예정지를 발표한 시점이 부동산 불황기라면 미래의 가치가 많이 반영되지 않았을 가능성이 있다. 따라서 몇 개월 정도 가격 조정이 있은 후 과감히 매입하는 것이 좋다. 반면, 부동산 활황기에 발표됐다면 거품이 형성될 가능성이 크므로 조정을 보인다고 해도 보다 장기적으로 보며 기다릴 필요가 있다.

정석 6. 주변 집들이 새롭게 변모하고 있다면 최대한 늦게 매도하라

보유하고 있는 주택이 상가주택으로 발전하는 상황이 아니라, 원룸 또는 투룸으로 변신하는 상황이라면 어떨까? 주변의 다가구, 다세대 주택들이 원룸이나 투룸으로 변신하고 있다면 내가 보유하고 있는 주택 또한 이 흐름에 따라 원룸 또는 투룸으로 신축하거나 리모델링을 해야 하는 걸까?

이 방법도 좋다. 주변 주택들이 원룸과 투룸으로 변신하고 있다는 건 임대가 잘나갈 만큼 입지가 좋아졌다는 의미일 수 있기 때문이다. 그런 경우라면, 주택을 리모델링하여 임대수익을 올릴 수 있다. 리모델링 비용이 부담스러워서 이렇게 하기 힘들다고 생각한다면 오산이다. 임대가격이 올라가는 지역일 경우 새롭게 받게 되는 임차보증금으로 리모델링 비용을 해결할 수 있는 때가 많다. 그렇게 하면 추가적인 비용 하나 들이지 않고 임대수익만 늘어나는 꼴이 되므로 적극적으로 고려해 봐야 한다.

실제로, 비용을 전혀 받지 않고 리모델링을 해준 후 나중에 추가되는 임차보증금에서 리모델링 공사비용을 가져가겠다고 제안하는 주택 리모델링 전문업자들도 꽤 많다. 이런 이들을 만나면 돈 한 푼 들이고 않고 공사를 마칠 수 있고 향후 더 높은 임대수익을 얻게 되는 것은 물론, 주택의 가치까지 끌어올릴 수 있는 일석삼조의 효과를 거두게 된다. 이 같은 방법이 있다는 것을 알게 되었으니 이런 사업자를 적극적으로 수소문하려는 노력만 기울이면 된다.

한편, 같은 상황에서 주택을 매도하는 건 어떨까? 임대가 활발해지고 주변이 원룸이나 투룸으로 변신하는 상황이라면 그 지역은 충분히 발전했다고 볼 수 있다. 그러니 다음 추가적인 상승이 일어나기까지는 상당한 시간이 걸릴 것이다(물론, 강남처럼 장기적으로 꾸준히 가격이 상승하는 지역도 있지만 일반적으로는 그렇다). 따라서 매도를 고려해 보는 것도 좋다. 애초에 이 정도의 발전을 기대하고 투자를 목적으로 매수한 주택이라면 목표를 달성했다고도 볼 수 있다.

매도의 방식은 생각해 봐야 한다. 이런 지역 부동산의 가장 큰 매수 세력은 건축업자다. 일반인보다는 건축업자들이 달려들게 되어 있다. 이들은 원래 낡은 건물을 사서 신축한 뒤 이익을 붙여서 파는 사업자들이다. 따라서 '사업성' 있는 지역에 매달릴 수밖에 없는 것이다.

그러니 이런 건축업자들에게 주택을 매도하는 게 가장 좋다. 다만 이때 두 가지를 기억해야 한다. 첫째, 주택에 손을 대지 말고 매도할 것. 둘째, 되도록 늦게 매도할 것.

일단 주택을 손보면 비용이 발생한다. 이처럼 비용이 들어가게 되면 어떻게 해서든 조금이라도 그 비용을 뽑고 싶은 마음이 들고 이에 따라 주택을 좀 더 높은 가격에 팔고 싶은 심리가 발동한다. 그렇게 가격을 높게 책정하면 건축업자들이 달려들지 않는다. 일반 매수자 역시 달려들지 않을 가능성이 크다. 주택을 구입하려는 이들의 경우 개별적인 취향이 강하므로 자신의 기호에 따라 집을 수리하고 싶어 하는 경우가 많다. 그런데 전 주인의 취향대로 집이 많이 꾸며져 있는 데다 그것이 가격에 반영되어 있다면 아무래도 꺼릴 수밖에 없다. 그러니 되도록이면 주택에 손을 대지 말고, 즉 비용을 들이지 않은 상태에서 매도하는 게 낫다.

그렇다면 매도 시점은 어떻게 정할까? 주변에 원룸이나 투룸이 생겨난다면 이제 지역이 활성화되기 시작한 것으로 보고, 구옥을 사들이기 위한 건축업자들의 움직임이 포착된다면 '가격이 오르기 시작했구나' 정도로 인식하라. 바로 이때가 매도할 시점인데, 가능하면 늦게 파는 것이 좋다. 단독주택은 매매가 잘 되지 않는 대상이다 보니 수년 동안 매수자를 구하지 못해 발만 동동 구르고 있던 이들은 매수자가 나타나자마자 덥석 자기 집을 매도하려고 한다. 하지만 매도 이후 주택의 가격이 급등하는 걸 보고 망연자실하게 되는 일도 생긴다. 따라서 주변에 변화의 움직임이 포착된다면 오히려 마음을 가라앉히고, 부동산 중개소에 들러 호재가 무엇인지 물어보기도 하고, 주변 이웃들의 이야기도 들으면서 그 지역의 미래 가치를 한번 가늠해 보라. 그렇게 하다 보면 충분한 이익을 얻을 수 있는 금액대에 주택을 매도할 기회를 잡게 될 가능성이 커진다.

다만, 이때도 전체적인 부동산 경기를 주시해야 한다. 부동산 경기가 갑자기 식어버리면 하루아침에 매수세가 뚝 끊길 수가 있다. 따라서 자신이 소유하고 있는 주택이 위치한 지역의 활성화가 전체적인 부동산 경기와 맞물려 어떻게 돌아가고 있는지를 파악해야 한다. 만약 부동산 경기가 한창 뜨거워진 가운데 해당 지역의 활성화가 이뤄졌다면 너무 오래 기다리지 않고 매도하는 것이 낫고, 부동산 경기 활성화와 해당 지역 활성화가 거의 같은 시점에서 시작됐다면 여유를 가지고 충분히 기다렸다가 매도하는 전략으로 가야 한다.

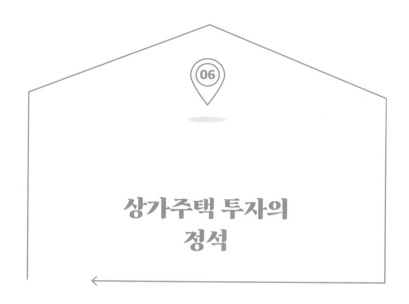

상가주택 투자의
정석

상가주택은 여러모로 쓸모가 많다. 우선 가장 좋은 건 안정적인 임대수익을 얻을 수 있다는 것이다. 안정적이라는 말은 부동산 불황에도 흔들림이 없다는 이야기다. 실제 우리나라 부동산 시장의 역사를 쭉 살펴보면 이를 더욱 분명히 알 수 있다.

대한민국 부동산은 2008년부터 2014년까지 장기간 동안 조정을 받았다. 심하게는 이 기간 동안 아파트 가격이 절반가량 떨어진 곳도 있다. 실제 가격이 반 토막 난 것은 아니더라도 레버리지로 인해 체감 폭은 그 정도로 느껴졌다. 그럼에도 상가주택은 이러한 극심한 부동산 불황장에서도 꾸준히 성장해 왔다. 물론 이렇게 된 데는 금리가 계속 떨어졌다는 것도 한몫한다. 하지만 이를 금리만으로 설명할 순 없다. 은행 금리가 떨어지면 그보다 수익률이 높은 수익형 부동산의 가치가 오르는 게 일반적이지만, 이 수익형 부동산에 상가만 있는 게 아니라 월세를 주는 아파트나 오피스텔 역시 포함되기 때문이다. 그런데도 나머지 대상들은 그 기간 동안 만큼은 가격이 상승하지 않았다.

왜 상가주택은 불황기에도 가격이 꾸준히 상승세를 보인 걸까? 월세를 꾸준히 받을 수 있다는 것 외에도 상가주택은 토지를 가지고 있다는 장점이 있기 때문이다. 아파트나 오피스텔에도 토지가 포함되지만 내 맘대로 토지를 활용할 수 있는 건 아니다. 반면 상가주택은 재건축, 리모델링, 철거, 용도변경 등 토지 활용이 상대적으로 자유로운 편이다. 이러한 장점이 불황기에도 상가주택 가격 상승에 한몫한 것이다.

상권으로 주목받은 가로수길과 홍대입구, 건대입구 등이 이 사례에 해당됐다. 이 지역들의 경우 2008년부터 2014년까지 대개 50% 이상의 가격 상승이 있었으며, 투자자들에게 실제 투자금 대비 100% 이상의 수익을 선사했다.

이처럼 상가주택 가격은 보통의 주거용 부동산과 비교할 때 시기에 영향을 덜 받는다는 걸 알 수 있다. 주거용 부동산의 경우 매입한 시점이 불황기인지 활황기인지에 따라 가격 차이가 상당히 나지만, 상가주택은 매입한 시점의 경기와 상관없이 가격이 꾸준히 오른다(경기의 영향을 전혀 받지 않는다는 것이 아니라, 비교적 덜 받는다는 의미다). 이 때문에 경기 상황을 잘 파악해 매입 시점을 까다롭게 따져야 하는 주거용 부동산 투자에 비해 조금 덜 민감해도 된다.

다만 대부분의 상가주택의 경우 이미 가격이 어느 정도 높게 형성되어 있으므로 그중에서도 투자 가치가 있는 상가주택을 고르려면 살펴야 할 점이 많다.

정석 1. 넓은 평지의 사방이 뚫린 곳을 골라라

오랜 기간 상권으로 주목받아 온 지역들을 살펴보면, 특별한 경우를 제외하고는 거의 모두 평지라는 것을 알 수 있다. 대표적인 곳이 홍대이며 합정동, 연남동, 가로수길도 마찬가지다(경리단길과 서촌은 예외에 속한다). 10여 년 전부터 주목받고 있는 성수동 일대도 넓은 평지에 위치하고 있다. 이처럼 이미 발달한 상권이나 새롭게 상권이 발달하고 있는 지역 모두 평지에 위치하며, 이 평지는 비교적 넓게 형성되어 있다.

또 다른 공통점은 사방이 뚫려 있는 지역이라는 것이다. 이 말은 높은 산 등으로 어느 한쪽이 막혀 있지 않다는 뜻이다. 그래야 어느 방향에서든 접근이 용이하고, 개발이 주변부로 점차 확장해 나가면서 꾸준한 지가 상승을 이끌어낼 수 있다. 이러한 이유로 설령 새로운 지역이 상권으로 부각되고 있다 해도 주변이 막혀 있거나 경사가 심한 위치에 있다면 추가적인 성장은 없으리라 예상할 수 있다.

정석 2. 뜨는 상권의 주변을 노려라

새롭게 뜰 상권은 어디일까? 많은 이가 궁금해하겠지만, 의외로 그런 곳이 전혀 새로운 곳에서 등장하는 건 아니다. 상권은 이미 형성된 상권 주변으로 계속 확장되는 특성이 강하기 때문이다. 다만 말했듯, 사방이 뚫려 있고 평지가 넓게 펼쳐진 지역일 경우 그렇다. 가로수길 상권이 주목받게 된 건 15여 년 전부터인데, 그 이후로도 이 주변 상권은 지속적으로 확장되었다. 따라서 상가주택에 관심이 있다면 우선 기존에 잘나가고 있는 상권 중에서 주변으로 확장될 여지가 있는 지역이 어디인지 살펴보는 것이 좋다.

이런 측면에서 나는 2014년부터 2015년까지 계속 합정동 일대를 추천했다. 하지만 당시에도 괜찮은 상가주택을 매수하는 건 대단히 힘든 일이었다. 누구나 괜찮다고 여기는 물건은 가격이 상당했기 때문이다. 당시 임대수익률이 3% 정도 수준이었으니 가격이 많이 올랐다고 볼 수 있었다. 특히 연남동은 원래 차이나타운이 있던 지역이라 중국 관광객이 지속적으로 찾는다는 것이 장점이었는데, 워낙 많은 중국인들이 찾다 보니 이들을 대상으로 하는 게스트하우스가 곳곳에 생겨났고 이러한 사업 가능성을 입수한 이들이 너도나도 게스트하우스를 짓기 위해 부동산 중개소를 찾았다. 홍대에서 밀려나온 상인들은 연남동에 개성 있는 카페나 식당을 차리며 연남동만의 독특한 콘셉트를 만들어가고 있는 데다, 이 밖에도 홍대입구의 상권 확장 여파, 경의선 개통, 경의선 철도공원 조성 등의 호재까지 더해져 투자자들의 눈길을 사로잡기에 충분했다. 이에 따라 국내 투자자들은 물론 중국인들까지 몰려들면서 상당한 가격 상승이 이뤄졌다.

2015년 당시 연남동의 상가주택은 3.3㎡당 5,000만 원대였는데 이는 홍대 핵심 상권의 이면도로 정도의 가격대였다. 문제는 홍대 핵심 상권의 이면도로에 위치한 상가주택의 경우 수익률이 3~4% 정도였는데, 연남동의 경우 수익률이 1~2%에 불과하다는 점이었다. 상당한 거품이 형성된 상황이라고 봐야 했다. 반면, 합정동은 연남동과 비슷한 조건을 모두 갖췄음에도 수익률이 3~4%대에 이르는 부동산 물건들이 종종 눈에 띄었다.

여기서 지형도를 한번 보자. 핵심 상권이 홍대 상권이라고 볼

때 이 상권은 주변으로 퍼져나간다. 이때 주변이 막혀 있거나 평지가 아닌 경우 상권이 퍼져나가지 못하는데, 홍대 상권 주변에는 그런 지역이 드물다는 걸 알 수 있다.

결국 이 상권은 연남동과 서교동, 합정동 쪽으로 퍼져나갈 것이다. 따라서 미래 가치를 지나치게 반영한 연남동보다는 미래 가치가 덜 반영된 합정동이 투자 대상으로서는 더 낫다. 이러한 이유로 나는 합정동을 추천했고 회원 한 분이 2015년에 합정동의 상가주택을 매수했다. 당시 임대수익률은 4% 정도였다. 그런데 1년 만에 이 상가주택의 지가는 무려 50%나 상승했다(이는 주변에 이 가격에 팔린 사례가 있어서 추정하는 수치이며, 아파트처럼 규격화되지 않은 상가주택 특성상 차이가 있을 수 있다). 1년 만에 지가가 50% 상승했다는 건 임대보증금과 대출 등의 레버리지까지 고려하면 100% 상승한 것이나 마찬가지다. 게다가 임대수익으로 1년 내내 4% 이상의 수익을 보았으니 투자용으로 돈을 묶어놓은 적도 없는 셈이다. 이것이 바로 상가주택 투자의 매력이며, 투자처로서 핵심 상권 주변을 노려야 하는 이유다.

정석 3. 6m 이상의 도로를 낀 물건이 좋다

상가주택이 위치한 지역은 대로를 끼고 있어야 한다. 그런데 이때 또 하나 중요한 것이 바로, 이면도로의 넓이다. 이면도로의 넓이는 4*m*, 6*m*, 8*m*가 일반적인데, 어느 정도의 넓이가 좋을까? 6*m* 이상의 넓은 것이 좋다. 우선 4*m* 도로를 끼고 있는 상가주택이라면 제외하는 것이 현명하다. 이 경우 개발이 제한적이고 상권이 형성될 가능성도 희박하기 때문이다. 다만 4*m* 도로를 끼고 있다고 해도 주도로에서 바로 보이는 물건이라면 괜찮을 수 있다. 이러한 이례적인 조건이 없는 4*m* 도로라면 보다 신중하게 접근해야 한다.

그런데 한 상가주택이 8*m* 도로를 끼고 있는데 아직 상권 등이 형성되어 있지 않은 경우라면 어떨까? 또 이 물건의 가격이 약간의 상권이 형성된 4*m* 도로를 끼고 있는 물건의 가격과 동일하다면? 그렇다면 8*m* 도로를 끼고 있는 물건을 선택해야 한다. 이런 것이 투자 가치 측면에서 더 좋은 물건이다.

정석 4. 어울리지 않는 용도로 지정된 곳을 주목하라

우리나라의 토지는 '국토의 계획 및 이용에 관한 법률'에 의해 그 용도가 지정되어 있다. '용도'라는 것은 이 땅에 어떤 건축물을 지을 수 있는지, 이 땅을 어떻게 사용할 수 있는지, 건축물을 지을 때 어느 정도가 허용되는지 등과 관련된다. 다만 이렇게 정해진 토지의 용도는 영구불변하는 것이 아니라, 주변 토지의 개발 정도나 기타 공공의 목적에 따라 변경될 수 있다(건축물의 용도변경과는 다른 개념이다. 건축물의 경우 신고된 건축물의 용도를 다른 용도로 변경하겠다고 허가 또는 신고하는 것인데, 토지에 비해 변경이 수월하다. 건축주의 요구에 따라 변경할 수도 있다). 따라서 용도변경이 되면 토지의 가치가 확 올라가므로 평소 용도변경이 될 만한 지역을 미리 봐두는 것이 주요 포인트다.

용도별 주거지역	건폐율	용적률
제1종 전용주거지역	50% 이하	50% 이상 100% 이하
제2종 전용주거지역	20% 이하	100% 이상 150% 이하
제1종 일반주거지역	60% 이하	100% 이상 200% 이하
제2종 일반주거지역	60% 이하	150% 이상 250% 이하
제3종 일반주거지역	50% 이하	200% 이상 300% 이하
준주거지역	70% 이하	200% 이상 500% 이하

*제1종 일반주거지역에서 제2종 일반주거지역으로 용도가 변경되면, 용적률이 50% 증가한다. 용적률이란 토지 위에 건축물을 지을 수 있는 비율을 뜻하는데, 용적률이 증가한다는 것은 건축물을 더 크게 지을 수 있다는 것이다. 따라서 결국 토지의 가치도 올라간다는 의미다.

사실 용도변경은 도시계획에 따라 시행되는 것이기에 가장 좋은 건 이 정보를 먼저 아는 것이다. 다만 이를 알려는 노력은 위험할 뿐만 아니라 범죄 가능성까지 있으므로 아예 포기하는 게 좋다.

용도변경이라는 것도 상식에 근거하여 생기는 일임을 기억하자. 상식적으로 어울리지 않는 용도로 지정되어 있는 지역은 변할 가능성이 있다는 말이다. 예를 들어, 더블역세권의 평지가 제1종 일반주거지역으로 지정되어 있다면 어떤가? 4층 이하의 단독주택과 공통주택을 중심으로 편리한 주거 환경을 조성하기 위해 지정해 둔 것이 바로 제1종 일반주거지역이다. 주변 환경과 어울리는 용도라고 생각하는가? 토지의 효율적인 이용 측면에서도 어울리지 않는다.

그런데 왜 이런 일이 벌어지는 것일까? 용도를 지정할 당시엔 이 용도가 적합했을 것이다. 하지만 세월이 흐르면서 인근에 전철이 들어오거나 심지어 더블역세권이 되었을 수도 있고, 주변에 대규모 개발이 있거나 해서 과거의 용도와 전혀 어울리지 않게 변할 수 있다. 문제는 토지와 용도에 부조화가 생겨도 즉시 용도변경이 일어나는 건 아니라는 것이다. 그리고 이 상태로 세월이 흘러가면 사람들은 또 그게 당연하다고 여기게 된다.

이미 서울의 초역세권 주변의 토지 중에는 제3종 주거지역에서 준주거지역으로 변경된 사례가 많다. 합리적인 변화라고 할 수 있다. 서울에는 이제 많이 남아 있지 않지만, 전철역 주변에 제1종 일반주거지역으로 지정된 곳이 있다면 관심을 가질 필요가 있다. 머지않은 미래에 제2종 또는 제3종 일반주거지역으로 변경될 가능성이 크기 때문이다.

수도권의 준공업지역도 관심을 가져야 한다. 준공업지역이 완전히 모습을 바꾸게 된 대표적인 사례가 성수동과 영등포다. 이런 지역은 결국 용도변경이 되진 않았으나, 규제가 완화되면서 같은 효과를 보게 되었다. 이런 사례를 염두에 두고, 수도권 일대의 준공업지역 중에 상권으로의 변화 가능성이 있는 곳은 어디일지 유심히 살펴보자.

정석 5. 개발 호재의 실현 여부를 상식선에서 추리하라

개발 호재가 없는 지역은 거의 없다. 중요한 건 각종 개발 호재가 정말 실현 가능한 것인지, 특히 비교적 가까운 장래에 실현될 가능성이 있는 것인지를 파악하는 것이다.

예를 들어, 서울역 고가 철거라는 호재를 보자. 2015년에 서울역의 고가를 철거한다는 말이 나오기 시작했는데, 그에 대해 찬반론이 갈리기도 했고 과연 가능한 것인지에 대한 말도 많았다. 당시 나는 서울역 고가 철거는 청계천을 복원하는 일보다 쉽고, 정치적인 측면에서도 가시성이 있으므로 밀어붙일 가능성이 크다고 봤다. 특히 고가를 철거하는 건 이미 여러 곳에서 시행되고 있는 큰 흐름이므로 사업에 속도가 붙을 것이라고 판단했다.

게다가 서울역의 경우 단지 고가가 철거되는 것으로 끝나는 게 아니라 공원으로 변신하는 것이기에 사업 시행이 용이할 것 같았다. 부동산 활용 측면에서도 서울역은 서울의 중심권이고 이를 중심으로 교통이 잘 발달되어 있으므로 고가를 공원으로 바꾼다면 사람들도 몰릴 수 있으니 충분히 가능성 있는 이야기였다. 결론적으로 나는 서울역 고가 공원화는 실현될 가능성이 대단히 큰 사업이라 추정했다.

다음은 주변 시세를 살펴볼 차례였다. 조사해 보니 당시 서울역 주변의 상가주택 가격은 3.3m^2당 3,500만~4,000만 원 정도였다. 여기서 잠깐, 상가주택 가격은 일반적으로 토지를 기준으로 계산한다. '3.3m^2당 얼마' 하는 식으로 계산하는 것이다. 다만 상가주택은 단독주택과 비교할 때 건물의 가치가 천차만별인 경우가 많다. 따라서 건물의 가치가 높을 경우엔 토지 가격에 건물 가격을 포함시켜서 계산한다. 다시 말해, 전체 금액을 계산할 때 '토지 가격＋건물 가격'으로 단순히 계산하지 않고 건물 가격을 토지 가격에 포함시킨다. 예를 들어, 해당 지역의 토지 가격이 3.3m^2당 3,000만 원이라면, 건물의 가치가 높을 경우 '3.3m^2당 4,000만 원'과 같이 계산하는 것이다. 이때 건물 가격으로 얼마를 포함시킬지에 대한 특별한 기준은 없으나, 일반적으로는 그 건물에서 나오는 수익률이 기준이 된다.

이런 점을 모두 고려한다고 해도 서울역 주변의 상가주택은 당시의 홍대 주변이나 상수동, 연남동 등과 비교할 때 상당히 저렴한 편이었다. 수익률도 4% 이상이 나왔다. 더 좋은 건 상가주택이 생길 수 있는 지역이 상당히 제한적이라는 사실이었다. 주변에 평지가 넓게 형성되어 있지 않았기에 추가적으로 상권이 확대될 여지가 없었던 것이다. 물론 이는 동시에 단점이기도 했다. 그럼에도 우선 상권이 생긴다면 수혜를 입을 곳이 정해져 있고, 상권이 막 생겨나기 시작하는 초기였기에 상권의 확장 여부를 고려할 단계는 아니라는 생각이 들었다. 이러한 결론으로 나는 수강생들에게 이 지역을 투자 대상으로서 강력 추천했다.

결국 2016년 서울역 고가 공원화가 결정되었고, 그 주변 지역은 상업지역 또는 준주거지역으로의 용도변경 이야기까지 나왔다.

그러자 카센터 등으로 이용되고 있던 토지의 가격이 3.3㎡당 5,000만~6,000만 원으로 급상승했다.

내가 서울역을 추천했을 당시에도 이 사업이 시행될 가능성이 크긴 했지만, 혹여 개발이 진행되지 않았다고 해도 당시 상가주택의 가격이 개발 호재를 반영한 상태가 아닌 데다 수익률도 4% 이상 나오고 있었으므로 문제 될 건 없었다. 그러니 예상대로 된다면 대박이 나는 것이고, 아니어도 큰 상관이 없는 투자였을 것이다.

이와 같이 개발 호재에 대한 이야기가 전혀 나오지 않는 곳에 개인적인 판단으로 바로 뛰어들기보다는 개발 호재 이야기가 나오고 있는 지역 중 현실성 있고 실현 가능성이 큰 곳이 어디인지를 판단하고 투자하는 것이 중요하다.

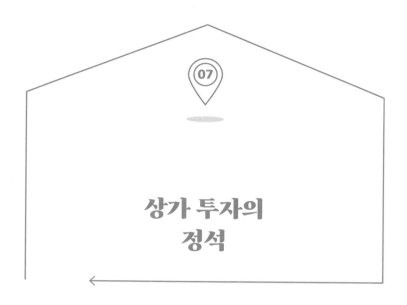

상가 투자의 정석

인구 고령화와 저금리가 지속되는 가운데 현금흐름을 선사하는 수익형 부동산에 관심을 갖는 이들이 점차 늘어나고 있다. 실제로 좋은 상가를 구할 수만 있다면 직접적인 노동력 투입 없이도 크게 신경 쓸 일 없이 은행의 몇 배 되는 수익을 꼬박꼬박 매달 얻을 수 있으니 당연히 좋을 것이다. 하지만 안 좋은 상가를 잘못 매수하면 다른 투자 대상을 잘못 고른 것과는 비교도 안 될 정도로 심각한 고통을 겪을 수밖에 없다. 따라서 상가는 주택을 구입할 때보다 특히 더 주의해야 한다.

정석 1. 누가 봐도 좋은 입지의 상가를 골라라

상권에 관해 적극적으로 공부해 본 이라면 금방 깨닫는 것이 있다. 상권을 분석하는 것이 대단히 어렵다는 것이다. 일단 상권 분석에 관해서만 전문적으로 다룬 책들을 읽어 보면, 그야말로 신경 써야 할 것이 한두 가지가 아니라는 걸 알게 된다.

사람들의 동선 파악부터 집객 요소, 시간대별 변화, 횡단보도, 버스정류장, 도로의 크기, 도로의 크기에 맞는 층수, 흐르는 동선인가 멈추는 동선인가 여부, 유동 인구, 유효 수요 등 파악해야 할 것이 말 그대로 산더미다. 그런데 결론적으로 말하자면, 이런 것들을 일반 투자자가 '공부'를 통해 숙지하기는 매우 어렵다. 좀 더 정확하게 말하면, 일반 투자자는 공부의 효율성 측면에서 볼 때 상대적으로 매우 경쟁력이 떨어진다는 것이다.

경쟁력이 떨어진다니, 그게 무슨 말일까? 상가 시장의 경우, 주거용 부동산 시장에서처럼 거의 비슷한 경험을 가진 사람들끼리의 경쟁이 아니다. 상가 시장의 참여자는 크게 일반인들과 실제로 장사를 하는 사람들로 나뉘는데, 일반인들은 웬만큼 공부해서는 상권을 분석하는 능력에 있어 장사꾼을 따라갈 수 없다. 경쟁력이 떨어진다는 것이 이런 의미다. 이처럼 상권 분석 능력은 본인이 그와 관련된 일을 실제 해봤거나 직접 장사를 해보지 않는 한 쉽게 생기는 것이 아니다. 따라서 장사를 해본 사람과 책상에 앉아 상가 공부를 한 사람과의 격차는 대단히 큰 데다 그 격차를 좁히기도 쉽지 않다.

아파트 시장과 한번 비교해 보자. 아파트 투자는 어떤가? 딱히 '선수층(?)'이 없다. 대다수는 아파트에 살거나 살아봤고, 대중의 일상이기도 하다. 아파트를 수십 채 가지고 있는 사람이라고 해도 결국 거주는 한 곳에서 하게 마련이다. 그러니 아파트 투자의 경험이 많은 사람이라고 해도 웬만한 사람들은 결코 접근할 수 없는 독보적인 경험을 가지고 있다고 볼 수도 없다. 수요층 역시 특정한 사람이 아닌, 대중이 대상이므로 공통의 선호도가 기반이다.

반면, 상가는 아파트에 비해 매우 폐쇄적이다. 우선 아파트처럼 규격화되어 있지 않다. 아파트는 시세가 정확히 나오지만, 상가의 경우 시세는 있어도 그게 정확한 것인지 파악할 수 없다. 서로 붙어 있는 상가라고 해도 상권이 확 달라지는 경우도 비일비재하다.

결국 상가 투자 시장은 프로와 아마추어의 싸움이 된다. 장사꾼들은 '목숨 걸고' 상권을 찾고, 투자자들은 '돈을 벌려고' 상권을 찾는다. 과연 그 수준이 비슷하겠는가? 장사꾼들은 매일 장사를 하면서 상권이 어떻게 변하는지, 어떤 상권이 살아남고 어떤 상권이 쇠락하는지를 체험한다. 주변에서 듣는 내용도 상당하다. 반면 투자자들은 몇 권의 책을 읽고 강의를 좀 듣다가 고작 몇 개월간의 공부 끝에 실전에 뛰어든다. 그러니 경쟁이 안 된다.

따라서 일반 투자자라면, 상가에 관한 부동산 책으로 공부하고 배운 것을 그대로 따라 하지 않길 진심으로 권한다. 그거 따라 하려다가 가랑이만 찢어진다. 차라리 하지 않는 게 낫다. 애초에 구조가 그렇기에 승산이 없다고 봐야 한다.

꾼들이 내놓는 상가들엔 '속임수'도 대단히 많다. 입지도 좋아 보이고, 수익률도 잘 나오고, 세입자도 말썽 피울 일이 없는 것처럼 교묘하게 포장한다. 그런 속임수에 일반 투자자들이 먹잇감이 되기 딱 좋다. 그런가 하면 가격이 저렴하고, 수익률도 잘 나오고, 공실 염려도 없고, 임대료도 올릴 수 있는 그런 좋은 상가라면, 주변에 있는 선수들이 재빠르게 채갈 가능성이 매우 크다. 그래서 일반인들은 이런 물건을 발견하기도 힘들고, 발견한다고 해도 고민하는 사이 선수들에게 뺏길 수밖에 없다.

내가 이렇게 '하지 말라'는 말을 상가 투자의 정석에서 서두로 꺼낸 이유는, 뭔가 특별한 상가, 크게 저평가된 상가, 경매로 싸게 사는 상가, 대중들의 눈에 가려진 상가, 이런 상가를 찾기 위해 공부하다가는 크게 망하기 때문에 그렇다. 그런 특별하고 좋은 것이 아마추어의 손아귀에 결코 들어올 수 없다는 것을 받아들이는 것이 우선이다. 그렇게 물건을 고르고 골라서 싸고 좋은 물건을 찾으려는 노력은 오히려 선수들의 먹잇감이 되려고 그 앞으로 점점 다가가는 행동이 될 수도 있다는 말이다.

예를 들어, 공실이 난 상가를 매수해서 그것을 '이렇게 저렇게 만들어서 상권을 살리면 큰 수익이 나겠지'라고 생각하는 것. 상가 공부를 조금이라도 해본 사람은 모두 이런 생각을 한다. 그런데 공실 중 99%는 장사가 안 되어서 발생하는 것이다. 노력만으로는 상권이 절대 형성되지 않는다. 물론 그럼에도 불구하고 임차인을 맞출 수는 있다. 문제는 임대 기간 내내 임차인에게 질질 끌려다닐 수밖에 없게 된다. 왜? 임차인 입장에서 '그 정도의 상가'는 널려 있기 때문이다. 언제든지 다른 곳으로 갈 수 있고, 언제든지 더 조건이 좋은 곳이 나오기만 하면 움직일 준비가 되어 있는 것이다.

임차인에게 질질 끌려다니려고 상가 투자를 한 것은 아니지 않은가? 그러니 이러한 상가 투자는 아무 의미가 없다. 그런데도 상가에 관한 책을 읽고 열심히 노력만 하면 '대박 상가'를 만들 수 있을 것처럼 이야기하는 사람이 많다. 이 때문에 시도하는 사람이 상당히 많지만, 백이면 백 모두 실패한다.

특히나 상가 투자는 실패할 경우, 매우 치명적이다. 아파트 투자는 실패해도 그냥 돈이 묶이는 정도이고, 이익이 나지 않는 정도다. 반면 상가는 실패해도 이자와 관리비를 계속 내야 한다. 공실로 1~2년을 보낼 경우 원금 모두를 날리는 수준까지 된다. '내가 노력해서 가치 있는 상가로 만들어볼 테다!' 같은 의욕만큼은 제발 고이 접어뒀다가 다른 곳에 쏟으라고 당부하고 싶다.

그렇다면 일반인은 상가 투자를 포기하란 말인가? 그건 아니다. 일반 투자자들이라면 특별한 상가를 찾지 말라는 뜻이다. 그냥 누가 봐도 좋은 입지의 상가를 찾아야 한다는 것이 정석이다! 누가 봐도 좋은 상가는, 말 그대로 누가 봐도 좋은 것이기에 상권을 분석하는 게 힘들지 않다. 더 중요한 것은 속지 않을 수 있다는 것이고, 속지 않는다는 것은 상가를 잘못 사서 크게 고생할 일이 없다는 의미다. 앞서도 말했지만, 상가는 잘못 사면 고생도 고생이지만 어마어마한 재산상의 손해를 입을 수가 있다. 그래서 상가를 잘 고르는 게 중요한데 그러기엔 시간이 너무 많이 걸리는 데다, 실수할 가능성도 매우 크기에 오히려 확실한 대안이 '누가 봐도 좋은 상가 고르기'라는 것이다. 이렇게 하면 일반 투자자도 충분히 접근할 수 있게 된다. 이미 상권이 자리를 잡아서 활성화된 곳은 웬만한 사람도 그다지 고민할 필요 없이 알 수 있기 때문이다. 그런 곳에 가서 좋은 상가를 적당한 가격에 고르기만 하면 된다.

단, 여기서 주의해야 할 것이 있다. 그런 상권에서도 '가격' 때문에 혹은 '더 높은 수익'을 내려는 욕심 때문에 무언가 본인이 손을 대면 좋아질 것 같은 입지의 상가를 찾는 사람들이 있다. 대개 그런 상가는 세 가지 설명으로 소개된다.

현재 공실이긴 하지만, 곧 임대가 맞춰질 것이고 수익률도 6%에 이를 것이다

가장 흔하게 들을 수 있는 사탕발림이다. 상가 임대가 곧 맞춰질 것인데 마침 당신에게 기회가 온 것이라고? 가능성이 매우 낮다. 주택이라면 실거주자에게 매도하기 위해 일부러 계획을 세우고 공실로 둘 수 있고, 전세에서 월세로 혹은 월세에서 전세로 바꾸기 위해 공실로 두는 것도 가능하다. 그러나 상가는 그럴 수 없다. 무조건 임대다. 그런데 공실인 상가를 당신에게 매도하려는 건 임대가 '아직' 안 맞춰진 게 아니라 임대를 '아예' 맞출 수 없는 경우일 가능성이 크다.

지금은 임대수익률이 낮지만, 곧 주변 아파트가 완공되면 유동 인구가 엄청 늘어서 수익률이 올라갈 것이다

이 역시 사탕발림이다. 아파트 완공만이 아니다. 온갖 호재들이 있다. 도로가 뚫린다, 정거장이 생긴다, 공원이 생긴다, 전철역이 생긴다 등. 하지만 상가는 주택과는 다르다. 주택의 경우 이러한 호재들이 주택 가격에 반영되기도 하고, 대개는 호재들이 실현되는 시점까지 꾸준히 가격이 오른다. 확실한 호재이고 실현 시점이 명확하다면 어느 정도 가격이 오른 상황에서 매입해도 추가적으로 가격이 더 오르는 일들이 벌어지는 것도 이 때문이다. 반면, 상가는 그렇지 않다. 이런 호재가 있다 해도 결국 유동 인구가 늘어야 하고, 더 중요한 건 그 유동 인구의 동선이 내 상가와 연결되어야만 한다. 이 같은 호재가 있다 해도 동선이 만들어지지 않는 경우가 비일비재할 뿐만 아니라, 유효 수요에 비해 상가의 수가 많다면 아무리 모든 조건을 다 갖췄다 해도 공실이 넘치는 상황이 발생한다는 게 문제다. 그런데 일반인이 해당 지역 상권의 힘에 비해 적당한 상가의 개수가 얼마인지까지 계산할 수 있을까?

대형 병원 또는 유명 카페 등의 입점이 확정됐으니, 서둘러 계약하는 것이 좋다

계약서까지 보여주면서 설명하면 정말 혹하기 쉽다. 그런데 이런 계약서는 대부분 양해 각서, 즉 MOU이다. 그야말로 의향서인 것이다. 이 상가를 임차할 의향이 있다는 걸 명시한 문서일 뿐이지, 정식 계약을 체결한 건 아니란 말이다. 심지어 정식 계약서처럼 작성된 것도 있는데, 특약에 보면 '이 계약은 이러저러한 상황이 되면 무효화하기로 한다' 같은 조건이 달린 경우도 있다. 그러니 결국 계약이 되지 않은 것이나 마찬가지이고 설령 계약이 되었다고 해도 특정 조건(전철역이 개통되면 그로부터 3개월 이내 입점한다, 스타벅스가 오픈한 뒤 2개월 이내 입점한다 등)이 충족된 후 입점하기에 실제로는 매우 오랜 시간이 지난 후 실현될 수도 있다. 그러니 그로 인한 피해는 어마어마할 수밖에 없다.

따라서 좋은 상권에 갔다면 군이 '창의성'을 발휘하려고 하지 말자. 상가 시장에서 그러한 창의성은 오히려 독이 된다. 그저 현재 상태로도 좋고 누가 봐도 좋은 상가를 선택하고, 가격만 적당한지 체크해서 투자 여부를 결정하는 것이 최고의 방법이다.

좋은 상권이 어떤 것인지는 어느 정도 알게 되었는데, 좋은 입지라는 건 무엇일까? 우선 공실 상태가 아니고, 누가 봐도 동선이 좋은 자리에, 1층인 상가다(이는 뒤에서 자세히 이야기하겠다). 이런 입지의 상가라면, 공실과 임대료 상승, 임대료 연체 등에 관해서는 비교적 걱정할 일이 없기에 시간이 흐를수록 가치가 더욱 올라간다. 그야말로 '투자'가 되는 것이다.

그런 상가는 비싸지 않나? 그렇다, 비싸다. 비싸도 그런 물건을 사야 한다. 비싸도 결국 이익으로 돌아오기 때문이다. 비싸도 결국 이익이 되는 이유는 다음과 같은 메커니즘 때문이다.

정석 2. 성장성이 있는 상가여야 한다

다음의 조건을 갖춘 A와 B라는 상가가 있다고 하자. 투자자로서 당신은 어떤 상가를 고를 것인가?

A와 B 상가

상가	매매가	연 수익	수익률
A	10억 원	5,000만 원	5%
B		3,500만 원	3.5%

* 단, B의 경우 매년 10%씩 임대료를 상승시킬 수 있다.

현재 수익률로 따지자면 당연히 A가 월등히 낫다. 그런데 막연히 이런 생각이 들지 않는가? 매년 10%씩 임대료를 올릴 수 있다는 B가 오히려 나은 게 아닐까? 한번 계산해 보자.

A와 B 상가의 5년간의 임대수익

연수	A	B
1	5,000만 원	3,500만 원
2	5,000만 원	3,850만 원
3	5,000만 원	4,235만 원
4	5,000만 원	4,658만 5,000원
5	5,000만 원	5,124만 3,500원
합계	2억 5,000만 원	2억 1,367만 8,500원

* B의 임대수익률은 1년 후부터 매년 1.1%씩 성장했다.

매년 임대료를 10%씩 올린다고 해도 B 상가가 A 상가의 수익을 생각만큼 빨리 따라잡을 수 있는 건 아니다. 결국 5년이나 돼야 A의 합산 수익을 많이 따라잡게 된다. 5년은 결코 짧은 세월이 아니다. 그러니 결국 A 상가가 좋다는 것인가? 아니다. 그럼에도 불구하고 B 상가를 사야 한다. 만약 5년이 지난 후 상가를 매도해야 한다고 생각해 보라. 어떤 일이 생길까?

A와 B 상가를 매도할 경우

항목	A	B
임대료	5,000만 원	5,124만 원
기대수익률	5%	3.5%
매매가	10억 원	14억 6,400만 원
총 수입(5년간)	2억 5,000만 원	6억 7,800만 원 (임대료 : 2억 1,400만 원 양도차익 : 4억 6,400만 원)

이처럼 어마어마한 차이가 생기게 된다. B 상가를 매수하여 얻을 수 있는 임대수익은 5년이 지난 후에야 겨우 A 상가 수익을 조금 못 미치는 정도가 되지만, 그것으로 끝나는 게 아니다. 여기에 기대수익률이라는 것이 들어가기 때문이다. 기대수익률이란 매수자 입장에서 '내가 이 물건에 투자하여 얻을 수 있는 수익률이 최소한 이 정도는 되어야 한다'는 기대가 들어간 수익률을 의미하는데, 보통 은행이자의 2배 수준이다. B 상가의 경우 매년 10%씩 임대료를 올릴 수 있다는 기대감이 있으므로 이것이 기대수익률에

반영된다. 따라서 이를 감안할 경우 5년이 지난 후 B 상가는 14억 6,400만 원의 가치를 지니게 되지만 A 상가는 처음 10억 원의 가치를 유지할 뿐이다. B 상가가 이 정도의 가치를 지니게 된 건 5년간 매년 10%의 임대료 상승이 이어져왔던 과거 덕분에, 연 수익률이 3.5%여도 괜찮다는 시장 합의가 이뤄지기 때문이다.

상가 투자의 핵심은 여기에 있다. 앞서 나는 상가 투자에서 가장 중요한 건 수익률이라고 했다. 아파트를 고르듯이 상가를 골라서는 안 된다고도 했다. 수익률을 확보하는 것도 중요하지만, 그건 첫 단추일 뿐이다. 그보다 중요한 건 바로 성장성이다. 해당 상가가 향후 임대료를 꾸준히 올릴 수 있는 곳인지 아닌지를 파악하는 것이 대단히 중요하다. 임대료를 올릴 수 있다면 그만큼 매매가가 올라갈 것이며, 거기에 향후 더욱 늘어날 임대료에 대한 기대감까지 더해져 상가의 가치가 더욱 올라갈 수 있기 때문이다.

현재 청담동이나 가로수길 등의 상가 건물의 수익률이 2%, 심지어 1% 정도라고 해도 거래가 되는 이유가 바로 이 때문이다. 당장은 2% 수익이 나오는 상가라고 해도 향후 계속 임대료를 올릴 수 있다는 기대감이 있기 때문이다.

정리해 보자. 투자 가치 있는 상가를 고를 때는 일단 수익률을 보라. 최소한 은행이자보다 높은 수익률이 보장돼야 한다. 하지만 이것이 전부가 아니다. 지금 당장 높은 수익률이 나오는 상가와 지금 당장은 수익률이 높지 않지만 앞으로 계속 임대료를 올릴 수 있는 상가가 있다면, 당연히 후자를 선택해야 한다.

앞서 예로 설명한 것은 독자들이 쉽게 이해할 수 있도록 상황을 단순화한 것이다. 그러나 실제 시장에 나가보면 온갖 사례들이 많다. 입지는 좋은데 수익률이 좀 떨어지는 상가, 입지는 좀 떨어지지만 수익률이 좋은 상가, 지금 당장은 수익률이 좋지만 더 좋아지는 데는 한계가 있는 상가, 지금은 그다지 수익률이 좋지 않지만 앞으로는 더 좋아질 가능성이 있는 상가 등. 이런 식으로 상가의 가격은 상당히 혼란스럽게 형성되어 있다. 그래서 수학공식처럼 딱 떨어지는 잣대로 이를 선택하기 쉽지 않다. 임대료를 올릴 수 있을 것 같다는 것도 확실한 게 아니고, 임대료를 얼마나 올릴 수 있을지도 정확히 예측할 수 없으니 정답이 있을 리 없다. 그럼에도 불구하고 최소한 이 정도의 개념을 갖고 상가를 찾아야 한다. 성장할 수 있는 상가가 아니라면 당장 좋은 수익률이 나온다고 해도 선택하지 말고, 성장할 수 있는 상가라고 하면 당장 좋지 않은 수익률(그래도 기본적인 수익률은 나와야 한다)이 나오지 않는다고 해도 선택해야 한다.

정석 3. 임차인이 돈을 벌 수 있는 상가여야 한다

상가가 안정적인 수익을 올리려면 임차인의 장사가 잘돼야 한다. 간혹 자신의 이익에 눈이 멀어서 본질을 고려하지 못하는 사람들이 있는데, 상가의 수익은 결국 임차인이 좌우한다는 걸 기억하

자. 상가는 임차인이 장사를 할 만한 자리라고 판단할 수 있는 물건이어야 한다. 즉, 임차인이 임대료를 내고 난 뒤에도 이익이 생길 거란 확신이 있어야 그 상가에 세입자로 들어온다는 말이다. 그저 주인에게 임대료를 주려고 들어오는 임차인이 있겠는가. 이게 상식임에도 불구하고 상가의 소유자들은 가끔 본인이 갑이라고 생각하면서 이를 잊어버리는 것 같다.

그러니 상가 투자로 수익을 얻고 싶다면 반드시 스스로 임차인의 마음, 임차인의 입장으로 접근해 과연 이 정도의 임대료를 내고 이 상가에서 장사할 수 있을지를 심각하게 고민해 보라. 임차인의 마음이 되려면 가장 먼저 사람들의 동선부터 파악하라.

앞에서도 언급했듯 상가를 고를 때는 아파트를 고를 때와 같은 기준으로 접근해선 안 된다. 이런 저런 조건이 좋다는 식으로 볼 게 아니라 이 상가에서 물건을 구입할 실질적인 소비자들이 어떤 사람들이며, 이들이 어떻게 움직이고 있는지 파악해야 한다. 그리고 동선 파악은 시간대별로 나누어서 해야 한다. 특히 특정한 시간대에만 장사하는 업종이라면 반드시 그 시간대를 확인해 그 시점에 사람들의 동선을 살펴라. 그 후 임차인의 입장에서 얼마만큼의 월세라면 상가를 빌려 장사할 수 있을지 계산해 보라. 바로 그 금액이 정확한 월세 수준이 되는 것이고 이를 통해 투자금 대비 수익률을 확인할 수 있다. 이때 괜찮은 수익률이 나온다면 괜찮은 상가가 되는 것이다.

여기서 잠깐. 장사를 오래 해온 사람들이 바이블처럼 여기는 임대료의 공식이 있다.

'임대료는 3일 매출액 이내가 되어야 한다.'

이것이 바로 그들의 공식이다. 즉, 임차인이 상가 임대료로 300만 원을 내면서 치킨 가게를 열었다고 하자. 이때 3일 동안 매출이 300만 원이 나오지 않는다면 그 자리는 임차해서는 안 된다는 말이다. 이는 임대료가 비싸다는 의미다.

'젠트리피케이션gentrification'이라는 말이 있다. 도심에 가까운 낙후 지역에 고급 상권 및 주거지역이 새로 형성되면서 원래의 거주자 및 임차인들이 다른 지역으로 쫓겨나게 되는 현상을 뜻한다. 상권이 갑자기 발달한 곳에서 건물주가 임대료를 지나치게 올리면 그 임대료를 감당하지 못하는 임차인들이 어쩔 수 없이 다른 지역으로 빠져나가는 것이다. 건물주 입장에서 과연 현명한 일일까? 건물주와 임차인 모두가 장기간 이익을 누려야 한다는 의미에서 바람직하지 못하다. 주인 입장에서는 임대료를 많이 올려도 들어올 사람들은 널려 있으니 배짱을 부리는 것이겠지만 그렇다고 원칙이 변하는 건 아니다. 그렇게 가격을 올리다 보면 언젠간 그 가격을 받아줄 사람이 사라지게 되고 그때가 되면, 이미 상권은 더 이상 회복할 수 없을 정도로 나빠졌을 가능성이 크다. 그 대표적인 사례가 신촌과 압구정 상권이다. 따라서 단순히 시세로만 임대료를 판단할 것이 아니라, 임차인의 눈으로 본 임대료를 계산하여 그 상가의 가치를 따져봐야 한다.

정석 4. 1층 상가만 보라

좋은 입지의 상권 중에서도 일반인은 무조건 1층 상가만 보는 게 좋다. 좋은 상권의 1층 상가엔 예외 없이 권리금이 붙어 있는데, 이 권리금 때문에라도 공실이 발생할 가능성이 없기 때문이다.

현시점 상가임대차법에는, 임차인이 권리금을 받고 다른 임차인에게 임차권을 양도하는 것을 주인이 거부할 수 없도록 되어 있다. 따라서 과거처럼 주인이 자신이 쓰고자 혹은 다른 사람에게 더 비싸게 임대를 주고자 임차인을 내보내는 게 불가능하다. 권리금을 주인이 책임질 필요는 없으나, 권리금 거래 자체는 공식적으로 인정된 셈이다.

다만 권리금이 공식적으로 인정되었다고 해서 권리금의 금액이 보장된 건 아니다. 이건 그야말로 임차인들 간의 거래다. 권리금은 더 올라갈 수도, 내려갈 수도 있다. 보통의 상권에서는 권리금이 동일한 금액으로 거래된다. 즉, 임차인이 3,000만 원의 권리금을 내고 들어왔다면 나갈 때도 3,000만 원의 권리금을 새 임차인에게 받고 나가야 하는 것이다.

하지만 A급 상권의 경우 권리금이 상당히 비싸다. 기존 집기 등을 전혀 사용하지 않는 경우라고 해도, 1층 상가는 권리금이 억대를 호가한다. 임대료보다도 권리금을 더 고려해야 하는 것이다. 기존 임차인도 억대의 권리금을 내고 들어왔기에, 나갈 때도 그 정도를 받지 않으면 나갈 수 없다. 그럼 어떻게 될까? 단 하루도 공실이 없는 상황이 된다.

수익률을 계산해 보면 알겠지만, 공실이 한 달만 나도 수익률은 1% 이상 떨어진다. 공실이 생기면 임대료뿐 아니라 관리비도 주인이 내야 한다. 따라서 상가 투자 시엔 공실 발생의 위험을 줄이는 것이 대단히 중요하다.

이처럼 가장 중요한 문제를 해결하는 방법이 1층 상가를 선택하는 것이다. 물론 2층이나 3층, 또는 그보다 더 높은 층에도 공실이 나지 않을 수 있다. 특A급 상권(강남역 같은 곳의 이면도로 상가의 3~4층에 입점한 술집 등은 공실 가능성이 거의 없다)이나 택지개발지구의 핵심 상권, 학원이나 병원이 들어와 있는데 다른 대체 장소가 없는 상권 등은 1층 같은 효과를 낸다. 다만 그런 곳을 알아내려면 조사해야 할 것도 많고, 무엇보다 어렵다는 것이 문제다. 한마디로 훨씬 더 많은 시간과 노력이 필요하기에 가성비 떨어지는 투자전략이 된다. 이러한 이유로 일반인이라면 그냥 적당한 금액의 1층만 보리라 생각하고 접근하라. 그것이 리스크 측면에서나 시간 절약 측면에서도 매우 유리하다.

정석 5. 적당한 가격과 상권의 지속성을 체크하라

누가 봐도 좋은 자리의 상가가 반드시 투자성이 있는 건 아니다. 결정적으로 두 가지 문제가 있을 수 있다. 첫째, 그런 입지라면 대개 가격이 비쌀 수 있는데, 비싸면 아무 의미가 없다. 둘째, 쇠락하는 상권일 수 있는데, 이에 해당하면 의미가 없다. 투자를 결정하기 전 이 두 가지 결정적인 문제가 없는지 체크해 봐야 한다.

첫째, 상가가 비싸다는 건 수익률이 좋지 않다는 의미다. 여기서 수익률은 그 시점 은행이자와 비교해서 보면 된다. 일반적으로 상가의 수익률은 은행 이자율보다 약 1.5배 정도 높은 수준이 적당하다. 지금 말하는 은행 이자율이란 제1금융권 은행이 아닌, 저축은행의 정기적금처럼 리스크는 없고 가장 높은 이자를 지급하는 상품의 이자율로, 그런 은행들의 상품 평균 이자율이라고 보면 된다. 단, 특별한 상품이나 이벤트성 상품은 제외된다. 2022년 9월 기준으로 보면, 약 2.5%가 가장 높은 '무위험수익률'이다. 이의 1.5배면, 3.75%다. 따라서 3.75%의 수익률이 나오지 않는 상가는 일단 좋은 상가가 아니라고 봐야 한다.

단, 주의할 것이 있다. 우선 대한민국 특A급 상권에는 이 정도의 수익률이 나오는 경우가 거의 없다. 강남, 홍대, 성수동, 건대 같은 상권이 그렇다. 이런 상권은 앞서 설명한 대로 워낙 좋은 상권이라 거의 매년 임대료를 올릴 수 있기에 성장성이 높다는 의미인데, 결국 미래의 성장성을 현재의 가격에 미리 반영하고 있기에 그렇다. 따라서 이런 상권의 상가를 대출을 받아서 매수하는 것은 좋은 전략이 아니다. 이런 상권은 자금이 매우 많아서 가진 현금만으로 투자할 수 있거나, 수입이 엄청 많아서 이자를 많이 내더라도 아무 지장이 없는 사람들에게나 유용한 투자처다. 따라서 이런 상권을 제외한 A급 상권의 1층 상가의 수익률이라면 은행 이자율보다 최소 1.5배 높은 수익률은 나와야 한다.

간혹 몇십억, 몇백억짜리 건물을 상당한 금액의 대출을 받아 매수한 연예인의 사례를 매스컴을 통해 듣게 된다. 대부분 유명 상권의 건물이긴 하나 내용을 자세히 들여다보면, 임대수익이랄 게 전혀 없고 오히려 돈을 계속 부어야 하는 경우일 때가 많다. 연예인은 잘나갈 때 수입이 많다 보니, 버는 동안 이자를 감당하며 버티는 전략을 선택하는 것이다. 반면 일반인이 이러한 투자법을 따라 했다가는 큰 곤욕을 치를 수 있다. 이 같은 차익형 투자를 하고 싶다면 주거용 부동산으로 하는 것이 훨씬 유리하다. 따라서 '연예인이 했으니 나도 해봐야지' 같은 무모함은 자제하길 바란다.

상가 수익률이 좋은지 나쁜지를 파악할 때, 쉽게 계산하는 방법도 있다. 그 시점 대출이자보다 액면수익률(대출 없이 현금으로 투자했을 시 나오는 수익률)이 높으면 상가의 수익률이 괜찮다고 보면 된다. 그래야만 대출이란 레버리지를 이용할 수 있고, 이를 통해 수익률을 크게 올릴 수 있기 때문이다. 예를 들어보자.

매매가 10억 원, 월세 350만 원인 상가의 액면수익률

매매가	취득세율	취득세	보증금	투자금	월수입	연수입	수익률
10억	4.60%	4,600만	5,000만	9억 9,600만	350만	4,200만	4.22%

상가는 취득세가 비싸므로 수입을 계산할 때는 취득세까지 포

함해서 계산해야 하고, 보증금이 있기에 보증금을 제한 금액이 실제 투자금이 된다. 이렇게 실제 투자금을 계산한 후 이를 연수입으로 나누면 수익률이 나온다. 이 상가의 경우 4.2%의 수익률이 나오므로 괜찮은 상가가 되는 셈이고, 이런 수익률이 나오면 대출을 일으킬 수 있다.

대출을 받아 상가를 매수했을 시

매매가	대출	대출금액	대출이자율	연이자	투자금	실제 연수입	수익률
10억	70%	7억	3.40%	2,380만	2억 9600만	1,820만	6.15%

대출은 상황에 따라, 또 개인 신용에 따라 90%까지도 받을 수 있지만, 60~70%가 일반적이다. 여기서는 70% 대출을 받는 것으로, 이자율은 3.4%로 계산했다. 상업용 건물의 대출이자율 역시 상황에 따라 다른데, 2022년 현시점 주택담보대출보다는 현저하게 낮지만 그 반대가 되는 경우도 있다. 따라서 이는 시장 상황에 맞춰 계산해야 한다.

앞의 경우를 계산해 보면, 실제 액면수익률과 대출이자율의 차이는 1%도 안 되지만 대출을 활용하면 실제 수익률이 무려 2%가량 올라가는 것을 알 수 있다. 따라서 상가 투자는 은행 대출이자율보다 높은 수익률이 나오는 대상을 고르고, 대출을 충분히 받아서 투자하는 것이 유용한 전략이다.

이렇듯 중요한 것은, 수익이 '적당히' 나와야 한다는 것이다. 그런데 적당한 수익이 아니라, 과도하게 많은 수익이 나오는 상가라면 무조건 의심해야 한다. 아니, 의심할 필요도 없다. 무조건 문제가 있다고 보면 된다. 좋은 상권, 좋은 입지의 물건이라는 전제하에서는 그렇다. 좋은 상권과 좋은 입지에서 그처럼 많은 수익이 나오는 물건이 매물로 나온다는 게 현실적으로 매우 드물고, 설령 나왔다고 해도 그 사정을 잘 알고 있는 사람들 사이에서 거래되는 게 일반적이라서 일반 투자자들에게까지 공개될 가능성은 희박하기 때문이다. 따라서 '적당한 수익이 나오는 물건을 적당한 가격에 사는 것'이 매우 중요하다.

두 번째 주의해야 할 것은, 상권의 쇠락이다. 어떤 것이든 영원한 것은 없다. 현재 A급 상권이라고 해도 그 상권이 영원하리란 보장은 없다. 언젠가는 쇠락할 수 있다. 따라서 그럴 가능성이 있는가 아닌가를 유심히 살펴보고 신중하게 판단해야 한다.

과거 상권이 쇠락한 사례 중에 신촌 상권, 압구정 상권, 이태원 상권 등이 있다. 이들이 쇠락한 데는 각기 이유가 있다. 신촌의 경우 변화된 세대들의 정서에 맞지 않는 상권 구성이 원인이었고(반면 새로운 감각의 홍대 상권이 탄생하면서 소비자들이 이동했다), 압구정은 지나치게 오른 임대료와 극상위 계층만의 소비 공간으로 자리 잡으면서 대중의 외면을 받게 되었다. 이태원은 경사지에 자리 잡은 지형적인 문제로 상권이 확장되는 데 한계가 있었고, 교통도 그다지 편리하지 않아 접근성 측면에서도 문제가 있어 크게 성장하지 못했다.

이처럼 쇠락하는 상권의 조건을 나열하자면 너무나 많기에 여기서는 생략하겠다. 다만, 앞서 말한 사례들을 떠올리면서 해당 상권이 소비자들의 마음이 돌아서고 있는 곳은 아닌지 파악하고자 노력해야 한다. 이를 비교적 쉽게 알 수 있는 방법이 하나 있다. 상권 주변에 떠오르는 신흥 상권이 있는지 보는 것이다. A급 상권이 기세등등하게 그 상권을 유지한다면, 대개는 상권이 확장되는 모습을 보인다. 반면 상권이 점차 쇠락하는 경우에는 그와는 좀 떨어진 곳에 새로운 상권이 탄생하는 경우가 많다. 그런 상권이 생긴다는 것은, 기존의 상권을 이용하던 소비자들이 근처의 다른 곳으로 이동했다는 의미로 볼 수 있다. 이런 경우라면 현시점 A급 상권의 좋은 입지의 상가라고 해도 투자하지 말아야 한다.

다행스러운 게 있다면, 이러한 변화가 하루아침에 벌어지지는 않는다는 점이다. 신촌 상권이 홍대 상권으로 이동한 것은 1~2년 사이에 벌어진 일이 아니다. 거의 10여 년에 걸쳐서 이뤄졌다. 따라서 조금만 신경을 곤두세우면 충분히 감지할 수 있고, 대응할 시간도 있다. 이런 점을 염두에 두고 상권을 결정해야 한다.

정석 6. 분양하는 상가는 쳐다도 보지 말라

상가를 구하는 사람들이 가장 많이 겪는 사례가 바로 분양하는 상가를 매수하는 것이다. 결론적으로 이야기하겠다. 분양 상가를 매수하는 경우, 대부분은 망하고 그중 10% 정도만이 그저 그런 수익을 낸다.

왜 이런 일이 벌어질까? 우선 건설사들의 욕심이 개입되기 때문이다. 상가는 항상 아파트 분양이 모든 끝난 후 분양을 시작한다. 아파트는 아무리 이익을 남기려고 해도 분양가 상한제가 있고, 주변 시세도 있어서 한계가 있는 반면, 상가는 그야말로 제한이 없다. 얼마든지 높은 가격에 분양할 수 있다는 말이다. 게다가 아파트를 분양한 이상 인구가 늘 것이 당연하기에 대중의 눈에는 상권도 함께 좋아지리라 착각하기 쉽다. 이때가 기회가 된다. 아파트 입주가 완전히 끝나지 않아 기대감이 충만한 이 시점이 사람들을 현혹하기 좋은 때가 되는 것이다. 그래서 건설사들이 실제로는 불가능할 금액대의 예상 수익률을 제시하며 사람들을 유혹한다. 아니, 어쩌면 그 정도의 예상 수익률이 가능할 수도 있다. 그 상가 하나만 있다면 말이다. 하지만 일반인들은 이러한 상가가 총 몇 개인지, 몇 개가 있어야 적정한지 파악할 수 없기에 건설사들이 제시하는 예상 수익률을 그대로 믿는다.

그럼 건설사가 욕심을 좀 덜 부리면 되지 않을까? 건설사가 상가를 좀 싸게 파는 대신 빨리 팔면 더 이익이 나지 않을까? 절대 그런 일은 벌어지지 않는다. 아파트와 한번 비교해 보자. 아파트는 그 수가 상당히 많다. 그래서 이익을 좀 덜 남기더라도 빨리 파는 것이 관건이다. 반면, 상가는 그렇지 않다. 이미 아파트로 손익분기점은 넘겼고 게다가 상가는 아파트와 비교하면 그 숫자가 매우 적다. 급할 게 없다는 말이다. 서둘러 팔려는 동기가 생기지 않는 것도 당연하다. 늦게 팔아도 좋으니 충분한 이익을 남기고자 하는 의지가 바뀔 여지가 없는 것이다.

또 다른 측면도 있다. 건설사들은 상가를 직접 팔지 않는다. 대개 분양회사에 위탁하는데, 이때 분양회사에 주는 수수료가 어마어마하다. 수수료가 어마어마하다는 것은 그만큼 상가 가격에 이미 이익을 어마어마하게 붙였다는 의미다. 수수료가 어마어마하다 보니 분양회사들은 관심을 보이는 이들에게 온갖 정성을 쏟아, 아니 정말 끈질기게 달라붙어 상가를 팔려고 한다. 대부분의 일반인은 이러한 정성을 받아본 적이 없다 보니, 그 정성(?)에 감동하는 경우가 많다. 그래서 마침내 이런 마음을 먹게 된다.

'아이고, 저렇게까지 하는데 좋은 거니깐 저러겠지. 그리고 뭐 부동산이 날아가는 것도 아닌데, 무슨 문제가 있겠어?'

이러한 마음으로 상가를 매수하는 순간부터 고통이 시한폭탄처럼 카운트 다운을 시작하는 것이다. '정말 돈 되는', '정말 좋은', '정말 남에게 주기 아까운' 그런 물건을 그렇게 끈질기고 정성껏 알려주는 사람은 세상에 결코 존재하지 않는다는 걸 기억하라. 그저 자신에게 돌아올 이익이 크기에 그렇게 하는 것이다. 정말 그 위치의 상가를 매수하고 싶은가? 그렇다면 완전히 지어진 후 임대까지 맞춰진 다음에 매수하라. 그래도 전혀 늦지 않다.

정석 7. 금리가 급격히 오르는 때를 노려라

앞에서 상가의 적정한 수익률이 어느 정도인지에 대해 이야기 했다. 다만 서울의 괜찮은 상권이나 수도권 일대의 괜찮은 상권의 1층 상가인 경우 그 정도 수익률이 나오는 대상을 찾는 건 쉬운 일이 아니다.

하지만 쉽지 않다고 해도 이렇게 마음을 먹으면 된다. '1년 동안 쉬엄쉬엄 찾으면서 1년에 하나만 투자하자.' 아파트와는 매우 다른 투자법이다. 아파트는 지금 사지 않으면 가격이 확 오르기도 하기에 마음이 조급해지지만, 상가는 사실 장시간을 두고 조금씩 오르기에 그렇게 급하게 마음먹을 필요가 없다. 그저, 1년 동안 이 것저것 따지고 살펴서 하나를 사겠다고 마음먹으면 된다.

그런데 특A급 상권, 즉, 강남역이나 홍대, 건대, 서울숲, 신사동 같은 곳이라면 아무리 기다려도 적절한 수익률이 나오는 상가조차 나오지 않을 것이다. 이런 곳들은 거의 완벽하게 '그들만의 리그' 가 된 상태다. 금액 자체도 매우 커서 일반인의 접근조차 어렵다 보니, 상가 소유주들이 모두 여유 있는 사람들이다. 어떻겠는가? 평생을 살아도 그들에겐 갑자기 상가를 팔아야 할 일이 거의 생기 지 않는다(이런 지역의 상가 건물은 상속되면서 자녀들 사이에 분쟁이 발 생했을 때 매물로 나오는 경우가 대부분이다). 그러니 '급매 물건'이나 '매우 싼 금액의 물건' 같은 건 애초에 나오지도 않고 심지어 적절 한 수익률이 나오는 물건조차 없다고 보면 된다(현재 강남역 등의 상가 수익률은 대략 1.5% 수준이다).

게다가 문제가 또 있다. 이렇게 가뜩이나 급할 게 없는 사람들이 소유주인데, 이건 상업용 부동산이지 않은가? 월세가 계속 나오고 또 공실도 없다. 그러니 도대체 어떤 상황이 되어야 상가를 내놓겠는가? 이런 곳에서 중개인에게 "급매 나오면 연락주세요"라고 말해두는 건 그저 혹시나 해서 던져두는 것으로는 의미가 있지만, 크게 기대하지 않는 게 좋다.

그런데! 이런 특A급 상권에서도 물건이 나오는 때가 있다. 바로 금리가 급격히 오르는 때이다. 왜 그럴까? 금리가 급격히 오르면, 일단 수익률이 매우 나빠진다. 수익률보다 더 큰 문제는 공포감이다. 앞으로 더 금리가 오르면 어쩌지, 싶어지는 것이다. 인간은 늘 미래의 위험에 대비하려는 경향이 있어서 금리가 더 오르기 전에 먼저 행동하려는 사람들도 반드시 있게 마련이다. 금리가 더 오르면 상가 가격이 더 떨어질 테니, 그러느니 지금 빨리 팔아버리자고 생각하는 사람이 나온다는 말이다.

또한, 이런 곳의 상가를 가진 이들 대부분은 '현금부자'들이지만, 간혹 그렇지 않은 경우도 있다. 당장 가진 현금 자산은 많지 않은데 매달 들어오는 수입이 많은 이들이다. 이런 사람들은 대출이자를 내는 것이 부담스럽지 않기에 과감하게도 엄청난 비중으로 대출을 받아서 상가를 매수한다. 기사에서 종종 소개되는 수십억, 수백억짜리 건물을 샀다는 연예인 중에도 모조리 현금으로 매수한 이가 있는가 하면 엄청난 대출을 일으켜 매수한 이도 있다. 후자라면 월세는 새 발의 피일 뿐이고, 적지 않은 대출이자를 고스란히 자신의 수입에서 내고 있을 것이다. 그럼에도 수입이 많기에 괜찮다.

사실 이런 투자는 당연히 별로 권하고 싶지 않은 투자이자 위험한 투자다. 하지만 수입이 월등하게 많다면 이런 투자를 해보고 싶다는 생각이 강렬해질 테고, 위험하다고 말린다고 해서 그런 이들이 내 말을 들을 것 같지도 않다. 하여간 이런 투자를 해도 예상대로 수입이 계속 많다면 아무 문제가 없다. 이러한 특A급 상권의 건물은 시간이 지나기만 하면 어쨌든 가격이 오르기에 결국 이익을 보게 된다. 그래서 이런 방식의 투자는 차익을 노리고 아파트에 투자하는 것이나 다를 바 없다.

하지만 이 같은 투자가 늘 성공으로 귀결되는 건 아니다. 수입에 문제가 생기면 건물을 팔아야 한다. 최고의 스타로 잘나가던 연예인이 음주운전이나 학폭, 성추행 등으로 하루아침에 연예계에서 퇴출되는 일도 비일비재한데, 그렇게 되면 갑자기 수입이 끊기면서 대출이자에 대한 부담이 어마어마하게 커진다. 심지어 금리가 급격하게 상승하는 시점이라면 어떻겠는가?

이런 식으로 대출이자가 부담스럽게 된 사람이나 앞으로 건물의 가격이 떨어지리라 예상하는 사람들의 물건이 나올 수 있고, 금리가 급격히 상승하는 시점에는 이런 매물의 숫자가 꽤 되기에 일반인들의 귀에까지 들릴 수 있다. 그렇다면, 이는 일생일대에 거의 오지 않는 기회라고 봐야 한다. 여건만 된다면 적극적으로 매수해야 한다는 말이다.

다만, 주의해야 할 것이 있다. 이런 상황에서 지나치게 욕심을 부리면 안 된다. 즉, 특A급 지역의 물건을 시세의 반값에 사려고 하거나 액면수익률 10% 이상일 때 사겠다는 식의 욕심은 버리는 게 좋다. 실제 그런 사례가 있었다. 2008년 금융위기가 왔을 때, 이것이 일생일대의 기회라는 걸 인지한 사람이 강남역의 건물을 매입하기 위해 내게 상담을 요청했다. 그는 충분히 가격이 떨어진 지금 건물을 매입해도 되느냐고 물었다. 나는 당연히 지금이 기회라며, 매입을 권유했다. 그런데 그가 말했다. "IMF 때처럼 가격이 더 떨어지지 않을까요? 아직 반값 정도는 아닌데……." 그 말에 나는 "그럴 가능성이 없는 건 아니지만 희박한 일이고, 이런 특A급은 물건 자체가 귀하기 때문에 설령 그런 상황이 온다고 해도 물건을 손에 넣게 될지는 매우 불투명합니다. 게다가 이 정도 떨어진 가격에만 매수해도 충분히 이익이 되는 수준이니 지금이 기회라고 생각하고 매입하는 것이 좋습니다"라고 했다. 어떻게 되었을까? 그는 더 기다려보기로 결정했고, 결국 아무것도 매수하지 못했다.

이렇듯, 일생일대의 기회가 왔을 때, 너무 욕심을 부리다가 기회를 날려버리는 일은 하지 않게 주의하자. 마침 2022년 10월 현시점, 상가 투자 시장에는 일생일대의 기회가 오고 있는 것처럼 보인다. 앞서 정리한 원칙들을 꼭 염두에 두고 현장의 물건들을 체크해 보라.

또한 금리가 급격히 인상되는 시점이 되면 특A급 물건에만 기회가 있는 건 아니다. 당연히 다른 모든 A급 상가에도 매수 기회가 열린다. 이러한 기회를 적극적으로 활용할 필요가 있다.

투자의 세계는 생물처럼 끊임없이 변화한다. 정석을 잘 숙지하여 이를 기본으로 삼되, 변화하는 시장에 맞게 그 시점에 가장 맞는 전략은 무엇일지, 가장 유리한 투자 대상은 무엇일지를 끊임없이 연구하라. 이러한 자세를 갖춘다면, 어떠한 상황이 와도 늘 적합한 투자 대상이 있다는 걸 알게 되고, 결과적으로 어떠한 상황에서도 매우 높은 투자수익을 누릴 수 있을 것이다.

재테크에 지친
당신을 위하여

재테크를 하려면 당연히 종잣돈이 필요하다. 그런데 종잣돈을 만
드는 건 결코 쉬운 일이 아니다. 특히 요즘처럼 취업난과 불안정한
일자리, 치솟는 집값, 물가상승으로 인한 생활비 증가의 압박 속에
서 살아가는 이 시대 젊은이들이 부모의 경제적인 도움을 받지 않
고서 혼자서 종잣돈을 마련하는 건 매우 힘들다. 이러한 사회적,
경제적 압박으로 인해 연애와 결혼, 출산을 포기하는 '3포 세대'를
보면 참으로 안타깝다.

다만 조금 의아한 부분도 있다. 연애와 결혼을 하지 않으면 월
급의 절반 정도는 저축할 수 있고, 월급의 절반 정도를 저축할 경
우 3년 정도 모으면 3,000만~4,000만 원까지 만들 수 있지 않을
까 하는 생각이 들어서다. 그런데도 청년들은 돈을 모은다는 것조

차 꿈도 꿀 수 없다고 말한다. 왜일까?

자세히 들여다보니, 우선 대학시절에 받은 학자금 대출이 문제다. 사회생활을 시작한 뒤 학자금 대출을 갚으려고 하다 보니, 당연히 월급이 들어오자마자 큰돈이 빠져나간다. 그다음 주거비용이 문제다. 직장 때문에 부모와 같이 살지 못하고 혼자 거주하게 되면, 주거비용으로 최소한 월급의 1/4 이상이 나간다.

따라서 미혼 청년들이 최소한 종잣돈을 모을 수 있을 정도가 되려면, 부모가 대학 학자금은 지원해 줘야 하고, 결혼하기 전까지는 함께 살 수 있어야 한다. 그게 안 되면 종잣돈을 마련한다는 건 그야말로 꿈이 되는 것이다.

결혼을 한 세대들도 마찬가지다. 부모의 도움을 받지 못할 경우 우선 주거 공간을 마련하는 데 엄청난 대출이 필요하다. 주거 대출 비용을 감당하는 데 월급의 상당 부분이 사라진다. 게다가 학자금 대출이 남아 있는 경우라면 더욱 부담이 커지고, 거기에 양가 부모에 대한 기본적인 공양, 경조사비 등까지 제하고 나면 최소 생계비 수준만 남는다. 그러니 자연스럽게 출산을 포기하게 되는 것이다.

상황이 이렇다 보니 종잣돈을 마련할 수 있는 유일한 길은 '절약'밖에 없다. 그래서인지 알뜰살뜰한 절약 노하우가 많은 이들 사이에서 공유되고 있는 것 같다.

그런데 이런 절약 노하우에는 한계가 있다. 아무리 절약해도 재테크를 위한 종잣돈을 마련하려면 꽤 오랜 시간이 걸리기 때문이다. 그저 수치적으로 계산한다면 60세가 되어서야 겨우 재테크를 할 수 있을 것이다. 이런 현실을 생각하면 당연히 지치게 된다. 종잣돈 마련을 위해 청춘을 흘려보낸다고? 허무한 일이 아닐 수 없다. 그래서 나는 이렇게 종잣돈을 마련하느라 지친 이들에게 사막의 오아시스 같은 대안을 제시하고 싶다. 그 대안이란 이것이다.

"그냥 써라!"

너무 절약하지 말고, 써야 할 때는 돈을 써라. 그럼 어떻게 다음 일을 도모할 수 있느냐고? 그렇게 해서 어떻게 이 쳇바퀴 같은 인생에서 벗어날 수 있겠느냐고? 이 말이 번 돈을 모조리 다 쓰라는 말은 아니다. 그저 아껴야 한다는 생각에 온 신경을 곤두세우며 살지 말라는 뜻이다. 절약할 수 있는 부분은 아껴서 돈을 모으되 더 빨리, 더 많이 모으기 위해서 지나치게 힘들게 살지는 말자.

그럼 무슨 대안이 있는가? 그 대안이란 지식이다. 종잣돈을 만들기 위해 악착같이 절약하는 정성으로, 더 많이 공부하라. 인생의 성공과 실패는 지식에 달려 있다. 더 많이 공부해서 더 많은 것을 알게 되면 내 손에 쥔 종잣돈으로 마법을 부릴 수 있다.

이 책에서 줄곧 다루었지만, 투자자에게도 '급'이라는 게 있다. 더 높은 수준에 이른 사람은 적은 액수의 종잣돈을 가지고도 더 큰 수익을 낸다. 그 단계에 이르면 되지 않겠는가? 이 단계에 이르도록 공부하는 것이 이 단계에 이르도록 돈을 모으는 것보다 더 빠르다. 물론, 절약을 더 많이 해서 더 많은 돈을 빠르게 모으고, 더불어 공부도 많이 할 수 있으면 좋다. 그러나 절약을 지나치게 강조하는 생활습관은 몇 가지 문제를 낳는다.

첫째, 절약을 너무 오랫동안 하다 보면 지치게 된다. 삶에 지친다는 것은 인생을 불행하게 보낸다는 뜻이다. 인생을 불행하게 보낼 만큼 우리에게 주어진 시간은 그리 길지 않다. 둘째, 이렇게 삶에 지치면 상대적으로 보상심리라는 게 더 커진다. '내가 어떻게 고생해서 모은 돈인데' 하는 보상심리가 작용하면 대박이 나는 건수만 찾아다닌다거나 반대로 지나치게 보수적인 투자처만을 찾는 실수를 범하게 된다. 둘 다 투자에 있어서는 미련한 행동이다. 셋째, 절약이 지나치면 지식에 대한 투자에도 인색해지기 쉽다. 강의를 듣거나 책을 구입하는 식의 투자는 금액이 정확하지만, 사람에 대한 투자 같은 건 다소 애매한 부분이 있다. 누군가에게 사례하는 것, 누군가에게 감사의 뜻을 전하는 것 등은 눈에 보이지 않는 투자다. 따라서 이런 부분에 대단히 인색해지기 쉽다. 하지만 결국 그것이 투자의 성패를 가르는 갈림길이 되는 경우가 허다하다.

따라서 나는 지나치게 절약하는 습관은 버리라고 조언하고 싶다. 적당히 절약하라. 그리고 지식에 대한 투자에 지갑을 열고, 주변 사람들에게 고마움을 표하는 데 인색하지 말자.

조금 과장해서 말하면, 충분한 지식만 있으면 '인생 역전'이 가능하다. 물론, 지식만 쌓는다고 당장 할 수 있는 건 아니다. 필요한 지식을 쌓는 것과 동시에 그 '때'라는 것이 와야 한다. 경험을 토대로 보건대, '때'는 반드시 찾아온다. 그러니 굳이 인생을 지친 상태로 살아갈 필요는 없다.

《부동산 투자의 정석》두 번째 개정판이 나왔던 2016년에 모처에서 특강을 했는데, 딸이 수업을 들으러 왔다. 어리기만 한 줄 알았던 딸내미가 어느새 커서 아빠의 수업까지 들으러 오게 되었다니, 은근 긴장이 되기도 했다. 그런데 수업을 마친 다음 날 딸이 내게 이런 질문을 했다.

"아빠, 나 궁금한 게 두 가지 있어."

"뭔데?"

"하나는 이거야. 아빠는 사람들에게 아빠가 좋다고 이야기한 물건을 모두 사?"

나는 가진 돈이 한정되어 있기에 내가 추천한 모든 곳을 살 수 없다고 대답했다.

"아, 그렇구나. 그럼 두 번째 질문. 아빠 말대로 하면 여유로운 부자로 살 수 있다고 했는데, 그럼 아빠는 부자야?"

아주 직설적인 질문이었다. 다행이라면 딸이 "아빠 말대로 하면 다 부자로 산다는데, 우린 왜 이 모양 이 꼴이야?"라고 묻지 않았다는 것이었다.

그래서 나는 아주 솔직하게 대답했다.

"아빠는 직업적인 사명감도 있고 호기심도 많아서 좀 더 새로운 투자법들을 연구하다가 돈을 모두 날려버렸어. 그래서 부자가 되진 않았어. 그런데 중요한 건 그런 일이 있었다고 하더라도 궁색하게 살아본 적은 없다는 거지. 너도 그렇지 않니? 엄마, 아빠가 돈 때문에 싸우는 걸 본 적 있니? 너가 필요한 게 있다는데 돈이 없다며 해주지 못한 적도 없지? 너는 돈 때문에 고생한다는 것이 어떤 건지 모르잖아. 필요한 게 있는데, 또는 돈을 써야 할 데가 있는데 돈이 없어서 쩔쩔매는 게 돈 때문에 고생하는 것이거든. 넌 그런 적 없잖아. 아빠도 그런 적이 거의 없어. 이것이 바로 여유 있게 사는 거야."

그저 불안한 노후를 걱정하면서 살 것인가, 그저 내게 주어진 일을 하면서 즐겁게 노후를 맞이할 것인가? 극도의 절약으로 종잣돈을 만드느라 내 귀한 청춘을 지쳐 쓰러지기 일보 직전의 상태로 만들 것인가, 지식을 쌓으며 기회를 노릴 것인가?

다시 한번 강조하지만, 부는 지식에 달려 있다. 물론 여기서 말하는 부란 억만장자나 재벌이 가진 엄청난 재력을 뜻하는 게 아니다. 그저 돈에 쩔쩔매지 않으며 부족함 없이 사는 여유로운 삶을 말한다. 그리고 막상 엄청난 부자가 되었다고 해도, 그렇게 많은 돈을 쓸 데도 없다. 자신의 부를 누군가에게 자랑하려는 목적으로 쓰는 일을 제외한다면 말이다. 그러니 그런 부자가 되기 위해 청춘을 그렇게 우울하게 보낼 필요는 없지 않을까?

여유로운 삶을 위해 노력해야 한다. 그러나 지금의 삶도 중요하다. 그리고 더 중요한 것은 당장 내 손에 쥐고 있는 돈이 별로 없어도, 앞으로 얼마든지 더 여유로운 삶을 살 수 있을 거라는 희망과 확신을 갖는 것이다. 그 확신을 얻기 위해 오늘도 지식에 대한 투자는 계속되어야 한다. 이것이야말로 지치지 말아야 할 소중한 일상이다.

부동산 투자의 정석

시간이 흘러

6년 전만 해도 미성년자였던 우리 아이들은 이제 성인이 되었다. 어느 날 문득 이런 궁금증이 생겼다. 아이들은 우리를 부자로 생각할까, 가난하다고 생각할까 하는 것이었다. 사실 더 궁금한 건, 아이들이 '나중에 우리 아빠보다 더 부자로 살아야지'라고 생각할지, 아니면 '우리 아빠만큼 살기 힘들 것 같다'라고 생각할지였다. 그래서 추석에 부모님 댁으로 가는 차 안에서 슬쩍 물었다.

"너희들은 아빠가 부자라고 생각해?"

그랬더니, 아이들의 즉각적인 대답이 돌아왔다.

"아빠가 우리는 절대 부자가 아니라며? 그래서 우리는 부자가 아닌 줄로 알고 있는데?"

"아, 그렇구나"

그런데 그다음에 나오는 아이들의 이야기가 재미있었다. 먼저 큰애가 이렇게 말했다.

"그런데 나는 아빠가 하도 우리는 부자가 아니래서 아닌 줄로 알았는데, 친구들과 이야기하다 보니깐 그게 아닌 것 같아. 우리가 사는 모습을 이야기하면 모두 놀라거든. 그럼 혹시 할아버지가 부자냐고 물어보기까지 해. 그래서 혼동이 돼. 우리 아빠는 분명 우리 집이 부자가 아니라고 했는데, 아닌 건가 하고."

그랬더니, 둘째가 더 놀라운 말을 했다.

"언니, 그거 몰랐어? 난 아빠가 거짓말하고 있다는 걸 벌써 알고 있었는데."

"그렇지? 우리 부자지? 나도 말이 안 된다고 생각했는데, 하도 아빠가 그래서……."

나는 터져 나오려는 웃음을 참을 수가 없었다. 그래서 이어서 다시 물었다.

"그럼 너희는 커서 아빠만큼은 살 수 있을 것 같아, 아님 더 잘 살 것 같아?"

그랬더니, 둘 다 이렇게 대답했다.

"어찌 됐든 열심히 살아야 아빠만큼은 살 수 있을 것 같아. 그런데 재테크는 아빠가 좀 도와줘야 해. 그건 독립적으로 하긴 좀 힘들어."

기회는 이때다 싶어, 교육을 시작했다.

"그래, 이제 너희도 다 컸으니깐 정확하게 이야기해 줄게. 아빠는 부자가 아닌 게 맞아. 왜냐? 강남의 아파트 한 채가 얼마인 줄 알아? 35억 정도 해. 강남에 아파트가 얼마나 많아. 그런데 아빠는 강남에 있는 아파트를 한 채도 갖고 있지 않잖아. 그러니까 부자가 아니지. 다만 아빠는 잘사는 사람이야. 부자는 아니더라도 필요할 때 잘 쓰고 원하는 걸 살 수 있는 여건이 되거든. 잘산다는 것과 부자가 같은 개념은 아니야. 거꾸로 부자이긴 해도 돈을 쓸 수가 없어서 지지리 궁상맞게 사는 사람도 많거든. 그러니 돈 자랑은 못하는 것이고, 돈 자랑을 해서도 안 되며, 돈 자랑은 할 필요도 없는 거야. 나는 너희들이 부자로 살기를 바라진 않아. 그러나 잘살아야 한다. 아빠처럼 잘살기만 하면 돼. 현재에도 즐겁게 살고 그러면서 미래도 꾸준히 준비하는 그런 삶을 살기만 하면 되는 거야. 부자를 목표로 살 필요는 전혀 없어."

10대부터 혹은 20대부터 재테크를 착실하게 한다면 어떨까? 욕심만 부리지 않으면, 평생 돈 걱정 없는 삶을 살게 되리라 생각한다. 나는 쉰이 넘어서야 경제적 평화로움을 얻었지만, 우리 아이들은 20대부터 경제적 평화로움과 여유로움을 생을 다하는 날까지 누리면서 살 수 있지 않을까? 나는 그렇게 되리라 믿는다. 우리 아이들은 지금도 천진난만하다. 매일 뭘 하면서 놀지를 연구하는 그야말로 청춘의 발랄함이 넘치는 아이들이다. 그러나 재테크는 이미 10대 시절부터 꾸준히 해왔다. 이것이 이들의 발랄함과 유쾌함을 평생 유지하게 도와줄 것이다. 그래서 나는 우리 아이들이 부자가 아닌, 잘사는 사람으로 평생 살아가리라 확신한다.

성공한 투자자들의 성공담은 때론 위험하다.

똑같은 성공을 이뤄내려면

그만큼 '특별'해야 하기 때문이다.

상황이 특별해야 하고, 시점이 특별해야 하며,

능력과 열정이 특별해야 한다.

보통의 사람들은 결코 따라 할 수 없는 것들이다.

그렇다면, 평범한 사람들은 성공하지 못한다는 말인가?

아니다. 이렇게 말할 수 있다.

보통의 지능과 보통의 열정,

보통의 시간, 보통의 노력으로도 성공할 수 있는 법이 있다.

이 책에 담은 방법이 모든 사람에게 통하리라 믿는다.

_부동산 김사부

부동산 투자의 정석

1판 1쇄 발행 2022년 11월 25일
1판 6쇄 발행 2024년 11월 28일

지은이 김원철

발행인 양원석
디자인 강소정, 김미선
영업마케팅 조아라, 박소정, 한혜원, 김유진, 원하경

펴낸 곳 ㈜알에이치코리아
주소 서울시 금천구 가산디지털2로 53, 20층 (가산동, 한라시그마밸리)
편집문의 02-6443-8902   **도서문의** 02-6443-8800
홈페이지 http://rhk.co.kr
등록 2004년 1월 15일 제2-3726호

ISBN 978-89-255-7728-9 (03320)